U0492044

王 倩 著

先秦两汉语文教育史

History of Chinese Education
from Pre-Qin to Han Dynasties

北京师范大学出版集团
BEIJING NORMAL UNIVERSITY PUBLISHING GROUP
北京师范大学出版社

目 录

导 言 1

第一章 语文教育的萌芽——夏、商、西周 13
    第一节 夏代的语文教育 13
    第二节 商代的语文教育 18
    第三节 西周的语文教育 20

第二章 孔子的语文教育思想——春秋时期语文教育的代表 30
    第一节 时代背景 30
    第二节 孔子的教育理想 40
    第三节 文质彬彬——孔子对语文教育功能的定位 45
    第四节 尽善尽美——孔子的"《诗》教" 52
    第五节 立人达人——孔子的语文教育艺术 74

第三章 曾子、子夏对儒家经典的传习与推进——春秋后期语文教育的发展 83
    第一节 曾子的反省之道 85
    第二节 子夏的传经之功 90
    第三节 《缁衣》与《性自命出》 106

第四章 孟子、荀子的语文教育思想——战国时期语文教育的基本特点 114

第一节　言以集义——孟子的语文读写观 …………………… 115

　第二节　情文俱尽——荀子的语文美育思想 ………………… 127

第五章　《礼记·学记》——春秋战国时期语文教育经验的总结 … 151

第六章　秦代的语文教育状况 …………………………………… 161

第七章　汉代经学中的语文教育 ………………………………… 172

　第一节　经学教育的衍进 ………………………………………… 172

　第二节　识字教材的发展 ………………………………………… 180

　第三节　训诂特色的"《诗》教" ……………………………… 183

　第四节　微言大义的写作教育 …………………………………… 198

结　语 ………………………………………………………………… 212

导　言

中国传统语文教学经验对于今天的教学实践有什么借鉴意义？从事中国教育史课程的教学时，我们发现，这样的困惑在学习者中普遍存在。究其原因，主要是初学者抱着一种"隔岸观望"的态度看待教材和相关文献中的那些静态化结论，结果往往只能是"知道了"，而难以与之展开对话。

从表面来看，古代的教育教化具有综合化、整体化的特点，语文学科则是1904年以后出现的新事物，即按"癸卯学制"的规定，中小学建立"中国文字""中国文学"这样的独立学科；到1950年，才建立了我们今天的语文学科。所以表面看来，我们今天所论的"语文教学"，在概念上与古代有很大差异，这可能是导致我们与古代经验有隔膜的一个重要原因。然而，无论是语文的发展历史，还是语文教育致力于引导学生在知行合一的实践中提高母语素养的价值追求，都决定了我们要在与传统经验的对话与反思中，展开新的语文教学实践。

研究表明，从杜威的经验观入手来揭示、反思传统语文教学经验，有助于和历史展开对话。杜威的经验观认为，经验是有机体与环境交互作用的实践过程。对于实践者来说，这是一个连续不断地通过与环境的交互建构经验，基于经验再与环境交互的过程，它的基本线索是在实践中生成问题，在探究问题中进行反思。从这个视角来分析中国传统语文教学经验，历史上教学活动的动态过程将能够得到呈现，从而使我们更深入地感受教学实践的特点和意义。

这个思路所具有的可行性是基于如下理由的。首先，杜威经验观强调对实践进行反思，这就为跨越时地探究各种实践活动提供了条件。其次,正是从实践和反思的视角重新看待传统的语文教学经验,才能够感受到它的动态历程,从而能够更深入、具体地描述它的状态和特征。

一、杜威"经验"观的基本含义

杜威是整体性、动态化地看待经验的。在他看来,经验是在交互的动态过程中整合了环境的特定条件和有机体的独特反思而形成的。具体而言,杜威的经验观有如下几方面的特点。

1."经验"是实践者与环境之间"做与受"的互动

如果在"主—客"二分的前提下谈"经验",就会觉得它是低层次的感性认识,意味着缺乏科学性和系统性,而是有待提炼或由理性统御的对象;而杜威有关"经验"的概念不是这样的。在杜威看来,经验是有机体与环境连续不断的交互作用,是实践主体不断做与受的过程,它代表全部的生活历程。他曾感性地进行过描述:"'经验'指开垦过的土地,种下的种子,收获的成果以及日夜、春秋、干湿、冷热等等变化,这些为人们所观察、畏惧、渴望的东西;它也指这个种植和收割、工作和欣快、希望、畏惧、计划,求助于魔术或化学,垂头丧气或欢欣鼓舞的人。"①

2."经验"的互动过程有主动尝试与被动遭受两种情况

就交互作用的具体过程来看,杜威认为经验包含主动因素和被动因素,主动因素就是有机体去尝试展开交互,被动因素就是经受与环境的相互作用。如果是主动去尝试、实验,那么有机体会根据自身的特点,以及所面对的现实条件,展开一定的实践活动;如果是被动的,有机体在经受环境的作用时也会有所反应。将这两种情况整合到实际生活中就会发现,生活在一定文化环境当中的实践主体,首先是受到环境熏陶,习染于既定的程式和规范,从而积累一定的经验,在此基础上再有所行动,这些行动发出后会引起环境的反应,并且又反作用到有机体身上,所以主动与被动往往是相辅相成的。

如果这个"做"与"受"的过程是按照既往的习惯和模式进行的,就不会引起有机体特别的感受;如果环境对有机体的反应不同寻常,那么就

---

① [美]约翰·杜威:《我们怎样思维·经验与教育》,姜文闵译,260~261页,北京,人民教育出版社,1991。

会让有机体有所感觉。所以杜威认为,感觉是因事前的调度受了阻碍而突起的变化的冲击,标志着以前所着手的行动进程的中断,这个时候它就会反思:"当它们成了阻碍的时候,它们提出一些疑问,这个冲击是甚(什)么意思,甚(什)么事情在发生,是怎样一回事,我和周围的关系是怎样被扰乱了,应该怎样去对付这件事,我要怎样改变行动的进程去适应周围所起的变化,我对于这个变化要怎样安排我的行动去对付。"①经过反思,有机体会拿出不同以往的策略进行新的实践,这样,新的互动模式和行为习惯逐渐形成,使得经验进入新阶段:"它(有机体)按照自己的机体构造的繁简向着环境动作。结果,环境所产生的变换又反应到这个有机体和它的活动上去。这个生物经历和感受它自己的行动的结果。这个动作和感受(或经历)的密切关系就形成我们所谓经验。"②

3."经验"按照反思的程度可以分为原始经验和反思性经验

按照杜威的观察和分析,这个互动过程会逐渐离析出两种经验类型。他把第一种类型的经验称为原始经验,它不添加主体的反思,主要价值在于向主体提出问题,提供题材和资料,并承担验证:"通过还原于粗糙的或宏观的经验中的事物——普通日常生活中的太阳、地球、植物和动物——才能获得,这也是很显然的。"第二种类型的经验他称之为有意识的经验、认知性经验、反思性经验,如他自己所描述的:"推演出来的和提炼过的产物之所以被经验到,仅仅是由于有了系统的思考参与其中的缘故。科学和哲学两者的对象,明显地主要属于第二级和精炼过的体系。"③可见,这是经主体不断反思而被提炼出来的经历。

有机体不会完全被动地适应环境,主体会用"生命本有的力量"将原始经验所经历的事物转变为反思的对象,从而进一步加以建构、提炼,而"生活的形式愈高,对环境的主动的改造就愈重要"。与此同时,这个连续不断的交互过程也改变着有机体自身:"每项做过和经历过的经验会改变做着和经历着这种经验的人,不论我们愿意与否,这种改变都会影

---

① [美]约翰·杜威:《哲学的改造》,许崇清译,47~48页,北京,商务印书馆,1933。
② [美]约翰·杜威:《哲学的改造》,许崇清译,46页,北京,商务印书馆,1933。
③ [美]约翰·杜威:《经验与自然》,傅统先译,5~6页,南京,江苏教育出版社,2005。

响以后的经验的性质。"①

由此，杜威认为顺应实际经验的过程和教育活动之间存在紧密的联系，教育的过程应该适应学生的经验和个性，即"教育是在经验中、由于经验、为着经验的一种发展过程"。唯其如此，才能使得经验"与未来的联结"这一根本特征不会受到破坏，才能真正落实教育即生长的价值。

二、从杜威的经验观看传统语文教学经验

从杜威经验观的视角来看，教师以自己的读写实践经验为依托，激励、引导学生亲历学习实践，从而在师生之间建构教学相长的"乐学"氛围，是历代优秀语文教师教学的共性特点。

1. 教师自身的读写实践经验是开展语文教学活动的"源头活水"

从教学实践的动态视角考察历史上杰出语文教师的事迹，我们会发现，以自己的为学经验作为从教的"源头活水"，是他们教学的共同特点。

虽然古今语文教学的内容发生了较大变化，但是提高母语的言语实践水平仍然是语文教学一以贯之的基本目标。由此来看，孔子以"诗三百"为素材展开的"《诗》教"是先秦典型的语文教学活动，因为孔子正是从"不学诗，无以言"(《论语·季氏》)的现实需要出发展开《诗》教"的。孔子对"诗三百"进行了系统的编辑整理，近年出土的"上博简孔子诗论"已被确认是战国时期流传的孔子"《诗》教"教材。

这鲜明地反映了孔子从自身的诗文探究实践中发掘教育价值的特点。通过对"诗三百"的研究整理，孔子逐渐提炼出对于《诗》的反思性经验。例如，从本性上来看，"诗三百，一言以蔽之，曰：'思无邪'"(《论语·为政》)；在诗歌的抒情特点上，则表现为"乐而不淫，哀而不伤"(《论语·八佾》)。这些反思性经验成为孔子"《诗》教"的立论基础。

孔子充分发掘了《诗》的教育价值，将它们概括为审美教育("兴、观、群、怨")，伦理教化("迩之事父，远之事君")，才智教育("多识鸟兽草木之名")等多个方面。在此基础上，基于对诗歌抒情性的确认，孔子将"《诗》教"定位在了情感教化上，即要让受教育者从内心体认儒家的社会

---

① [美]约翰·杜威：《我们怎样思维·经验与教育》，姜文闵译，260～261页，北京，人民教育出版社，1991。

伦理规范，而不仅是从外部使之就范，他把这个逻辑在与法家教育的比较中概括为"道之以政，齐之以刑，民免而无耻。道之以德，齐之以礼，有耻且格"(《论语·为政》)。具体地说，应该发挥"诗三百"所具有的"乐而不淫，哀而不伤"的特点，给学习者以温柔敦厚的熏陶，使其在性情上落实中庸的原则。

结合教学需要对读写经验加以提炼的典型教育家，当推孟子和韩愈。

从《孟子》各篇所记可以发现，"以意逆志"和"知人论世"这两个文本解读原则和思想方法，是其重要的教学内容和对《诗》《书》等儒学经典的研究经验。据《史记》记载，孟子受学于子思之门人，以学习孔子为人生志愿；经历代学者考证，这一论断基本属实，所以，儒学是他全部经验中最重要的内容。然而，他生活的时代已是礼崩乐坏、争于气力，思想学术领域，由儒家七十子及其后学掀起的对性情问题的研讨，也尚未获得明确的结论；士大夫阶层还存在着"赋诗断章"的言语风尚，即在正式场合揖让交际不直接表述意思，而是采取"赋诗断章，余取所求"的办法，借助赋《诗》来曲折表达，这种断章取义的言语作风日益严重，逐渐造成对《诗》的滥用。这样的现实环境，使得孟子所信奉的儒家仁义思想在现实中已显得"迂远而阔于世情"。

基于此，孟子从探究《诗》《书》的本质意义入手，体悟孔子编订《诗》《书》时所倾注的深切情志，及其对后世的意义，并将它们提炼为"以意逆志""知人论世"这样两个原则，从而突破了"赋诗断章"的学风，将"《诗》教"规范为通过解读诗篇本身的言辞来体悟诗人之志。

韩愈生活的中唐时期，儒学受到释学、道学的严重挑战，已失去独尊的地位；同时，虽然诗文已由雕虫小技变成"经国之大业"，但是浮靡的文风仍然没有肃清；特别是师道不振的世风对后学者产生了很多不良影响，使得上述前两个方面的问题更难以解决。在这样的环境中，韩愈以重振儒学道统自任，在文章读写实践中不畏流俗地坚持文以载道的原则。他的思想和成就得到很多有识之士的认同，纷纷向他请教。从他们往来的书信看，正是在与青年学子切磋文道的过程中，韩愈对自己的读写经验进行了反思、提炼，形成了如含英咀华、气盛言宜、务去陈言等一系列反思性经验；也正因为这些经验是读写实践的生动体现，所以给予青年学子极大的激励和启发。

中国历史上最具有代表性的阅读教学经验总结，是经后人整理而成的"朱子读书法"。它所记录的是教育家朱熹对读写实践和教学实践的反思性经验。朱熹总结自己的读书方法时强调："读书，且就那一段本文意上看，不必又生枝节。看一段，须反复看来看去，要十分烂熟，方见意味，方快活，令人都不爱去看别段，始得。"①那么，这个读书要烂熟于胸，要看出意味的做与受过程，意义又是什么呢？

在朱熹心目中，直接的实践最有价值，因为在他看来，圣人之所以为圣人，"是他曾经历过来"。所以最好还是"经历过方得"。他认为"读书乃学者第二事"，之所以要通过读书来认识人生道理，主要是因为"未曾经历见许多"。②那么，读书要想获得效验，就要与反思相结合，达到"融贯"的境界："凡看文字，诸家说异同处最可观。某旧日看文字，专看异同处。如谢上蔡之说如彼，杨龟山之说如此，何者为得？何者为失？所以为得者是如何？所以为失者是如何？"③这也是他的启蒙老师延平先生教给他的最重要的经验："旧见李先生说：'理会文字，须令一件融释了后，方更理会一件。''融释'二字下得极好，此亦伊川所谓'今日格一件，明日又格一件，格得多后，自脱然有贯通处'。"④

从广义上说，无论是阅读和写作的学习还是研究，都是语文实践经验的建构过程。在这个前提下，由以上的梳理可见，历史上的教育家往往以自己的语文实践经验为教学活动的参照和依托，并且，为了使这个参照和依托持续地发挥作用，他们将读写实践贯穿于整个教学生涯。

2. 教学重在引导学生亲历读写实践

虽然教师以自己的为学经验作为基本的教学资源，但他们并不认为教学就是逻辑化地讲授这些经验，而是应该激励学生去亲历学习实践，这从教育教学过程的安排中可见一斑。

西周是确立礼乐教化的时代，从现有史料来看，教学主要是带领学

---

① （宋）黎靖德：《朱子语类》，167页，北京，中华书局，1986。
② （宋）黎靖德：《朱子语类》，161页，北京，中华书局，1986。
③ （宋）黎靖德：《朱子语类》，2615页，北京，中华书局，1986。
④ （宋）黎靖德：《朱子语类》，2612页，北京，中华书局，1986。

生演练礼乐。例如,《尚书·舜典》记载:"帝曰:夔,命汝典乐,教胄子,直而温,宽而栗,刚而无虐,简而无傲。诗言志,歌永言,声依永,律和声。八音克谐,无相夺伦,神人以和。"帝命夔施以乐教,目的是让受教育者做正直而温和、宽宏而庄重、刚强而不暴虐、朴素而不骄傲的人;其教法则是让学生通过记诵、吟唱等反复重温原典。

再如,《礼记·王制》记载了西周王官之学对教学活动的安排,"乐正崇四术,立四教,顺先王诗、书、礼、乐以造士。春秋教以礼、乐,冬夏教以诗、书"。相应地,《礼记·文王世子》有类似的记载可以互参:"春诵夏弦,大师诏之。瞽宗秋学《礼》,执礼者诏之。冬读《书》,典书者诏之。《礼》在瞽宗,《书》在上庠。"这表明,教育者安排的实践活动并不是机械地训练,而是让学生在学习实践中,自礼乐规范的所来之处重行一番。

汉代的教学亦是如此。无论是今文经学派还是古文经学派,学习者先要对儒经和本派师说烂熟于胸,在此基础上,才能结合自己的理解和认识,进一步建构经说。

按照张志公先生的考察,传统语文教学大致分为启蒙、读写基础训练,进一步的阅读训练和作文训练三个阶段。这当中最为突出的,就是要求学生将读写实践贯穿于整个学习过程,且强化语料积累是重心所在。这从教材的性质可见一斑——阅读是从以《三字经》《百家姓》《千字文》为代表的蒙学读物,到以《古文观止》为代表的泛读资料,再到儒家经学典籍;写作是从写字到属对,再到做文章。① 由此可见,教育者看重的是学生能够在不间断的读写实践中实现自身做与受的交互。

3. 师生共同建构"教学相长"的氛围

这样,师生在读写实践交流中,就逐渐实现了"教学相长",而教学相长实际上是师生共同建构经验形成的环境。

"教学相长"出自《礼记·学记》:"是故学然后知不足,教然后知困。知不足,然后能自反也;知困,然后能自强也。故曰:教学相长也。"《礼记·学记》是对先秦儒家教学经验的总结,在此,将教师应该既教且学,

---

① 张志公:《传统语文教育初探》,"引言",上海,上海教育出版社,1962。

不断从自身的学习经验中汲取教学的"源头活水",作为基本的为师之道明确下来。现代教育家陶行知仍然以此作为践行这一原则的标准:"教师必须力求长进。好的学生在学问和修养上,每每欢喜和教师赛跑。后生可畏,正是此意。我们极愿意学生能有一天跑在我们前头,这是我们对于后辈应有之希望。学术的进化在此。但我们确不能懈怠,不能放松,一定要鞭策自己努力跑在学生前头引导学生,这是我们应有的责任。师道之可敬在此。所以我们要一面教,一面学。"①

而在不断的教学实践中我们发现,学生产生的种种问题就是给教师提出的课题,教师研究解决学生的问题,就意味着经验的发展,因此,教师和学生相互切磋成为"教学相长"的又一内容。例如,《荀子》一书的主要内容就是荀子身处稷下学宫、参与百家争鸣经验的总结。至于唐代孔颖达主编的"五经正义",从学的一面来说,学习行动在教师的启发诱导和切磋矫正下不断得到新的发展空间;从教的一方来说,学生的学习反馈,启发教师再去展开新的探究,从而修正经验、提高教学水平。从这个意义上说,达到教学相长境界的教学活动,是真正地由于经验、在经验中、为了经验的教学;这样形成的经验,也才是有教育价值的经验。

4. 学生体验乐学境界是教学的理想状态

从文献资料看,传统教学活动中教师的智慧主要用在保护和提高学习者的学习积极性上。这是因为他们体认到,学习是一项长期而艰苦的实践,往往要面对现实环境对专心致志、持之以恒的挑战。而他们自己的为学经验,是以提升、拓展学习者的精神世界,体验超越性的意义和美感来战胜现实的考验的。

孔子曾说过:"知之者不如好之者,好之者不如乐之者。"(《论语·雍也》)也就是说,学生在学习活动中获得的最理想的体验,就是乐此不疲。到什么程度呢?孔子说过,自己读书是读到了"乐以忘忧,不知老之将至"(《论语·述而》)的程度。他的学生颜回是他心目中好学者的典范,因为能够做到"一箪食,一瓢饮,居陋巷,人不堪其忧,回也不改其乐",这比"贫贱不能移"的境界还要高,因为"贫贱"是后者要对抗的对象,而

---

① 陶行知:《南京安徽公学办学旨趣》,见《陶行知教育名篇》,363页,北京,教育科学出版社,2005。

前者则是淡然处之。

在大半生以教授为业的基础上，董仲舒将自己的教学经验总结为"圣化之功"："是故善为师者，既美其道，有慎其行，齐时蚤晚，任多少，适疾徐，造而勿趋，稽而勿苦，省其所为，而成其所湛，故力不劳而身大成，此之谓圣化，吾取之。"（《春秋繁露·玉杯》）在他看来，教育者首先要对所执之业有荣誉感，有坚定的信念；在此基础上，要严肃对待教学的每一步，从教学的程序，到教学内容的多少、快慢，都要适应学生的特点，从而使学生在情感和意志上能够积极乐学而不以为苦，在智力发展上能够深入理解、反思，并学有所成。特别是，他认为教学设计的最高境界，不是教师像红烛一般燃尽自我，学生为求学而苦不堪言，恰恰相反，教师应该具备治大国若烹小鲜的气度，学生则要达到力不劳而身大成的水平。

曾国藩借对"朱子读书法"的阐释概括了自己读书为乐的体会："朱子教人读书，曾讲过八个字：虚心涵泳，切己体察。虚心，好理解，即不存成见，虚怀若谷。涵泳二字最不易识，我直到四十上下才慢慢体验出。所谓涵者，好比春雨润花，清渠溉稻。雨之润花，过小则难透，过大则离披，适中则涵濡而滋液。清渠之溉稻，过小则枯槁，过多则伤涝，适中则涵养而勃兴。泳者，则好比鱼之游水，人之濯足。……善读书，须视书如水，而视此心如稻如花如鱼如濯足，则大致能理解了。"（《谕纪泽》）

三、对传统语文教学经验的反思

进一步说，经验的形成有一个必不可少的条件，即产生问题——经验是在具体问题的引导下建构的。所以，在反思已有经验时把握住问题，可以使我们更全面、更深入地理解经验。由此观之，汉语文教学的传统经验一直试图解决的基本问题，是语文要在做中学的规律与培养人的单一规格之间的矛盾——以教师的读写经验促进学生的读写实践这一传统，必然使得实践者因经验的独特性而成为不同的人；但是，先秦哲学家倡导的较为宽泛的超越性人格，自汉代开始渐渐地被定格为以儒家思想为内核的人伦道德规范，并且以此作为培养人的唯一标准。这样，语文教学的实践需要与整个社会培养人的教育价值取向之间就产生了冲突。

事实上，这个问题在孔子的教学实践中已经出现。孔子的语文教学目标主要是教以基本的文化知识，指导兴、观、群、怨的书面语言交际策略，并培养伦理观念；但是教学作为师生的交互实践，会不断地有新的经验被建构起来，这就有可能超出他给出的标准范围。孔子对此形成的反思性经验是"从心所欲不逾矩"（《论语·为政》），即本着中庸的态度，使个性与规范能够保持动态的平衡。

此后，先秦形成的儒家典籍到汉代被纳入大一统的保障体系，成为不可易的经典凌驾于教育活动之上，于是统一的教学内容与教师的个性发挥之间出现了冲突，这可以说是以上基本问题在教师与教本关系中的体现。历代教学实践对这一问题的回应，既有照本宣科，也不乏将对文化的传承，与学习、教学的经历和反思相整合的例子，即在祖述经典的过程中实现"六经注我"的境界。

从实际流传下来的师生互动案例来看，引导学生掌握微言大义的交际模式，是保持这种动态平衡的有效策略。

> 子贡曰："贫而无谄，富而无骄，何如？"子曰："可也，未若贫而乐，富而好礼者也。"子贡曰："《诗》云：'如切如磋，如琢如磨。'其斯之谓与？"子曰："赐也，始可与言《诗》已矣，告诸往而知来者。"（《论语·学而》）

"如切如磋，如琢如磨"出自《诗·卫风·淇澳》，据朱熹的注释："《诗·卫风·淇澳》之篇，言治骨角者，既切之而复磋之；治玉石者，既琢之而复磨之；治之已精，而益求其精也。子贡自以无谄无骄为至矣，闻夫子之言，又知义理之无穷，虽有得焉，而未可遽自足也，故引是诗以明之。"[1]孔子是因为子贡能够在不断精进求仁与描写治玉石的诗句之间建立联想，而对他大加赞赏的。

---

[1] （宋）朱熹：《四书章句集注》，53页，北京，中华书局，1983。

子夏问曰:"'巧笑倩兮,美目盼兮,素以为绚兮'。何谓也?"子曰:"绘事后素。"曰:"礼后乎?"子曰:"起予者商也!始可与言《诗》已矣。"(《论语·八佾》)

朱熹对这一段对话的注释如下,"《考工记》曰:'绘画之事后素功。'谓先以粉地为质,而后施五采,犹人有美质,然后可加文饰。礼必以忠信为质,犹绘事必以粉素为先。"[①]子夏问孔子这句诗是什么意思,孔子没有从诗句的本意上解释,而是说"绘事后素",当子夏悟出礼乐必以仁为基础时,孔子即视他为同道。

咸丘蒙曰:"……《诗》云:'普天之下,莫非王土。率土之滨,莫非王臣。'而舜既为天子矣,敢问瞽瞍之非臣如何?"曰:"是诗也,非是之谓也;劳于王事而不得养父母也。曰:'此莫非王事,我独贤劳也。'故说《诗》者,不以文害辞,不以辞害志。以意逆志,是为得之,如以辞而已矣,《云汉》之诗曰:'周余黎民,靡有孑遗。'信斯言也,是周无遗民也。孝子之至,莫大乎尊亲。尊亲之至,莫大乎以天下养。为天子父,尊之至也。以天下养,养之至也。《诗》曰:'永言孝思,孝思维则。'此之谓也。"(《孟子·万章上》)

孟子在这里想教给咸丘蒙的是探求诗人之"志"是学《诗》的关键,不能因为拘泥于言辞,而忽视了对诗歌主旨的把握。

综上所述,从杜威经验观的视角审视中国古代语文教学经验,首先是能够让我们以言语实践活动这样一个基本的研究视角,复现古代母语教育教化的实际。我们说,虽然严格意义上的"语文教学"是20世纪中后期才形成的,现代新式学校中相当于语文课程的学科,也是1904年才出现的,但是,对本民族母语的教化和习得的实践活动,却是历史悠久的。所以,这个研究视角,能够让我们从实际出发,更充分地了解历史、继承经验。其次,从这个视角我们就能看到,古代语文教学实践的基本问

---

① (宋)朱熹:《四书章句集注》,63页,北京,中华书局,1983。

题是经验的个性化与教育价值取向的统一化之间的矛盾；通过实践与反思而建构的经验是运用连类比譬的方式，使审美的丰富性与伦理的规范性相融合——从教的艺术来说，激励启发是好的，灌输牵制是不好的；从学的水平说，博约相济、经世致用是最高标准。

教研一体、教学相长在这个过程中逐渐成为传统，即教学过程中教师要基于自身的读写实践经验，引导学生实践，而不是按照统一的规格像"二传手"一样把既定的信息传递给学生了事。师生的教学交往构成对彼此经验的建构，从而共同体验语文实践活动的魅力。

第一章　语文教育的萌芽
——夏、商、西周

上古三代是中国教育的开创时期，教育从生产生活中独立出来始自夏，较为成熟的文字产生于殷商，传统的"六艺"教育成熟于西周——这些构成了母语教化的基础，也决定了它的基本特色，即借助言语习得，继承文化、优化品行。

第一节　夏代的语文教育

从考古发掘和史料记载来说，到目前为止，夏是我们能够追溯的华夏民族文明的滥觞时期。生活实践促进了母语交际的丰富、发展，言语活动也在构建民族文化的实践中得到传习。这个时期的母语教育与生活实践是一体的，所以，生活经验、社会文化和教育经验也是一体化的。

一、教育的基本情况

夏作为奴隶社会的初始阶段，文化教育上呈现文明初建的面貌。一方面，与现实生活的需要相联系，文教的首要特点是重武，例如，《文献通考·学校考》将此概括为"夏以射造士"。另一方面，正由原始部落向奴隶社会发展的夏，也在逐步脱离野蛮战争。母语的传习在社会文化生活中发挥重要作用，相应地，其本身也得到发展。

从天人关系来看，夏已经出现了重四时之教、崇尚功利的特点，《礼记·表记》将其概括为："夏道遵命，事鬼敬神而远之，近人而忠焉。先禄而后威，先赏而后罚，亲而不尊。"一方面，先民面对残酷而强大的自然环境，对鬼神采取敬而远之的态度，是合乎逻辑的反应，即如荀子所说，"人能群"。另一方面，注重探求人生的规律，以及社会群体合作的有效规范，表现出对自然与人、群体与个体关系的不断调整和探讨，也是走向文明的趋势。此时已经出现"正德、利用、厚生"的观念，从以后民族发展的轨迹来看，这种重功利、重民生的特点成为民族文化的基本要素。

言辞是人与上天、鬼神沟通的手段、符号。因此，无论是口语、文字，都注入了先民对天人关系的认识和期望。文字是用特定的偏旁部首来表征天人关系；书面的言辞简洁有力，富于仪式感；口语注重韵律、节奏、便于呼告唱诵。

从人际关系来说，历史资料记载了先民生产、生活的历史经验，不仅可以让后人增长知识，而且也能够传递价值观念。

作为"近人而忠""亲而不尊"的重要表现，夏在继承原始社会尊亲传统的基础上，进一步强化了长幼之序。例如，据《礼记·王制》记载："夏后氏养国老于东序，养庶老于西序"，又曰："凡养老，有虞氏以燕礼，夏后氏以飨礼。"燕，安也。有虞氏行燕礼，主要指的是脱屦升堂，行一献之礼，坐而饮酒，以至于醉。在当时，养老以燕礼，体现了帝道宏大。"飨礼"，据唐代孔颖达主编的《礼记正义》对此做的解释，这是"体荐而不食，爵盈而不饮，依尊卑而为献，取数毕而已。夏既受禅于虞，是三五之首，贵尚于礼，故养老以飨礼，相养敬也。"[1]

在这样的文化氛围影响下，夏的首领已经有初步的修己治人意识，据《尚书·大禹谟》记载："水、火、金、木、土、谷唯修；正德、利用、厚生唯和。九功唯叙，九叙唯歌。戒之用休，董之用威，劝之以九歌，俾勿坏。"从人才观来看，反映出夏以德服人的思想倾向。

《吕氏春秋·先己》记载了夏侯伯启的一个事迹。

> 夏后伯启与有扈战于甘泽而不胜。六卿请复之，夏后伯启曰："不可，吾地不浅，吾民不寡，战而不胜，是吾德薄而教不善也。"于

---

[1] （汉）郑玄注，（唐）孔颖达疏：《礼记正义》，见李学勤主编：《十三经注疏》（标点本），420页，北京，北京大学出版社，1999。

是乎处不重席，食不贰味，琴瑟不张，钟鼓不修，子女不饬，亲亲长长，尊贤使能，期年而有扈氏服。①

夏与另一个部落有扈作战失败，首领夏启反思说，既然我们的土地不小，部众也不少，失败恐怕主要是由于我的道德修养还不够，对部众的教育也不够。于是，他过起朴素的生活，注重敬老尊贤，一年后，有扈自动降服了。这说明与利兵再战的思路迥异的"惟德是与"的思想方法与华夏民族的形成是同步的。这种思想方法在此后的岁月中不断地被继承、发扬，逐渐成为我们民族主流的价值取向，而教育教化在其流传过程中发挥了重要作用。

综上所述，夏开始注重文化教育。此时文教的特点有两个：一个是在处理天人关系上顺应自然规律而注重利用厚生，更重要的是在处理人际关系、社会关系方面，以适于群体合作的人伦道德为基本原则。在这个秩序和传统的奠基时期，母语的传习是与社会生活相辅相成的。

二、文字与学校的情况

夏代处于汉字形成的初期阶段。中国自古就有探索汉字起源的传统，所形成的见解主要有：仓颉造字说、"结绳"说、"八卦"说、"鸟兽足迹"说，等等，其中仓颉造字是最有名的传说。应该说，汉字不是一时一地由一人完成的，而是随着先民生产、生活的发展和需要逐渐产生的，而这个过程中总会有一些代表性人物，对此做出过突出的贡献，仓颉显然是其中的典型，就如《荀子·解蔽》所载："好书者众矣，而仓颉独传者，一也。"也就是说，仓颉的功绩在于对早期的汉字做了整理和统一的工作。而据《汉书·古今人表》记载："仓颉，黄帝史。"上古史官由知识分子担任，承担着占卜、祭祀、记史、教育等多种工作。可见仓颉这一历史人物也具备整理文字的条件。经考证，商代的甲骨文已经是一种比较成熟的文字，所以专家们推断，此前应该有一个漫长的文字形成过程，如考古学家陈梦家指出："武丁卜辞中的文字代表了定型了的汉字的初期，并

---

① 许维遹：《吕氏春秋集释》，72页，北京，中华书局，2009。

不是中国最古的文字，在它以前，应该至少还有 500 年发展的历史，也就是说大约在纪元前二十世纪已经开始或已经有了文字。"①而据"夏商周断代工程"研究推算，夏代的时间跨度在公元前 2070—前 1600 年，是处于汉字形成的初期之内的。

多年来的考古发现，积累了大量的实物证据，最典型的是从被证明为夏代文明遗址的二里头文化遗址中发掘出的陶器上的刻画符号。这些符号虽然图画性很强，其表意功能尚不稳定，但是与甲骨文相近似，表意特征愈益明显，学者们推断，这已经可以算是表意的语言符号，可以称为文字。②

此外，诸多的传世文献中都有关于夏代文献的记载，如《夏书》《夏礼》《夏时》《夏令》等。如《夏书》，《左传》引用了 15 次，《国语》引用了 3 次，《吕氏春秋》引用了 1 次。又如，司马迁《史记·夏本纪》记载："孔子正夏时，学者多传《夏小正》云。"郑玄注《礼运》时也云："得夏四时之书也，其存者有《夏小正》。"《夏小正》是《大戴礼记》中的一篇，今天的研究者已经证实，它是我国第一部历书，现存最古老的月令，"相传曾是夏代行用的历日制度"。③

古代文献多有关于夏代学校萌芽的记载，例如，"设为庠序学校以教之。……夏曰校，殷曰序，周曰庠，学则三代共之，皆所以明人伦也。"（《孟子·滕文公上》）从这些记载来看，夏代的学校已经初步具有小学与大学、国学与乡学的分野，像《夏小正》记云："二月丁亥，万用入学。"《传》曰："入学也者，大学也。"那么，这些学校名称的区别是什么呢？《古今图书集成》学校部汇考总则解释："夏后氏设东序为大学，西序为小学。"《礼记·明堂位》云："序，夏后氏之序也。"《孟子·滕文公上》曰："序者，射也。"可见"序"最初主要是训练年轻人的军事体育技能。《礼记·王制》云："夏后氏养国老于东序，养庶老于西序。"注云："东序，大学，在国中王宫之东；西序，小学，在西郊。"《史记·儒林列传》指出，"乡里有

---

① 陈梦家：《殷墟卜辞综述》，644 页，北京，中华书局，1988。
② 中国社会科学院考古研究所：《中国考古学》夏商卷，124 页，北京，中国社会科学出版社，2003。
③ 阴法鲁、许树安：《中国古代文化史》（三），102 页，北京，北京大学出版社，1991。

教，夏曰校"反映当时已经开始划分学校的等级和职能。

但是夏代学校还处于萌芽状态，名称与功能都比较含混，像校、序、庠的名称，《孟子》虽然把它们分归于夏、商、周三代，但实际上并没有那么清楚的分际，夏代有校、序之名，西周不仅有这三种学校，而且还发展出其他一些名称的教育机构。一个重要的原因，如历史学家张光直先生所分析的，即夏、商、周三朝不仅有时间上的沿革关系，而且有空间上的并存关系："从新旧文字史料上看，夏商与商周在时代上都有相当的重叠。换句话说，商是夏代列国之一，周是商代列国之一。……夏商周三代的关系，不仅是前仆后继的朝代继承关系，而且一直是同时的列国之间的关系。从全华北的形势来看，后者是三国之间的主要关系，而朝代的更替只代表三国之间势力强弱的浮沉而已。"①

功能上，夏代已经有学校，除了传授知识技能、进行军事体育训练外，还兼有赡养老人的功能，所以这些学校既有教育年青一代的职责，也是老人安度晚年的场所。从起源来看，大概是部落中的长者无法进行生产劳动后，就承担了看护幼童的工作，老人既传授自己的人生经验、生产生活技能，也训练小孩子的体魄，于是逐渐衍生出教育的职能，并发展起来。

三、声教讫于四海

夏代教育活动的一大特点是"声教讫于四海"。一方面，由于文字尚未稳定下来，所以知识技能的传授只能采取口耳相传的方式，为了便于记忆，提高传授的效率，教育者就把传习的内容编为富有韵律的歌谣。例如，《左传》和《尚书》中都记有《夏书》的佚文"戒之用休，董之用威，劝之以九歌"。（分别见《左传》"文公七年"与《尚书·大禹谟》）其中的"九歌"，实际上是以"六府""三事"为主要内容的歌谣。

另一方面，中国人很早就发现了感物抒情的奥秘，如《礼记·檀弓》记载："人喜则斯陶，陶斯咏，咏斯犹，犹斯舞。"乐歌正是这样产生的："歌之为言也，长言之也。说之，故言之；言之不足，故长言之；长言之不足，故嗟叹之；嗟叹之不足，故不知手之舞之，足之蹈之也。"（《礼记·

---

① 张光直：《中国青铜时代》，31页，北京，生活·读书·新知三联书店，1983。

乐记》）于是教育者根据这一规律，用咏唱歌谣的方式来疏导受教育者的性情，如《尚书·舜典》记载，"帝曰：夔，命汝典乐，教胄子，直而温，宽而栗，刚而无虐，简而无傲。诗言志，歌永言，声依永，律和声。八音克谐，无相夺伦，神人以和。"帝命夔施以乐教以提高子弟的人格修养，要让他们做到正直而温和，宽宏而庄重，刚强而不暴虐，朴素而不骄傲。那么，何以乐教能够使人的修养提高呢？其中奥妙就在于，咏唱诗歌能够使人在和谐的音律中培养平和的性情。

部族后代在生产、生活实践中习得言语的技能，但它不是简单的交际技能。部族生活的文化特点决定了，言语的习得重在培养敬老尊贤、慎终追远的观念；声教的韵律的特点，也为此后蒙学的教材编撰及其教法奠定了基础。

第二节　商代的语文教育

商代学校的职能不断发展。像"序"这种教育机构，过去主要是习射的军事体育训练场所，到商代则渗透了礼的规范教育，如《礼记·射义》云："故射者，进退周还必中礼。内志正，外体直，……此可以观德行矣。"即要求在习射的训练中渗透礼的教育，从而使受教育者以明礼正德充实自己，以此来支配武力的使用。

除了已有学校的职能在发展，商还出现了新的学校种类，典型的就是瞽宗。据《礼记·明堂位》记载："瞽宗，殷学也。"注云："瞽宗，乐师瞽蒙之所宗也，古者有道德者使教焉，死则以为乐祖，于此祭之。"另据《国语·周语下》记载：

> 古之神瞽，考其中声，而量之以制，度律均钟，百官轨仪，纪之以三（天神、地祇、人鬼），平之以六（六律），成于十二（律吕），天之道也。夫六，中之色也，故名之曰黄钟，所以宣养六气、九德也。由是第之：二曰太蔟，所以金奏，赞阳出滞也。三曰姑洗，所以修洁百物，考神纳宾也。四曰蕤宾，所以安靖神人，献酬交酢也。五曰夷则，所以咏歌九则，平民无贰也。六曰无射，所以宣布哲人

之令德，示民轨仪也。

由此可见，瞽宗主要是进行乐教的专门学校。据历代专家考证，这种教育机构依附宗庙而建，是宗庙的组成部分，主要教授礼乐知识以强化顺从天命和先祖意志的观念。

在此基础上，商代开始区分"小学"和"大学"，《礼记·王制》云："殷人养国老于右学，养庶老于左学。"《礼记·明堂位》总结为："殷人设右学为大学，左学为小学，而作乐于瞽宗。"

商代出现了成熟的汉字——甲骨文。所谓"甲骨文"，"甲，就是龟甲；骨，主要指兽骨。……古人迷信，常用甲骨占卜吉凶。占卜以后，往往在甲骨上面写刻卜辞或与占卜有关的记事文字，这便叫作'甲骨文字'，简称之为'甲骨文'。"[1]具体来说，是占卜前在龟甲或兽骨上凿出一些小眼儿，占卜过程中用火烤炙，根据形成的裂纹卜算吉凶，之后将结果刻于其上，即为甲骨文，也可称为卜辞。卜辞少的几个字，多的几十字，最长的可达上百字。

自光绪二十五年(1899)至今，仅从安阳出土并已识别的甲骨文字就有 4000 多个，这些字虽然与今天的汉字颇为不同，但是经过考证，它们基本符合"六书"的规律，而且字数众多，不少已形成言语篇章，所以说甲骨文是一种比较成熟的文字。

据《尚书·多士》记载，周公曾说过"惟殷先人，有册有典"的话，从甲骨文来看，此话是可信的。甲骨文已经有"册"字，像许多书简穿在一起的样子；也已经有"典"字，像双手捧简册的形状，金文略异，像将简册置于兀上，有典藏之意。这说明实际生活中已经有了这种事物，从而在语言文字中有所反映。甲骨文中也已经有"学""教""文"等字样，说明商代已经有教育活动。甲骨文中还有"聿"字，是手握笔的形状，这也说明商代已经在教材和书写工具上为识字教学准备了条件。在此基础上，商代的识字教学正在走向成熟，例如，已出土的甲骨文骨片中，有一片刻划了五行字，重复刻着从"甲子"到"癸酉"的十个干支表，其中只有一

---

[1] 吴浩坤、潘悠：《中国甲骨学史》，1 页，上海，上海人民出版社，2006。

行列刻划得整齐，其余四行字迹歪斜，但中间也有二三字较为整齐。据专家推测，那一行精美整齐的是教师刻的范例，另外四行是学生刻的："……在殷墟同坑出圭的还有一种仿照《干支表》刻写的'习刻文字'。对照之下，可以认为这是文字学习的一种教材，而且是我国最早的'课本'。"[1]

第三节 西周的语文教育

西周社会建立了以"小学"与"大学"，"国家"与"乡学"为基本结构的，以礼乐教化化为基本内容的教育体系；像周公这样的政治家、思想家也积累了教育经验。在这个时期，母语传习既成为教育活动的基础，自身也形成了独特的系统。

一、西周教育的基本情况

西周建构了以礼乐教化为取向的文化教育系统。这样母语的传习既成为教育的主要内容和基本途径，也以这个系统的价值为导向。

这一系统体现在学校的建制上，则表现为形成了以大学、小学为经，国学、乡学为纬的学校系统[2]：

类别	教官	教职	官职	爵位等级
国学	大司乐	治建国之学政，以乐德、乐语、乐舞教国子	国之礼官，掌邦礼典事神	中大夫
	乐师	掌教国子小舞	礼官之属	下大夫
	师氏	以三德、三行教国子	大司徒治属兼主王室武备	中大夫
	保氏	养国子以道，教六艺、六仪	大司徒治属兼主王室武备	下大夫
	大胥	"掌学士之版"，教国子小舞	礼官之属	中士
	小胥	"掌学士之徵令"	礼官之属	下士

---

[1] 朱启新：《从甲骨文字看殷商时期的教育》，载《教育研究》，1982，3(11)。
[2] 毛礼锐、沈灌群：《中国教育通史》第一卷，84页，济南，山东教育出版社，1985。

续表

类别	教官	教职	官职	爵位等级
乡学	大司徒	掌施十二教，以乡三物教万民而宾兴之	民政官员之首	卿
	乡大夫	各掌其乡之政教禁令	乡官之首	卿
	乡师	各掌其所治乡之教，而听其治	民政官员之属	下大夫
	州长	各掌其州之教治政令之法	州之首长	中大夫
	党正	各掌其党之政令教治	党之首长	下大夫
	父师	专职乡师	大夫七十致仕老于乡里	原为大夫
	少师	专职乡师	士七十致仕老于乡里	原为士

无论是大学还是小学，国学还是乡学，教师基本由现职或退休的官员担任，教育活动旨在化民成俗，培养政治统治、行政管理的后备力量，从而形成"学在官府"、政教一体、官师合一的特点。

在教育内容上，西周建立了以"六艺"（礼、乐、射、御、书、数）为核心的教学体系，《周礼·地官》云："（大司徒）以乡三物教万民而宾兴之：一曰六德，知、仁、圣、义、忠、和；二曰六行，孝、友、睦、姻、任、恤；三曰六艺，礼、乐、射、御、书、数。""六艺"之中，书、数为"小艺"，课程内容主要是以识字、写字和算数为主；射、御、礼、乐为"大艺"，是大学的课程。按照张政烺先生的分析："书数为民生日用所需，不可不讲，其学必普及；礼乐射御为贵族所务，学书计者适可而止，未必人人习之，甚且无由而习之。盖有入小学而不入大学者矣，然未有入大学而不入小学者也。故大学肄业实具六艺，而小学则仅书计而已。"①也就是说，识字教育与算术教育是生产生活所需要的，是基础性的教育教学内容；礼、乐、射、御相对而言是更高层次的教育内容，大多是贵胄所学，不必人人学之。

"六艺"之教根据人才培养的目标对教育内容做了层次上的划分。据《礼记·内则》记载："六年，教之数与方名"；"九年，教之数日，十年，出就外傅，居宿于外，学书计"；"十有三年，学《乐》，诵《诗》，舞《勺》，

---

① 孟宪承等：《中国古代教育史资料》，23页，上海，华东师范大学出版社，2010。

成童，舞《象》，学射御。二十而冠，始学《礼》"。按照这个安排，书、数之教是基础性的教育，诗、乐、射、御是较高层次的，礼教是最高层次的。这说明西周人才培养的价值取向，是既具备基本的生产生活技能，又具有较高的文化修养，而这些最终要辐辏于规范社会关系、保证统治秩序的"礼"的教化和训练。

得益于汉字的成熟，以及书面语的发展，无论是国学还是乡学，小学还是大学，母语的传习，尤其是书面语的读写活动成为礼乐教化的基本途径。

二、周公的教育思想

周公姬姓，名旦，是周文王第四子，周武王的胞弟。因他被封的"采邑"在周，史称周公。随着出土文物的增多，以及专家对青铜铭文研究的不断深入，相关文献所记录的周公的事迹，已经基本得到确认。周公既协助武王伐商建国，是周王朝开国的重臣，又在武王逝世后受命监国，并教导年幼的成王。他"继文王之业，履天子之籍，听天下之政"（《淮南子·氾论训》），勤于王事，以致"一沐三握发，一饭三吐哺，起以待士，犹恐失天下之贤人"（《史记·周公世家》）；他谆谆教导成王，并为百姓制礼作乐，为周王朝的兴盛奠定了基础。就教育思想来看，周公意识到人心的向背对于社会的稳定与否来说比天命的好坏更重要，所以仅在表面上遵从礼仪是不够的，必须建立一种内在的约束力。周公将这种约束力定位在主体伦理道德的自觉性上，通过礼乐教化来建构受教育者主体的道德人格。这对母语教化的意义是，它为言语实践和传习确立了内在的思想标准和实践的基本导向。具体来说，他的教育思想主要体现在三个方面。

第一，明德慎罚的重教思想。前文已经提到，周本是殷商的小邦，而最终战胜了大邑商。艰苦卓绝的斗争经验使得周公这样的政治家意识到了"惟命不于常"的道理，也就是《诗经》中所总结的"天命靡常"：上天不会永远支持一个宗族，而统治者一旦失去天命，就会失去天下。这种忧患意识，促使周公要进一步探究，保持天命的有效办法，于是便产生了天意在民的天命观。《尚书·泰誓》中的"天视自我民视，天听自我民听","民之所欲,天必从之",《尚书·康诰》中的"天畏棐忱,民情大可见",《尚书·酒诰》中的"人无于水监,当于民监",都反映了这种思想,陈来将其概括为"民意论的天命观"。

> 天爱护人民,倾听人民的意愿,天以人民的意愿作为自己宰理人世的意志。这种"天民合一"的思想在世界文化史上是十分独特的,我们称之为"民意论"的天命观。天意在民,民意即天意,在这样一种类似泛神论结构的民意论中,殷商以前不可捉摸皇天上帝的意志,被由人间社会投射去的人民意志所型塑,上天的意志不再是喜怒无常的,而被认为有了明确的伦理内涵,成了民意的终极支持者和最高代表。由于民众的意愿具有体现上天意志的强大道德基础和终极神学基础,所以在理论上民意比起皇天授命的君主更具有优先性,因为皇天授命君主的目的是代行天意来爱护保护人民。在这样一种思想和信念中,在上天面前,人民与君主不是平等的,人民对君主具有优先性和重要性。人民对君主并没有无条件服从和忍受压迫的义务,反而,以皇天作为终极支持者,人民有权利要求君主实行德政;如果君主不行德政而施暴虐,则人民视君主为寇仇是正当的,作为正义的代表上天就会降罚给君主或改变他对人间君主的任命。①

因此,周公十分注重敬天保民,他在《尚书·康诰》中谆谆嘱咐:"今民将在祇遹乃文考,绍闻衣德言。往敷求于殷先哲王,用保乂民。汝丕远惟商耇成人,宅心知训。别求闻由古先哲王,用康保民。"首先,应该继承上代文王、武王的精神和意志,以保民而有天下作为政教的指导原则。其次,要向殷商先世中的有德之君学习,学习他们的成人之道,来训诫百姓。此外,还要注意别求所闻,凡有利于安民的经验,要广泛地吸收践履。而在这当中,他认为首要的是统治者应该不断加强自身的道德修养,因此提出"明德慎罚"的观念。

武王在《牧誓》中说自己率领部族推翻殷商统治是"今予发惟恭行天之

---

① 陈来:《古代宗教与伦理——儒家思想的根源》,201页,北京,生活·读书·新知三联书店,2009。

罚"，也就是替天行道的意思。为什么呢？他列举了商纣王诸多的罪恶行径，像暴虐百姓、不顾祖训、遗弃骨肉、听信谗言、沉湎女色，等等，由此可见，武王已经是在以政德为标准衡量统治者了。到周公作《尚书·康诰》，则更为明确系统地提出："惟乃丕显考文王，克明德慎罚，不敢侮鳏寡，庸庸，祗祗，威威，显民。"他教诲成王要继承父辈的意志，以德行感召为教化天下的首要原则，不要怠慢鳏寡孤独，用可用，敬可敬，慎用刑罚，并要一以贯之地坚持这个原则，来给百姓树立榜样。可见，通过加强统治者的道德修养和对百姓的伦常教化来巩固政治统治的逻辑，在西周时期就已经初步形成，后来以孔子为代表的儒家教育家继承并发展了这个传统，使之成为中国传统文化教育的重要内容。

第二，制礼作乐的政教建设。周公制礼作乐，是世所公认的一项伟大的功绩。据《礼记·明堂位》："周公践天子之位，以治天下。六年，朝诸侯于明堂，制礼作乐，颁度量，而天下大服。"《逸周书·明堂》载："周公摄政君天下……制礼作乐，颁度量而天下大服，万国各致其方贿。"从这些记载来看，西周的礼乐制度从显性层面上看是一套巨细靡遗的礼仪规范，成为《礼记·曲礼》所说的"定亲疏、决嫌疑、别异同、明是非"的有效手段；而实质上，它是西周政治制度的主体内容，有了这样的礼乐制度，政治主体各得其所，政治关系得以条理化，社会安定，经济文化建设得到发展。《左传》"文公十八年"记载季文子的话，说到周公制礼作乐，"先君周公制周礼曰：'则以观德，德以处事，事以度功，功以食民'"。

西周礼乐的发展成熟是经历了一个过程的，它不是周公的独创，而是经过对前代的宗教祭祀文化，特别是殷礼的损益而形成的，也不是在周公手里最终完成，从最新的研究成果来看，周公制礼作乐是西周礼乐制度建设的开始，到西周的昭穆时期，周代礼乐进入成熟期："正是在周公制礼作乐所确定的礼制及原则的基础上，周代礼乐制度经过成、康、昭、穆近百年间具体化、细致化、体系化的改造与发展，至穆王之世而臻于大备，形成了完备的礼乐体系并逐渐在诸侯之国推广开来。"[①]而周公制礼作乐的意义在于："它从根本上确立了周礼'尊尊亲亲'的精神原

---

① 马银琴：《两周诗史》，146页，北京，社会科学文献出版社，2006。

则，同时也奠定了中国文化礼乐相须为用的基本特点，开创了中国文明史的新时代。"①因此孔子说："殷因于夏礼，所损益，可知也。周因于殷礼，所损益，可知也。其或继周者，虽百世，可知也。"②在流传下来的礼乐文化中，孔子认为："周监于二代，郁郁乎文哉！"③所以孔子十分推崇周代礼乐，以复周礼为终生职志。

第三，修身礼贤的教化策略。统治者既要提高自身的道德修养，也要重视对百姓的伦理教化，这是明德慎罚、敬天保民的基本途径。因此，周公既强调统治者的自身修养，也重视人才的培养和发掘。

从《尚书·无逸》《尚书·酒诰》等篇章来看，周公从三个方面指导成王的道德修养。首先，要求成王继承先王的优良品德。他回忆文王的理政情形："自朝至于日中昃，不遑暇食"（《尚书·无逸》）；其次，要求成王懂得稼穑艰难，了解百姓疾苦，做到体恤下民。最后，是告诫成王不可耽于享乐安逸。他时时用商王误国的反例来加以警诫，殷纣王正是由于"不知稼穑之艰难，不闻小人之劳，惟耽乐之从"，所以失去天下。

周公求贤若渴，如《史记》所记载，他为了不错过贤能之人，能够做到一沐三握发，一饭三吐哺。不仅如此，他为培养人才制定了标准，即"知忱恂于九德之行"，要从德行等方面培养人，具体来说，"九德"包括："宽而栗，柔而立，愿而恭，乱而敬，扰而毅，直而温，简而廉，刚而塞，强而义。"（《尚书·皋陶谟》）

历史地看，周公的教育思想以融入传统的方式得以流传，成为后世语文素养的基本内容。

三、语文教育的基本面貌

母语的传习发展到西周，除了发挥工具价值，更形成了自己的体系。它主要包括两部分内容，小学的"书教"即识字教育，以及大学礼乐教化中的"乐语"之教。

---

① 马银琴：《两周诗史》，102页，北京，社会科学文献出版社，2006。
② （魏）何晏注，（宋）邢昺疏：《论语注疏》，见李学勤主编：《十三经注疏》（标点本），23页，北京，北京大学出版社，1999。
③ （魏）何晏注，（宋）邢昺疏：《论语注疏》，见李学勤主编：《十三经注疏》（标点本），36页，北京，北京大学出版社，1999。

从现有的史料来看，西周教育者对受教育者的入学年龄有一个探索过程。例如：

古者年八岁而出就外舍，学小艺焉，履小节焉。束发而就大学，学大艺焉，履大节焉。(《大戴礼记·保傅》)

岁时已毕，余子皆入学。十五始入小学，见小节，践小义。十八入大学，见大节，践大义焉。(《尚书大传·略说》)

十月事讫，父老教于校室，八岁者学小学，十五者学大学。(《春秋公羊传》"宣公十五年")

到《说文解字》记录此事，基本已经形成八岁入学的定制："《周礼》，八岁入小学，保氏教国子。"①

《礼记·内则》记载了识字教学的基本情况："六年，教之数与方名。七年，男女不同席，不共食。八年，出入门户，及即席饮食，必后长者，始教之让。九年，教之数日。十年，出就外傅，居宿于外，学书计，衣不帛襦袴，礼帅初，朝夕学幼仪，请肄简谅。十有三年，学《乐》，诵《诗》，舞《勺》。成童，舞《象》，学射御。"由此可见，西周的做法是先对儿童进行家庭教育，其中包括识字的内容。这时教儿童识字，是结合具体的生活情景和需要进行的，再年长一些，便外出就学，开始在学校系统学习识字、写字的功课，为进一步的礼乐教育打好基础。

西周识字教学的课本，《汉书·艺文志》著录有"《史籀》十五篇"，并自注曰，"周宣王时太史籀作大篆十五篇，建武时亡六篇矣"，又注，"《史籀篇》者，周时史官教学童书也，与孔氏壁中古文异体"。《说文·序》也谈道："宣王太史籀作《大篆》十五篇，与古文或异。"由此来看，《史籀篇》是西周有代表性的教材，但今已亡佚。

据考证，《史籀篇》的产生与西周对汉字的整理和统一有直接的关系。西周中晚期有过整理、统一文字的活动，《礼记·中庸》引孔子的话："今天下车同轨，书同文，行同伦。"《管子·君臣》也提到"书同名"的事情。

---

① (汉)许慎：《说文解字》，314页，北京，中华书局，1963。

《周礼》有两段文字记载了这个情况，《周礼·春官·外史》有"掌达书名于四方"的说法，按照郑玄的注："古曰名，今曰字。使四方知书之文字，得能读之。"孙诒让在此指出："审声正读则谓之名，察形究义则谓之文，形声孳乳则谓之字，通言之则三者一也。《中庸》云'书同文'，《管子·君臣篇》云'书同名'，《史记·秦始皇本纪》琅玡台刻石云'书同文字'，则'名'即文字，古今异称之证也。云'使四方知书之文字，得能读之'者，谓以书名之形声，达之四方，使通其音义，即后世字书之权舆也。"①是说令各地的人对文字有一致的理解，包括认读的统一和含义的统一。《周礼·秋官·大行人》："七岁属象胥，谕言语，协辞命；九岁属瞽史，谕书名，听声音。"孙诒让阐释为："此谓行人召侯国之象胥、瞽史来至王国，则于王宫内为次舍，聚而教习言语、辞命、书名、声音之等也。"②这一段主要是说在教学活动中统一文字的形音义。而据专家推测，《史籀篇》可能就是配合这种活动编写的，因而也就成为识字教学教材。

西周的识字教学是以构成汉字的"六书"为基础进行分类施教的，《周礼·地官·保氏》云："保氏掌谏王恶，而养国子以道，乃教之'六艺'：一曰五礼，二曰六乐，三曰五射，四曰五驭，五曰六书，六曰九数。"《汉书·艺文志》记载了这一情形："古者八岁入小学，故周官保氏，掌养国子，教之六书，谓象形、象事、象意、象声、转注、假借，造字之本也。"许慎《说文解字》对此做了详细的说明："《周礼》，八岁入小学，保氏教国子，先以六书：一曰指事，指事者，视而可识，察而可见，上下是也。二曰象形，象形者，画成其物，随体诘诎，日月是也。三曰形声，形声者，以事为名，取譬相成，江河是也。四曰会意，会意者，比类合谊，以见指㧑，武信是也。五曰转注，转注者，建类一首，同意相受，考老是也。六曰假借，假借者，本无其字，依声托事，令长是也。"③当代教育家据此推断："我国按照汉字结构分类集中识字的传统教法，发端于西周，六书教学

---

① （汉）郑玄注，（唐）贾公彦疏：《周礼注疏》，见李学勤主编：《十三经注疏》（标点本），2139页，北京，北京大学出版社，1999。
② （汉）郑玄注，（唐）贾公彦疏：《周礼注疏》，见李学勤主编：《十三经注疏》（标点本），2984页，北京，北京大学出版社，1999。
③ （汉）许慎：《说文解字》，314页，北京，中华书局，1963。

方法的大盛则在小学最发达的东汉至魏晋时期。"①

大学阶段，学习的重心转向礼乐，《周礼·春官》记载：

> 大司乐掌成均之法，以治建国之学政，而合国之子弟焉。凡有道有德者，使教焉，死则以为乐祖，祭于瞽宗。以乐德教国子：中、和、祗、庸、孝、友。以乐语教国子：兴、道、讽、诵、言、语。以乐舞教国子：舞《云门》《大卷》《大咸》《大韶》《大夏》《大濩》《大武》。

上古礼乐活动是一种诗、乐、舞一体的文化活动，在社会生活中占有重要地位，因此礼乐教化成为教育的主体。礼乐教化的基本内容是传授乐德、乐语、乐舞，其中乐语之教主要是在诗、乐、舞一体的背景下传授"诗三百"，内容有兴、道、讽、诵、言、语等。"兴"，郑玄解释为"以善物喻善事"，孔颖达认为还可以包括"以恶物喻恶事"。"道"，郑玄解释为"读曰导，导者言古以剀今也"，是指借古证今，进行启发引导。"讽"是指背诵文章。"诵"郑玄注释为"以声节之"，即无乐但有韵律的朗读。"言"和"语"，郑玄认为"发端"的言辞为言，答述的言辞为语。②《说文》又指出："直言曰论，答难曰语"，即主动言说为"言"，回答、反馈为"语"；其中的"直言"，《说文》和《毛诗注》都认为就是"言"。

对于一个群体来说，这种礼乐活动能够加强凝聚力和认同感："参与者都混合而成一个，好像是被一种感情所激动而动作的单一体。在跳舞期间他们是在完全统一的社会态度之下，舞群的感觉和动作正像一个单一的有机体。原始舞蹈的社会意义全在乎统一社会的感应力。"③对于个体来说，这种礼乐活动具有抒发情感、解放自我、感发生命力的作用，如亚里士多德所言："他们倾听兴奋神魂的歌咏时，就如醉似狂，不由自主，几而苏醒，回复安静，好像服了一帖药剂，顿然消除了他的病患。"④而这种教化活动适应并促进了西周社会人文化的发展："周代的'礼乐文

---

① 毛礼锐、沈灌群：《中国教育通史》第一卷，109页，济南，山东教育出版社，1985。
② （汉）郑玄注、（唐）贾公彦疏：《周礼注疏》，见李学勤主编：《十三经注疏》（标点本），575页，北京，北京大学出版社，1999。
③ ［德］格罗塞：《艺术的起源》，蔡慕晖译，170页，北京，商务印书馆，1984。
④ ［古希腊］亚里士多德：《政治学》，吴寿彭译，431页，北京，商务印书馆，1981。

化'的特色不在于周代是否有政治、职官、土地、经济等制度,而在于周代是以礼仪即一套象征意义的行为及程序结构来规范、调整个人与他人、宗族、群体的关系,并由此使得交往关系'文'化和社会生活高度仪式化。"①

礼乐的教学是根据学生的身心特点,配合四季的气候变化进行的,《礼记·王制》记载:"乐正崇四术,立四教,顺先王诗、书、礼、乐以造士。春秋教以礼乐,冬夏教以诗书。"《礼记·文王世子》:"春诵夏弦,大师诏之。瞽宗秋学《礼》,执礼者诏之。冬读《书》,典书者诏之。《礼》在瞽宗,《书》在上庠。"表明大学是根据四时气候的不同,安排不同的教学内容——礼、乐学习多肢体活动,所以一般放在春天和秋天适于户外活动的时节;《诗》《书》的学习以读书为主,所以放在冬、夏,于室内听讲诵读。

结合《礼记·学记》和《管子·弟子职》的记载来看,西周的礼乐教育活动已经有依次相传授的雏形,即学生集体听课,老师根据学生年龄的长幼逐一传授、指导。如《管子·弟子职》曰:"受业之纪,必由长始。一周则然,其余则否。"《学记》要求"幼者听而弗问,学不躐等"。老师传授之后,学生要反复诵读,达到烂熟于心,例如"诗三百",要记诵到能够随着言语交流的需要随时提取引用合适的诗句的程度。同时,学生还可以向老师请教问题,与老师讨论,这也是有学问的,《学记》将这种叩问之学的艺术概括为:"善问者,如攻坚木,先其易者,后其节目,及其久也,相说以解;不善问者反此。善待问者,如撞钟,扣之以小者则小鸣,扣之以大者则大鸣,待其从容,然后尽其声;不善答问者反此。此皆进学之道也。"

综上所述,西周对言语实践的培养,分成了小学的识字教学和大学的素养教育两个层次;同时,对受教育者言语启动的训练不是机械、孤立的,而是在文化实践活动中,知、情、意相互为用。这已经是对语文教育基本特点的初步建构。

---

① 陈来:《古代宗教与伦理——儒家思想的根源》,248页,北京,生活·读书·新知三联书店,1996。

第二章　孔子的语文教育思想
——春秋时期语文教育的代表

春秋战国是中国的"轴心时代"(雅斯贝尔斯语)。以周礼为核心的政教传统得到整理、反思；我们民族最重要的一批教育思想家也出现在这个时代，建构了我们最基本的教育观念。

在各个教育学派中，儒家因本着积极用世的价值观和注重典籍传习的教育观，所以对母语的教化十分重视，且发挥了无以比拟的作用。可以说，春秋语文教育的发展，集中体现在以孔子为代表的儒家教育经验当中。

第一节　时代背景

孔子身处于大变迁的时代，社会环境既为他提供了思想、实践方面的精神资源，也使他需要不断探索何去何从的重大课题。

一、礼崩乐坏

周公为代表的西周政治家所建立的礼乐制度，是在继承以往礼仪文化的基础上，以敬德保民的伦理思想为指导，将等级和血缘相结合，形成的一套宗法制度。这套宗法制度使得政治制度、社会生活等各方面得以规范化、系统化。礼乐制度与周王朝的兴衰是紧密地联系在一起的，周平王东迁后，周王室丧失了控制天下的能力，礼乐征伐也不再由周天子主导，诸侯僭天子，陪臣执国命，旧的统治秩序被打乱，礼崩乐坏的时代来临了。

相传西周礼乐制度最早是在周公主导下建立的。关于周公制礼作乐比较早的记录,一个是《左传》"文公十八年"中的记载:"先君周公制《周礼》曰:'则以观德,德以处事,事以度功,功以食民。'"①另一个是《礼记·明堂位》,其记载得更为详细:"武王崩,成王幼弱,周公践天子之位,以治天下。六年,朝诸侯于明堂,制礼作乐,颁度量,而天下大服。七年,致政于成王,成王以周公为公有勋劳于天下,是以封周公于曲阜,地方七百里,革车千乘,命鲁公世世祀周公以天子之礼乐。"②这里所说的"天子礼乐",包括典章制度和礼仪规范两个方面,前者主要指的是祭祀、土地、税收、行政、法律、职官等方面的法则规范;后者按照《周礼·大宗伯》的说法,主要包括嘉、凶、吉、宾、军五礼:"以嘉礼亲万民","以凶礼哀邦国之忧","以吉礼事邦国之鬼神祇","以宾礼亲邦国","以军礼同邦国"。可见,西周的礼乐制度既要维护天子与王侯之间的宗法等级关系,又要使彼此保持和睦。被授予天子礼乐的鲁国,在这方面一直是各诸侯国的典范:"是故鲁,王礼也,天下传之久矣,君臣未尝相弑也,礼乐、刑法、政俗未尝相变也。天下以为有道之国,是故天下资礼乐焉。"③直到鲁昭公初年,晋国的韩宣子还感叹"周礼尽在鲁矣",说明礼乐文化对鲁国政治思想和行为文化的影响是十分深远的。

随着经济的发展和政治关系的演变,西周的礼乐制度到春秋时期逐渐走向了衰落,最主要的表现,就是强势诸侯开始僭越周礼。据《礼记·郊特牲》记载,最早的越礼行为起于晋国的赵文子,身为大夫而奏天子乐歌《肆夏》。④ 此后愈演愈烈,而尤其以鲁国为甚,如《论语》提到的季氏舞《八佾》于庭,三桓祭祀以《雍》彻,都发生在鲁国。

"礼崩乐坏"一词,原出于《论语·阳货》:"君子三年不为礼,礼必坏;三年不为乐,乐必崩。"朱熹解释其意为"恐居丧不习而崩坏也"⑤,后用来借指西周礼乐制度的瓦解。但是客观地说,西周至春秋"礼"的变化

---

① 杨伯峻:《春秋左传注》,633~634页,北京,中华书局,1981。
② (清)孙希旦:《礼记集解》,842页,北京,中华书局,1989。
③ (清)孙希旦:《礼记集解》,857页,北京,中华书局,1989。
④ (汉)郑玄注,(唐)孔颖达疏:《礼记正义》,见李学勤主编:《十三经注疏》(标点本),779页,北京,北京大学出版社,1999。
⑤ (宋)朱熹:《四书章句集注》,181页,北京,中华书局,1983。

是在新的历史条件下对"礼"的损益：一方面，周礼所贯彻的敬德保民思想，以及"亲亲，尊尊，长长，男女有别"这些基本规范被继承下来；另一方面，"礼"不再是仅为周王所掌握，也不再是仅以仪节规范为主要标志，而是开始向建立在"理"的哲学基础上的政教体系转化。从"乐"的方面来看，主要是指乐作为综合性仪式的解体。

礼制难以维持，于是社会政治和文化生活中的各种要素从原有的框架中解散开来，各自沉浮，重新聚合。如《左传》"昭公五年"所记载的史料，就是典型的反映。

> 公如晋，自郊劳至于赠贿，无失礼。晋侯谓女叔齐曰："鲁侯不亦善于礼乎？"对曰："鲁侯焉知礼！"公曰："何为？自郊劳至于赠贿，礼无违者，何故不知？"对曰："是仪也，不可谓礼。礼，所以守其国，行其政令，无失其民者也。今政令在家，不能取也；有子家羁，弗能用也；奸大国之盟，陵虐小国；利人之难，不知其私。公室四分，民食于他；思莫在公，不图其终。为国君，难将及身，不恤其所。礼之本末将于此乎在，而屑屑焉习仪以亟。言善于礼，不亦远乎？"君子谓叔侯于是乎知礼。[①]

鲁昭公访晋，在礼仪方面表现得十分完美，于是晋侯夸赞他"善于礼"，但是晋的谋臣女叔齐有不同的看法。晋侯与女叔齐的分歧，在于晋侯是用传统的礼仪化标准理解"礼"，而女叔齐却不再将礼仅仅当作周王室规定的仪式规范，而是把它作为领导者的政治法则。女叔齐认为评价主体是否知礼，要看身为统治者是否能够运用"礼"以保国守民。

鲁昭公二十五年，关于"礼"的新理念显得更为成熟了。一方面，人们认定礼存在的合理性在于它是本于天地、符合天道的："礼，上下之纪、天地之经纬也，民之所以生也，是以先王尚之。故人之能自曲直以赴礼者，谓之成人。"另一方面，将礼的应用与协调民性联系在一起："民有好恶、喜怒、哀乐，生于六气，是故审则宜类，以制六志。哀有哭泣，

[①] 杨伯峻：《春秋左传注》，1266页，北京，中华书局，1981。

乐有歌舞，喜有施舍，怒有战斗。喜生于好，怒生于恶。是故审行信令，祸福赏罚，以制死生。生，好物也；死，恶物也。好物，乐也；恶物，哀也。哀乐不失，乃能协于天地之性，是以长久。"①

"乐"在甲骨文中已经出现，字形像谷物结穗，意谓收获的喜庆。《说文解字》主要就器乐加以阐释。结合实际的情况来看，中国传统的"乐"是诗歌、乐曲、舞蹈三位一体的艺术形式，主要用于具有宗教性或政教性的仪式活动。它作为西周礼乐制度的基本要素渗透到社会生活的各个层面，它以西周的宗法制度为存在基础，与西周的政治生活相表里，是周王朝统御诸侯的表征。

在西周的礼仪规范中，诗歌、乐曲、舞蹈是一体的，同属于"乐"的仪式范畴。而一旦这种统一的规制被打破，诗、乐、舞三种要素不再相互牵制，便出现了独立被应用的情况，这在赋《诗》方面表现得十分明显。例如，从赋《诗》主体来看，根据《左传》《国语》等史料记载，春秋中期的僖公到成公年间，赋《诗》活动多在君与君、君与卿之间展开，到了春秋中后期的襄公、昭公年间，君与卿之间的赋诗活动已经明显少于卿大夫之间的赋诗。从赋《诗》内容来看，僭礼用乐的情形也多起来。有的人加以抵制，有的人则习以为常。例如，《左传》"鲁文公四年"记载，卫宁武子与鲁文公饮宴，鲁文公为之赋《湛露》《彤弓》，卫宁武子是"不辞亦不答赋"。因为，在他看来，过去是诸侯朝见周王，王、侯在飨宴之间赋《湛露》；诸侯领王命出征，归来献捷，周王赐予《彤弓》，所以他要对鲁君的这种僭越行为进行抵制。但是《左传》"僖公二十三年"记载晋公子重耳流亡秦国，为秦穆公赋《河水》，取意百川归海，以海喻秦，穆公则为赋《六月》，暗喻重耳为君，称霸诸侯，双方皆欣然接受。

进一步来说，各路诸侯既要显示实力，形成对他国的威慑，也在追求更高的享受，所以周王室长期应用的传统"雅乐"已无法满足需要，诸侯纷纷开始寻求新乐。所谓"新乐"，主要是以郑卫之音为代表的民间乐歌。郑卫之音指的是郑国、卫国，即今河南地区原商朝聚居区的乐歌。这些乐歌保留了浓郁的民族特色，热情奔放，生动活泼，曲调华丽，富

---

① 杨伯峻：《春秋左传注》，1458~1459页，北京，中华书局，1981。

于浪漫色彩和生活气息。如齐景公彻夜听新乐以至于不早朝,魏文侯听郑卫之音而不知疲倦,这些历史记载都说明当时新乐受欢迎的程度是很高的。但是站在维护礼乐传统的立场上看待新乐,如孔子,则认为它是"淫声",所以孔子曾感叹"恶郑声之乱雅乐也"(《论语·阳货》)。

随着礼乐制度的解体,乐教失去了源头活水,也就逐渐衰落了。乐教逐渐让位于诗教。在西周的乐教活动中作为"乐语之教"存在的、"诗三百"的教化,日益地在政治、外交生活中被应用,从而作为独立的文化教育素材进入人们的视野。

二、赋诗断章

赋诗作为春秋战国时期特有的一种话语方式,指的是在诸侯国的会盟、聘问、燕飨等政治、外交活动中,公卿士大夫不将自己的意愿、想法直接表达出来,而是引用"诗三百"中的诗句,隐喻性地、委婉迂回地加以表达,以微言相感。听者先要领会这种隐喻性的意思,才能顺利地进行沟通交流。按照朱自清先生的观点,赋诗者主要是参与政治、外交活动的诸侯卿大夫,但也有请乐工歌唱的情况。[①] 赋诗的内容,包括赋新辞和诵旧作两种情况,按照东汉经学家郑玄所说,即"或造篇,或诵古"。

西周时期,天子有令,诸侯用命,典章仪礼都有严格的规制,所以不必也不可能出现赋诗言志的现象。进入春秋时期,一方面诸侯国之间的政治、外交关系变得复杂,交往活动也日益频繁;另一方面,诸侯卿大夫既要革故鼎新,建构新的礼乐文化,又必须以传统的礼乐内容为主要资源,因此逐渐出现赋诗活动。赋诗兴起于春秋早期,西周采诗、献诗活动衰微之后,从《左传》《国语》的记载来看,"赋诗"活动主要发生在从鲁僖公二十三年到定、哀时期的一百多年中,以襄公时期为最盛。僖公、成公年间为前期,主要在秦、晋、鲁等大宗诸侯国之间展开。襄公、昭公时期为中期,赋诗主体除君卿外,已下移到大夫;地域上也扩大到宋、卫等中小诸侯国。到定公、哀公的后期,礼制被彻底打破,赋诗活动失去了存在的基础;在政治外交活动中人们也不再周旋于辞令,赋诗

[①] 朱自清:《诗言志辨》,16页,桂林,广西师范大学出版社,2004。

活动也就逐渐消亡。所以说，赋诗是适应礼乐文化需要的产物，同时，也就成为诸侯、大夫交往揖让时须讲究的礼仪和辞令，它是春秋这一特定时代文化背景下的产物。

根据已有的研究，赋诗是从西周礼仪化的"歌诗"发展演变而来的。歌诗的基本要求是"歌诗必类"。这个原则出自《左传》"襄公十六年"："晋侯（平公）与诸侯宴于温，使诸大夫舞，曰：'歌诗必类。'齐高厚之诗不类。荀偃怒，且曰：'诸侯有异志矣。'"①也就是说，歌诗的时候，要求所歌、所赋之诗必须与当下要表达的思想有内容上的相似性；歌诗、赋诗必须与歌、赋者及接受者的身份、地位以及所处场合相适应。发展到后来就出现了"赋诗断章"的现象。

> 齐庆封好田而耆酒，与庆舍政，则以其内实迁于卢蒲嫳氏，易内而饮酒。数日，国迁朝焉。使诸亡人得贼者，以告而反之，故反卢蒲癸。癸臣子之，有宠，妻之。庆舍之士谓卢蒲癸曰："男女辨姓，子不辟宗，何也？"曰："宗不余辟，余独焉辟之？赋诗断章，余取所求焉，恶识宗？"癸言王何而反之，二人皆嬖，使执寝戈而先后之。②

根据主体的需要断章取义地引用《诗》，是春秋政治外交活动中言语交际的一个基本特征。但是，《左传》"定公九年"也记载：

> 苟有可以加于国家者，弃其邪可也。《静女》之三章，取彤管焉。《竿旄》"何以告之"，取其忠也。故用其道，不弃其人。《诗》云："蔽芾甘棠，勿翦勿伐，召伯所茇。"思其人，犹爱其树，况用其道而不恤其人乎！③

以"苟有可以加于国家者"为标准反观《左传》引《诗》、用《诗》的情况，

---

① 杨伯峻：《春秋左传注》，1026~1027页，北京，中华书局，1981。
② 杨伯峻：《春秋左传注》，1145~1146页，北京，中华书局，1981。
③ 杨伯峻：《春秋左传注》，1572页，北京，中华书局，1981。

则可以看出,"赋诗断章"并非尽可以随自己的意思,而是基本要以言"志"为准则。例如,《左传》"襄公二十九年"所记载的"季札观乐",就是以反映王政德化的水平作为《诗》的鉴赏标准。又如《左传》"襄公二十七年"记载的赵孟请七子赋诗以观志,都是围绕家国天下的主题赋诗的,然而伯有赋《鹑之贲贲》,偏离了这一主题,就受到了指责。类似的还有《左传》"昭公十二年"记载,"宋华定来聘",对方赋《蓼萧》而自己不明其深意,就遭到了指责。所以说,"赋诗断章"作为赋诗的一种新方式,并未离开"诗言志"的传统。但是,诗是人类的表达与所表达最完美的结合,对诗的割裂具有危险的倾向,所以,孟子在"诗言志"的基础上强调"不以文害辞,不以辞害志,以意逆志",既坚持了仁义道德的原则,也使仁义的本质在新的方法论中得到了深化、丰富,从而促进了儒家《诗》教的发展。

春秋的赋引之风,对读书人的文化素养提出了基本要求,也构成了孔子展开治学和教育活动的基本语境。

从教育内容上来看,《诗》是西周贵族教育的主要内容。据《礼记·王制》记载:"乐正崇四术,立四教。顺先王《诗》《书》《礼》《乐》以造士。"具体来说,《诗》是作为"乐语"来传授的,因此,"诗教"不仅仅是歌诗、诵诗而已,而是形成了以兴、道、讽、诵、言、语为基本内容的教学系统。按照郑玄的注解:"兴者,以善物喻善事。道,读曰导。导者,言古以剀今也。倍文曰讽,以声节之曰诵,发端曰言,答述曰语。"[1]在此基础上,教育者对于《诗》的传授,也形成了一定的认识和经验,如《国语·楚语上》记载申叔时曾对楚庄王说:"教之《春秋》,而为之耸善而抑恶焉,以戒劝其心;教之《世》,而为之昭明德而废幽昏焉,以休惧其动;教之《诗》,而为之导广显德,以耀明其志;教之《礼》,使知上下之则;教之《乐》,以疏其秽而镇其浮;教之《令》,使访物官;教之《语》,使明其德,而知先王之务,用明德于民也;教之《故志》,使知废兴者而戒惧焉……"可见,当时已经有一定的教育教化体系,在这个体系中,学《诗》为的是人格感发,从而明确意志。

---

[1] (汉)郑玄注,(唐)贾公彦疏:《周礼注疏》,见李学勤主编:《十三经注疏》(标点本),575页,北京,北京大学出版社,1999。

从教育策略上看，对《诗》的习得和教化经验，主要是基于四时的自然规律和学习主体的心理特征建构起来的。一般是"十有三年，学《乐》，诵《诗》，舞《勺》。成童，舞《象》，学射御。二十而冠，始学礼。……"古代教育家很早便发现了"乐"具有动人心魄、怡人性情、移风易俗的力量，所谓"乐者，音之所由生也，其本在人心感于物也"（《礼记·乐记》）。因此，教育者顺应这一规律，让学生在乐教活动中综合性地体会兴、道、讽、诵、言、语这些不同的话语艺术，并锻炼联想、感悟的能力，养成引譬连类的习惯。这样，学子们在揖让应对之间，渐渐养成以微言相感的君子作风。《礼记·仲尼燕居》记载："是故君子不必亲相与言也，以礼乐相示而已。"可见这种传统的流传和影响。

学习的具体安排，是"春秋教以礼乐，冬夏教以诗书"，因为在草长莺飞的春天和果实累累的秋季，气候温和，适合安排需要演练的礼、乐教育；到炎炎夏日或寒冷的冬季，就以诵读《诗》《书》为主。但是这些学习活动彼此不是割裂的，当学习者掌握了诗教的各个要素，在乐的层面加以综合的时候，审美教育的价值就显现出来了。

春秋赋引活动普遍，要求士大夫必须具备这种基本的素养。所以孔子提出："不学诗，无以言。"（《论语·季氏》）

三、私学兴起

礼崩乐坏的结果是西周官学衰落、废弛。官学是西周礼乐制度重要的组成部分，礼乐制度难以为继，相应地官学也就失去了支撑。《史记》的记载："幽、厉之后，周室微，陪臣执政，史不记时，君不告朔，故畴人子弟分散，或在诸侯，或在夷狄"。[1] 所谓"畴"，指的是"家业世世相传"，即西周学术官守时期，各司其职，代代相授。虽然仍有像鲁僖公修泮宫、子产不毁乡校这样维护官学的事例，但像西周盛时那样按部就班、恪守礼制的学校教育活动已成为历史，所以孔子感叹"天子失官，学在四夷"（《左传》"昭公十七年"）。《诗·郑风·子衿》云："青青子衿，悠悠我心。纵我不往，子宁不嗣音？青青子佩，悠悠我思。纵我不往，子宁不

---

[1] （汉）司马迁：《史记》，1258~1259 页，北京，中华书局，1959。

来？挑兮达兮，在城阙兮。一日不见，如三月兮。"按照《毛诗》的阐释，此诗正是"刺学校废"，"乱世则学校不修"，其中的描述，令人为官学子弟无心向学而扼腕感叹。

从官学废弛到私学大兴，其间是有一个发展过程的。在这当中，一些文化官员由担任王官而流向民间，很可能就成为早期的私学创办者。例如，柳下惠曾经担任过"士师"（即"典狱之官"），后流落民间，在柳下讲学。再如，郑国的邓析，是名家的创始人，擅长论辩。他曾在民间指导、教授百姓，训练人的辩才，并以实物的形式收取一定的学费。直至出现了像儒、墨这样规模、影响都比较大的私学，才标志着中国进入了第一个私学发展高峰。

四、士成阶层

官学衰落，私学兴起，培养的对象也发生着变化。虽然西周时期就已经有"士"的概念，特别以此作为对官学教育对象的称谓，但是按照余英时的观点，我们今天所理解的知识分子、知识阶层的内涵，是到春秋战国之际的孔子时代才有的。

"士"在西周时期是介于卿大夫与庶民之间的低等贵族，《礼记·王制》总结西周官爵共五等："诸侯之上大夫卿、下大夫、上士、中士、下士"，这一情况在另外一些史料中也可以得到证明。例如，《国语》记载："公食贡，大夫食邑，士食田，庶人食力，工商食官，皂隶食职，官宰食加。政平民阜，财用不匮。"①《左传》"桓公二年"的记载为："吾闻国家之立也，本大而末小，是以能固。故天子建国，诸侯立家，卿置侧室，大夫有贰宗，士有隶子弟，庶人、工、商，各有分亲，皆有等衰。"②

"士"列末等，故而会出现下滑到庶民仆隶的情况，如上文所引《左传》"桓公二年"的记载，杜预的注解就言："士卑，自以其子弟为仆隶也。"

到西周末年，没落的贵族往往降为"士"，从而成为壮大"士"阶层的

---

① 徐元诰：《国语集解》，350页，北京，中华书局，2002。
② 杨伯峻：《春秋左传注》，94页，北京，中华书局，1981。

第一个来源。《左传》"昭公三年"对这个情形有所记载:"虽吾公室,今亦季世也。戎马不驾,卿无军行,公乘无人,卒列无长。庶民罢敝。……栾、郤、胥、原、狐、续、庆、伯降在皂隶。"①文中提到的八种姓氏,指的是晋国旧贵族;"皂隶"指的是"贱官"。又《左传》"昭公三十二年"史墨对赵简子说:"社稷无常奉,君臣无常位,自古以然。……三后之姓于今为庶。"②"三后"是虞、夏、商的后裔,显然,这种情况不仅发生在上古三代贵族的后裔身上,也同样适用于其他没落的贵族后代,像孔子是宋国贵族后裔,他的学生颜回祖上为鲁国的卿大夫,曾皙祖上是鄫太子巫的子孙,这些都是贵族下移为士的典型。

由贵族下降为士,有一种比较特殊的情况,那就是王室中的文化官员流散到各诸侯国而成为"士"。西周的文化学术传统是"学术官守",按照荀子的描述是:"循法则度量,刑辟图籍,不知其义,谨守其数,慎不敢损益也。父子相传,以持王公。"(《荀子·荣辱》)清代章学诚就此分析:"有官斯有法,故法具于官;有法斯有书,故官守其书;有书斯有学,故师传其学;有学斯有业,故弟子习其业。官守学业皆出于一,而天下以同文为治,故私门无著述文字。"③西周末年,王室内部围绕继承权的斗争日益激烈,多次发生内乱,其中对礼乐制度影响比较大的,是周敬王时期的王子朝叛乱。据《左传》"鲁昭公二十六年"记载,王子朝争夺王位失败后,便率领一批旧宗族"奉周之典籍以奔楚"。④ 这使得文化官员、典籍礼器大量迁入楚国。这种情况,使得乐工迁移,乐歌远播,乐器流徙,据《论语·微子》记载:"太师挚适齐。亚饭干适楚。三饭缭适蔡。四饭缺适秦。鼓方叔入于河。播鼗武入于汉。少师阳、击磬襄入于海。""大师"是鲁国最高等级的乐官名,"亚饭""三饭""四饭"等也是王室从事礼乐活动的职务名称,这段话描述了春秋末年鲁哀公时期,乐师向各诸侯国流徙的情况。

"士"阶层中的第三种人是由庶人上升为"士"。这种情况到春秋、战

---

① 杨伯峻:《春秋左传注》,1236 页,北京,中华书局,1981。
② 杨伯峻:《春秋左传注》,1519~1520 页,北京,中华书局,1981。
③ (清)章学诚:《校雠通义》,1 页,北京,中华书局,1956。
④ 杨伯峻:《春秋左传注》,1475 页,北京,中华书局,1981。

国之交渐渐凸显。例如，《韩非子·外储说左上》记载："中章、胥己任，而中牟之民弃田圃而随文学者邑之半。"《吕氏春秋》记载："赵襄子之时，以任登为中牟令，上计言于襄子曰：中牟有士曰胆胥己，请见之。襄子见而以为中大夫。"这里说的便是"中章、胥己"的情况，按照钱穆的考证，赵襄子生于公元前474年，卒于公元前425年，时值春秋战国之交。①

社会正在发生着巨大的变动，文化人的身份、地位、境遇也处于一种极不稳定的状态，于是"思想者的思想也在发生剧烈的动荡，除了顺应时势的实用性变化外，更有一种理智的思考开始萌生"②，主要表现为对过去种种不证自明的思想意识产生怀疑。于是，礼仪制度本身与它所象征的意义被剥离开来，人们开始重新审视礼仪的合理性；过去合乎天道与顺应民性是统一的，现在人们将二者分开来考虑，并在它们之间做出选择，于是，知识阶层开始重新确立理性依据与价值来源；而在追问理性依据、价值来源的时候，往往习惯于回溯历史，于是向传统寻求意义成为思想习惯。

第二节　孔子的教育理想

孔子名丘，字仲尼，春秋末年鲁国陬邑（今山东曲阜东南）人，先世是宋国贵族，由于贵族内部的纷争，逃到鲁国，到他的父亲孔纥时，家族已没落为下级武官。孔子幼年丧父，家境贫寒，故他自称"吾少也贱"。但他自幼勤学好问，经常做习礼的游戏，长大后曾做过管仓库的"委吏"和管畜牧的"乘田"等小官。30岁左右，孔子开始私人讲学，后来向他请教的人越来越多，他在鲁国的影响也越来越大。50岁左右，孔子当上了鲁国的"中都宰"，不久又升为"司寇"。但鲁国的政局动荡，他只做了三个月的司寇，便被迫离开了鲁国，带着他的学生周游列国，前后达十三年。晚年时重返鲁国，专门从事讲学和整理古代文献，直至去世。

---

① 钱穆：《先秦诸子系年》，130页，石家庄，河北教育出版社，2002。
② 葛兆光：《中国思想史》第一卷，83页，上海，复旦大学出版社，2001。

第二章 孔子的语文教育思想——春秋时期语文教育的代表

《论语》二十篇是孔门弟子辑录的孔子言行录,也记载着一部分孔子门徒的言行,是研究孔子教育思想的主要依据。1994年上海博物馆收购了一批楚简,后经整理研究认定,当中有几十支简为一整套孔子教授《诗》的教材,遂为定名《孔子诗论》。这是我们研究孔子教育思想的又一份重要资料。

孔子有着远大的理想和自强不息的精神。他生活在春秋晚期的鲁国,这里是当年周公长子伯禽的封邑,保存的周礼最为完善,故孔子一直以周天子的子民自居。然而,孔子生活的年代却是诸侯争霸,社会动荡不安,仅在鲁国之内,到鲁宣公九年后,就出现了孟孙氏、叔孙氏、季孙氏轮流执政,国君形同虚设的情形。在这样的环境中,孔子不是像多数游士那样,游说于诸侯之间,以求得自己的功利地位,而是为建构理想社会而不断努力奋斗。孔子理想的社会状态,如《礼记·礼运》中所描述的,是一个"大同"社会:"大道之行也,天下为公。选贤举能,讲信修睦。故人不独亲其亲,不独子其子,使老有所终,壮有所用,幼有所长,鳏寡孤独废疾者,皆有所养。男有分,女有归。货恶其弃于地也,不必藏于己;力恶其不出于身也,不必为己。是故谋闭而不兴,盗窃乱贼而不作,故外户而不闭,是为大同。"①他希望社会为天下公有,社会成员和睦相处,既有礼仪分际,又相互关心、帮助。人人付出自己的努力,凭借高尚的品德和各自的才干发挥对社会的积极作用,从而建设一个夜不闭户、路不拾遗的大同天下。根据自己生活的时代和学习的经验,孔子把这个理想具体化为恢复周代礼制,因为从夏、商、周的政治文化制度发展来看,周代是发展得最好的。

孔子为此孜孜以求,一生坚持学习。孔子对于自己的评价一向是谦逊的,但是对于学而不厌,他十分自信,曾说:"十室之邑,必有忠信如丘者焉,不如丘之好学也。"(《论语·公冶长》)他对于自己这方面特点的评价是:"发愤忘食,乐以忘忧,不知老之将至云尔。"(《论语·述而》)他为了宣传自己的主张而周游列国,虽然效果不彰,甚至经常身处困厄之境,但他始终不放弃追求。如他"在陈绝粮,从者病,莫能兴",却仍然

---

① (汉)郑玄注,(唐)孔颖达疏:《礼记正义》,见李学勤主编:《十三经注疏》(标点本),658页,北京,北京大学出版社,1999。

"讲诵弦歌不衰"。子路问孔子："君子亦有穷乎?"孔子却说："君子固穷，小人穷斯滥矣。"(《论语·卫灵公》)意思是说，君子与小人都可能有遭遇穷困的时候，而两者的差别就在于，君子可以为了自己的追求和原则而不畏穷困，小人则难以承受。

孔子率先开创私学，广授门徒，并且提出"有教无类"的原则，从而打破了西周教育只面向贵族的局限。他自己曾说："自行束修以上，吾未尝无诲焉。"(《论语·子路》)朱熹释此为，只要是遵循礼法来求学的，我(孔子)从来没有拒绝过。所以孔子的弟子众多，身份各异。

在孔子看来，教育具有重要的社会价值。他曾对弟子说，治理国家，先要令人口繁盛，然后要使百姓富足，在此基础上，就要推行教育。同时，教育也是孔子实践理想，推行周代礼乐教化的基本途径。他曾说："道之以政，齐之以刑，民免而无耻；道之以德，齐之以礼，有耻且格。"(《论语·为政》)他坚定地认为，如果靠政令刑罚约束百姓，取得的效果只能是凡政令规定的百姓就执行，政令监管不到之处，百姓就难以自觉；如果按照道德感召、礼义教化的办法治理百姓，百姓就能够自觉地按照规范约束自己的言行。

孔子的教育实践，是进一步将西周形成的礼乐教育建立在仁义思想和伦理政治上，从而为礼乐制度和礼仪规范确立内在的价值基础。

具体来说，周代的礼乐教育，是以对礼乐制度和礼仪规范的学习、演练为主体的；贵族子弟掌握这些制度，具备相应的行为能力，就是为参与贵族政治活动做准备。孔子所推行的教育，同样是以治国平天下为宗旨，培养"修己以安百姓"(《论语·宪问》)的从政君子。例如，子夏曾经简单明了地将学习与从政在个体发展过程中的关系阐释为"仕而优则学，学而优则仕"(《论语·子张》)。对先秦儒家教育思想做了集中总结的《礼记·学记》，在开篇即提出："建国君民，教学为先"，"君子如欲化民成俗，其必由学乎!"它开宗明义地指出了，教育的意义主要是治理国家，教化百姓。

而孔子又是通过礼义道德教化，培养文质彬彬的君子，实现他的教育目的的。这样，就使得伦理道德的培养和礼乐的习得成为相表里的关系，进而成为从政君子必须具备的素质。这个关系，在儒家另一部重要的著作《礼记·大学》中被明确地表述为修身、齐家、治国、平天下这样一条人生发展路线。意思是说，君子首先要提高自身的伦理道德修养，才有能力通过身教和言教，使得家庭成员践履伦常、恪守礼义；推而广之，就是要将这个逻辑应用到整个社会，像教化小家庭那样治理国家，让人人践履伦常、恪守礼义，这样，就会实现社会大同的理想。所以，当齐景公问政于孔子，孔子的回答很简单，就是要遵守"君君，臣臣，父父，子子"的伦理规范。子夏曾体会孔子的思想："贤贤易色；事父母，能竭其力；事君，能致其身；与朋友交，言而有信。虽曰未学，吾必谓之学矣。"（《论语·学而》）在他看来，如果在家庭中能够做到孝悌，在社会上能够做到忠信，那么，即使没有真正上过学，也称得上是一个学有所成的人。子夏的理解深得孔子思想真谛。

从《论语》等相关史料来看，孔子心目中的理想人格是具有一定的梯次的，最高层次是圣人，其次是君子或成人，最基本的标准为"士"。

圣人或圣贤，是孔子教育观和社会理想的最高标志。被孔子赋予圣人之称的，主要是尧、舜、禹、汤、文、武、周公这样一些古圣先贤，这主要是由于孔子所向往的理想社会，就是有像文武周公那样的圣贤治理天下，百姓安居乐业，人人恪守礼仪规范，等等。一方面，这是以孔子为代表的儒家为当时礼崩乐坏、天下纷乱的时局设计的出路；另一方面，也是出于他所知、所学的经验。我们应该从中吸取的，则是孔子希望培育理想人格来建构合理社会的追求，以及为之奋斗终生的精神——这对我们既是一种激励，同时也引导我们进一步思考：什么才是符合公理和人性的教育？怎么样才能搭建起从现实迈向理想教育的阶梯？这大概是值得我们求索终生的命题。

孔子真正深入探究的是如何培养君子。孔子对君子的道德修养问题进行了全面而深入的研究，认为君子最基本的要求是能够"修己安人"，"修己以安百姓"。

首先是"修己"。在孔子看来，自我修养的第一步是培养孝悌美德，恪守伦理规范，因为这是君子修养之本，如他在《论语》中所论："君子务本，本立而道生。孝弟也者，其为仁之本与！"（《论语·学而》）在此基础上，应该全面地接受礼乐文化教育。按照孔子的设计，君子应该是"义以为质，礼以行之，孙以出之，信以成之"（《论语·卫灵公》），没有礼乐的教化和熏陶是不行的，如他曾说："恭而无礼则劳，慎而无礼则葸，勇而无礼则乱，直而无礼则绞。君子笃于亲，则民兴于仁；故旧不遗，则民不偷。"（《论语·泰伯》）礼乐教化，让君子能够因为自己道德人格的完善而具有自信，从而泰然地面对生活中的各种考验，坚守自己所追求的道义，不以物喜，不以己悲。

孔子将君子人格具体化为三个标准："仁者不忧，知者不惑，勇者不惧。"（《论语·宪问》）仁、智、勇三达德，他称之为"君子道"，而且再三加以强调。例如，他的弟子司马牛曾问他，为什么不忧不惧就能够称之为君子？孔子回答说："内省不疚，夫何忧何惧？"（《论语·颜渊》）

其次是"安人"。儒家培养的君子不是独善其身的隐士，而是能够治国平天下的入世人才，所以修己的主要目的是为了安人。那么修身何以能够安人、安百姓呢？孔子认为君子的身教是能够感染身边的人的，这是安百姓的首要条件。因此，孔子对君子的言行规范做了广泛的实践和研究。例如，他认为君子既不可不言，也不能言过其行，更不能言而无行，最好是"讷于言而敏于行"（《论语·里仁》），"敏于事而慎于言"（《论语·学而》）。他又反复拿君子和小人做对比，来突出君子的表率作用应该体现在哪些地方——在义利观上，君子要重义轻利；对于道义和名利，君子要求道不求名；与人交往，君子要心怀坦荡，和而不同，周而不比，成人之美，反求诸己。

孔子更加注重自己的言行的典范性。他不仅谦虚谨慎，而且学而不厌，诲人不倦。不但他最得意的学生颜渊说他，"仰之弥高，钻之弥坚。瞻之在前，忽焉在后。夫子循循然善诱人，博我以文，约我以礼，欲罢不能。既竭吾才，如有所立卓尔，虽欲从之，末由也已。"（《论语·子罕》）与他同时代的人很多都知道他博学而不求功名，是个了不起的人。但是孔子对于别人的褒奖也并不十分在意，他只认为自己很好学，因为对于君子而言，"德之不修，学之不讲，闻义不能徙，不善不能改"（《论语·述而》），才是真正值得忧虑的。如他曾言："我非生而知之者，好古，敏以求之者也。"又言："盖有不知而作之者，我无是也。多闻，择其善者而从之；多见而识之，知之次也。"(《论语·述而》)孔子终其一生在不断地提高自己，因此，他对自己"十有五而志于学，三十而立，四十而不惑，五十而知天命，六十而耳顺，七十而从心所欲不逾矩"(《论语·为政》)的概括，成为中国人心目中的成长模式以及自我修养的标准。

第三节　文质彬彬——孔子对语文教育功能的定位

研究孔子的语文教育思想，首先需要解决的问题是，在孔子以培养道德君子为核心的教育思想体系中，受教育者的语文素养居于什么地位？

一、孔子对语文教育的定位

相比于同时期的其他教育流派，儒家最重视经典文本的传承和学习。在孔子私学的四门课程（德行、政事、言语、文学）中，"言语""文学"居其二。这说明，在孔子的观念中，言语素养对于受教育者的人格发展具有重要的建构价值。

首先，这是由教育活动的宗旨决定的。孔门的教育活动，主要是指导受教育者接受周代礼乐文化的陶冶，然而在春秋的现实环境中，这些文化内容已经遭到严重的破坏，必须借助自古流传下来的文化典籍才能进行学习。所以，受教育者必须具备深厚的语文素养。

其次，孔子的语言观也决定了语文素养之于他所追求的君子人格而言，是居于主要地位的。孔子的语言观有两个基本点，即将"言"作为呈现言语主体形上存在的载体，也作为言语主体追求精神永恒的载体。[①] 孔子不止一次地表达过这种思想，即以言表志，由言知人，例如："不知命，无以为君子也。不知礼，无以立也。不知言，无以知人也。"(《论语·尧曰》)又说："言以足志，文以足言。不言，谁知其志？言之无文，行而不远。"(《左传》"襄公二十五年")孔子把语言作为主体知人并为人所知的基本途径，这样一来，言就成为人的表征，必须审慎对待，如他曾

[①] 杨乃乔：《经学与儒家诗学——从语言论透视儒家在经典文本上的"立言"》，载《中国社会科学》，1995(6)。

言："君子于其言，无所苟而已矣。"（《论语·子路》）

因此，孔子对言语活动提出了多方面的要求。就言行关系来说，他要求"先行其言而后从之"（《论语·为政》），"讷于言而敏于行"（《论语·里仁》），"听其言而观其行"（《论语·公冶长》）；就主体的言语素养与其道德品格的关系，孔子认为"有德者必有言，有言者不必有德"（《论语·宪问》），要求学为君子应该"不以言举人，不以人废言"（《论语·卫灵公》）；就名与实的关系而言，孔子要求名实相符："名不正，则言不顺；言不顺，则事不成；事不成，则礼乐不兴，礼乐不兴，则刑罚不中；刑罚不中，则民无所措手足。"（《论语·子路》）

孔子还深刻地认识到了言语对于传播思想和发扬精神所具有的重大意义，即人可以借助言语来超越物化的存在，达到永恒。这充分体现为孔子对历史经验研究的重视："夏礼，吾能言之，杞不足征也。殷礼，吾能言之，宋不足征也。文献不足故也。"（《论语·八佾》）在这个研究过程中，孔子对周代的文化和制度高度认同，认为其最为完善，因此，他致力于通过文化教育实践，恢复西周的礼乐文化："周监于二代，郁郁乎文哉！吾从周。"（《论语·八佾》）当学生问他："十世可知也？"他回答说："殷因于夏礼，所损益，可知也。周因于殷礼，所损益，可知也。其或继周者，虽百世，可知也。"（《论语·为政》）另一方面，他也不遗余力地推进文化经验的交流，不仅对《诗》《书》《礼》《乐》《易》《春秋》等典籍一一进行整理、编订，而且编写了《孔子诗论》等教材，按照自己的教育追求和对"诗"的解读来传授经典。

孔子培养语文素养的价值取向，又是与陶冶君子人格保持一致的。孔子对此有一个基本的观点："质胜文则野，文胜质则史。文质彬彬，然后君子。"（《论语·雍也》）

"子曰：'赐也！女以予为多学而识之者与？'对曰：'然，非与？'曰：'非也。予一以贯之。'"（《论语·卫灵公》）这"一以贯之"之道，孔子曾反复教诲于弟子，即所谓"博学于文，约之以礼"。孔门中学习典籍文献最有成就的子夏，对此颇有心得，曾说："博学而笃志，切问而近思，仁在其中矣。"（《论语·子张》）

从语文素养相对于一贯之道的意义来看，孔子曾经对子路谈过"六言六蔽"的问题，可以使我们对此有所领悟："好仁不好学，其蔽也愚。好知不好学，其蔽也荡。好信不好学，其蔽也贼。好直不好学，其蔽也绞。好勇不好学，其蔽也乱。好刚不好学，其蔽也狂。"(《论语·阳货》)按照何晏所注，"学"是觉悟未知的意思，"仁"的标准是"爱物好与"，"知"是"明照于事"，所谓"人言不欺为信"，"正人之曲曰直"，"勇"即果敢，"刚者无欲，不为曲求"。朱熹对此解释："六言皆美德，然徒好之而不学以明其理，则各有所蔽。"①即爱好仁德，而不爱好学习，它的弊病是受人愚弄；爱好智慧而不爱好学习，它的弊病是行为放荡；爱好诚信而不爱好学习，它的弊病是危害亲人；爱好直率却不爱好学习，它的弊病是说话尖刻；爱好勇敢却不爱好学习，它的弊病是犯上作乱；爱好刚强却不爱好学习，它的弊病是狂妄自大。

由此可见，孔子既认为语文素养对于君子的养成具有独特而重要的意义，同时也强调，这种价值最终是服从于君子道德人格的形成的。

二、孔子对语文教育功能的认识

那么，受教育者语文素养的发展，与他们人格水平的提高之间，何以具有内在的关联？它们相互作用的机制又是什么呢？

从《论语》的记载可知，培养从政专对的言语能力，是孔门发展语文素养的第一步。但是，孔子不是简单地训练弟子纵横捭阖的游说能力，而是引导学生将语文学习的过程，与学为君子的过程相统一，要求以道统德、以德御言、以言行道。

我们先对"言语"的具体内涵进行探讨。刘宝楠《论语正义》在阐释孔门四科时，提出了"辞命"的概念。《周礼·春官·大祝》对此规定得很明确："作六辞以通上下、亲疏、远近，一曰祠(辞)，二曰命，三曰诰，四曰会，五曰祷，六曰诔。"可见，辞、命是西周贵族教育培养从政君子的基本内容。又如《毛诗·定之方中》云："故建邦能命，龟田能施命，作器能铭，使能造命，升高能赋，师旅能誓，山川能说，丧纪能诔，祭祀能语。"刘宝楠认为："此九者，皆是辞命，亦皆是言语。"皇疏引范宁曰：

---

① (宋)朱熹：《四书章句集注》，178页，北京，中华书局，1983。

"言语，谓宾主相对之辞也。"因此说，在孔子的观念中，一般意义的言语交际能力只是基础，主要应该传习的是政治外交场合的辞命、专对。例如，他曾就学《诗》说过这样的话："诵《诗》三百，授之以政，不达；使于四方，不能专对；虽多，亦奚以为？"（《论语·子路》）正是在这个意义上，孔子十分重视对言语实践的训练。

就当时的社会环境看，能够称得上是君子的，首先必须要有相应的政治地位，而处于君子地位的人，一般应该具备与自身身份相称的素质。《左传》"襄公三十一年"载："君子在位可畏，施舍可爱，进退可度，周旋可则，容止可观，作事可法，德行可象，声气可乐，动作有文，言语有章，以临其下，谓之有威仪也。"①这段话使我们对当时的君子形象有所体会。在政治外交场合做到言语得宜，是君子素质的重要内容，也是学为君子的第一步。

春秋战国是处士横议的时代，纵横捭阖不乏人才。孔门教育在这方面的独特性，则是以文质彬彬为基础的，他要求弟子将言语和德行统一起来。在这个问题上，孔子教育弟子宰我的事例最为典型。

在孔子心目中，言语科学得最好的是宰我和子贡，尤其是宰我，孔子不止一次地称赞他善辩说、能言辞。但是，孔子并未放松在人格修养上督促宰我。史料记载孔子批评、敲打宰我之处颇多，其中有些记载生动地描绘了这一对师生的教学情态。例如，一次孔子发现宰我在白天睡懒觉，很生气地说："朽木不可雕也！"因为宰我一向能言善辩，这更让孔子发现他言行不一，因此感叹说："始吾于人也，听其言而信其行；今吾于人也，听其言而观其行。于予与改是。"（《论语·公冶长》）

再如，《论语·阳货》记载，有一次，宰我问孔子："守丧三年的规矩是不是太久了？"孔子问他："若不足三年就让你吃好穿好，如常生活，你心安吗？"没想到宰我毫不犹豫地说："心安啊！"孔子只好说："心安你就去做吧！但是作为君子，居丧是真心实意地难过，食不甘味，闻乐不乐，居处不安，所以才三年不去做这些事啊！"等到宰我离开后，孔子叹息："宰我真是不懂得'仁'的道理！你出生三年尚不能离开父母的怀抱，难道

---

① 杨伯峻：《春秋左传注》，1195页，北京，中华书局，1981。

你连为父母守孝三年的感情都没有吗?"

又如,宰我曾以自己比较得意的言语技能请教孔子:"君子尚辞乎?"孔子则深刻地指出:"君子以理为尚。博而不要,非所察也。繁辞富说,非所听也。唯知者不失理。"

孔子不断地教诲,使得宰我终能够以诚御辞,也使得师生间有了默契。有一次孔子命宰我去楚国办事,楚昭王要送给孔子一辆装饰精美的马车,宰我立刻拒绝了。楚王问他为什么,他说,老师言不离道,动不违仁,贵义尚德,清素好俭;道行则乐其治,不行则乐其身,所以我知道老师不喜此物。回来说起这件事,子贡认为宰我尚未把夫子之美说得很到位,于是又进一步称颂了孔子;但孔子认为,言贵实,使人信,子贡的话虽然华美,但不如宰我的话实在。

三、孔子语文教育的基本原则

基于语文素养对培养彬彬君子的重要意义,孔子提出了一系列的语文教育和学习的原则,主要包括修辞立其诚、恪守慎言和追求雅言境界三个原则。

(一)修辞立诚

"修辞立其诚"最早见于《周易·乾·文言》。子曰:"君子进德修业。忠信,所以进德也。修辞立其诚,所以居业也。"孔颖达对此的阐释为:"辞谓文教,诚谓诚实也。外则修理文教,内则立其诚实。内外相成,则有功业可居,故云居业也。"它的基本含义,是"要求辞令合于真实的情意"。[1] 从培养士君子的视角来看,这说的正是一个己立立人的过程——一方面,学习者要内外兼修,提升自身的君子人格;另一方面,借助言辞,能够将忠信之德推而广之,以化成天下。这也就是儒家追求的立德、立言、立功"三不朽"的统一。

理解修辞立诚的思想,首先必须搞清楚修辞与立诚之间的内在联系。就修辞旨在立诚的一面来说,孔子所培养的有道君子,是要积极入世的,所以要做到言不过辞,这样才能以身作则,以安百姓。故孔子曾说:"君

---

[1] 周振甫:《中国修辞学史》,19页,南京,江苏教育出版社,2006。

子过言则民作辞,过动则民作则。君子言不过辞,动不过则,百姓不命而敬恭,如是则能敬其身。"(《礼记·哀公问》)最能体现这一思想的,莫过于"辞达而已矣"(《论语·卫灵公》)。孔子要求的"辞达",是"凡事莫过于实,辞达则足矣,不烦文艳"①,意思是说,既要如实表达思想感情,又不能过分渲染。但是,做到如此恰如其分并不容易②,因为要做到辞顺、辞达,既要合情合理地表达真情实感,也要考虑接受者以及语境等多方面的因素,这就要不断地加以磨炼,培养深厚的言语素养。

从立诚何以修辞的一面来看,孔子说过"言之无文,行而不远"的话,可以作为注脚。"言之无文,行而不远"出自《左传》的"襄公二十五年"。

> 郑子产献捷于晋,戎服将事。晋人问陈之罪。对曰:"昔虞阏父为周陶正,以服事我先王。我先王赖其利器用也,与其神明之后也,庸以元女大姬配胡公,而封诸陈,以备三恪。则我周之自出,至于今是赖。桓公之乱,蔡人欲立其出,我先君庄公奉五父而立之,蔡人杀之,我又与蔡人奉戴厉公。至于庄、宣,皆我之自立。夏氏之乱,成公播荡,又我之自入,君所知也。今陈忘周之大德,蔑我大惠,弃我姻亲,介恃楚众,以冯陵我敝邑,不可亿逞,我是以有往年之告。未获成命,则有我东门之役。当陈隧者,井堙木刊。敝邑大惧不竞而耻大姬,天诱其衷,启敝邑心。陈知其罪,授手于我。用敢献功。"晋人曰:"何故侵小?"对曰:"先王之命,唯罪所在,各致其辞。且昔天子之地一圻,列国一同,自是以衰。今大国多数圻矣,若无侵小,何以至焉?"晋人曰:"何故戎服?"对曰:"我先君武、庄为平、桓卿士。城濮之役,文公布命,曰:'各复旧职。'命我文公戎服辅王,以授楚捷——不敢废王命故也。"士庄伯不能诘,复于赵文子。文子曰:"其辞顺。犯顺,不祥。"乃受之。
>
> ……
>
> 仲尼曰:"《志》有之:'言以足志,文以足言。'不言,谁知其志?

---

① (魏)何晏注,(宋)邢昺疏:《论语注疏》,见李学勤主编:《十三经注疏》(标点本),218页,北京,北京大学出版社,1999。

② (宋)黎靖德:《朱子语类》,1169页,北京,中华书局,1986。

言之无文，行而不远。晋为伯，郑入陈，非文辞不为功。慎辞哉！"①

从孔子说这句话的语境来看，"文"的标准是既要顺乎义理，又要合乎礼仪，还要辩乎言辞，达到令人折服的效果。例如，《周易·系辞上》中谈道："君子居其室，出其言善，则千里之外应之，况其迩者乎？居其室，出其言不善，则千里之外违之，况其迩者乎？言出乎身，加乎民；行发乎迩，见乎远。言行，君子之枢机。"综合这些史料，应该说，君子诚于中而达于外的关键，便是修其辞。

（二）恪守慎言

"慎言"的思想普遍地存在于当时的社会文化语境中，这在先秦的文献中有充分的体现，例如：

> 君子无易由言，耳属于垣。（《诗·小雅·小弁》）
> 言而苟，墙有耳。往言伤人，来言伤己。（《郭店楚墓竹简·语丛四》）
> 古者有二言，墙有耳，伏寇在侧。（《管子·君臣下》）
> 汝夜何修非躬，何慎非言，何择非德？呜呼，敬之哉！（《逸周书·小开解》）
> 言无远，慎也。（《国语·周语下》）

孔子对此又做了进一步的深化，即具体规定了言语活动的原则，来保证"言"的价值和地位。首先，孔子注重言与德、言与行之间的匹配关系，强调以德御言，言出必行，听言观行；其次，他主张文质彬彬，文胜于质或质胜于文都不可取；最后，他强调言语活动与语境、对象等要素要相互适应。他是如此身体力行的，也是这样教育弟子的。

（三）追求雅言

根据《论语》的记载，孔子在教学中的用语，不同于日常生活话语。他在教学中所用的，是一种称为"雅言"的话语："子所雅言，《诗》《书》执

---

① 杨伯峻：《春秋左传注》，1104～1106页，北京，中华书局，1981。

礼,皆雅言也。"(《论语·述而》)历代的解释,"雅言"指的是正式的官话,它有特定的一套语音系统。例如,郑玄对此的注释为:"读先王典法,必正言其音,然后义全,故不可有所讳。"[1]刘宝楠在《论语正义》中提出:"后世人作诗用官韵,又居官临民必说官话,即雅言矣。"刘台拱在《论语骈枝》分析说:"夫子生长于鲁,不能不鲁语。惟诵《诗》、读《书》、执礼必正言其音,所以重先王之训典,谨末学之流失。"[2]孙诒让则认为,雅言在词汇和表达风格等方面更为古雅:"雅言主文,不可以通于俗,雅训观古,不可以概于今",并进一步提出:"常语恒畸于质,期于辞约恉明而已。雅辞则诡名奥谊,必式古训而称先民,其体遂判然若沟畛之不可复合矣。"[3]这个分析,显然较前人的分析层次更为丰富。他认为,雅言不仅在语音上与方言不同,而且在语汇、交际方式、交际风格等方面也更委婉,更倾向于效法更古的言语规则。这种理解是符合孔子"吾从周"的价值取向的。钱穆在《论语新解》中说:"孔子之重雅言,一则重视古代之文化传统,一则抱天下一家之理想。"[4]也就是说,孔子以雅言教学,既是为了继承并传播以西周为代表的礼乐文明,也是为了通过言语的统一以凝聚民心。结合他编订五经用为教材的教学实践来看,雅言教学实际上具有双重意义:一方面既是致力于传播仁义礼教,另一方面则具有垂范感召的力量。

第四节　尽善尽美——孔子的"《诗》教"

在孔子整个的教育实践活动中,对弟子的言语活动的指导体现在两个层次上。一是日常的言行,他以身教为弟子树立典范;二是集中于他的"《诗》教"之中。孔子所开设的课程及传授的文献中,对《诗》的传授是最为集中、纯粹地属于语文教育的范畴;就中国的"《诗》教"历史来看,孔子也是有主名的第一人。

---

[1] (魏)何晏注,(宋)邢昺疏:《论语注疏》,见李学勤主编:《十三经注疏》(标点本),91页,北京,北京大学出版社,1999。
[2] (清)刘宝楠:《论语正义》,269页,北京,中华书局,1990。
[3] (清)孙诒让:《尚书骈枝叙》,见《大戴礼记校补》,3~4页,济南,齐鲁书社,1988。
[4] 钱穆:《论语新解》,170页,北京,生活·读书·新知三联书店,2005。

一、诗教传统的起源

近些年来，随着新出土文物的增加，以及研究的不断深入，对于"《诗》教"源流的探索，取得了丰硕的成果。

(一) 礼仪诵诗

其一，诗与礼乐仪式。早期人类由于受到社会历史条件的限制，如生产力落后，科学知识贫乏，尚未创造文字，等等，逐渐形成了以特定方式表达思想感情的习俗，并日渐形成各种规范化、程式化的体系。这些文化程式多用于与神秘的、不可知的力量沟通，或是表达对祖先的崇拜，以及人与人之间表情达意，如此，仪式活动便产生了。每个民族往往都有自己的一套内容繁复、体系严整的礼俗仪式系统，具体到中国早期的礼俗仪式，陈来认为，大致可以划分为夏以前的巫觋文化、殷商的祭祀文化、周代的礼乐文化三种类型。[①] 这些礼俗仪式对于华夏文明传统的形成与流传，发挥了重要的作用。

这些礼乐仪式或是为了沟通，或是为了祈福，或是为了整合人群、强化秩序，都具有明显的象征性、程式化的特点，所以，仪式主体在各种表情达意需要的催动下，开始运用各种艺术技巧，这样，与礼乐仪式的音乐、舞蹈、气氛、动机相匹配的仪式诵辞，逐渐地被创作出来，这便是诗歌的先声。就其主要线索来看，先是劳动者动作协同的需要产生了歌谣，并奠定了诗歌语言的节奏要素；继而原始巫术仪式催生出借用了原始歌谣形式的祝辞；随着歌、乐、舞一体的祭祀仪式不断丰富，仪式叙述辞应运而生，如颂歌、本族创业史、祖先世系，还包括《夏小正》《月令》《地志》等对自然规律的认识；最后整合了瞽史之辞、祝颂辞、雅诗等内容的礼乐仪式出现。具体到"诗三百"，"颂"主要是为祭祀而作；"雅"诗中有的是为祭祀，有的是用于燕飨等世俗礼仪而作；"风"则主要是各地的民谣。[②]

关于"诗"是否入乐，唐以前是不存在疑问的，至唐末宋初，在疑

[①] 陈来：《古代宗教与伦理——儒家思想的根源》，11页，北京，生活·读书·新知三联书店，2009。

[②] 朱金发：《先秦诗经学》，北京，学苑出版社，2007。

古辨伪之风的影响下，对于三百篇是否均可入乐，出现了争论。"五四"以后，研究被引向深入，从而使"诗三百"最初全为乐歌成为不刊之论。而诗、乐分途后，人们对《诗》的认识走向重义不重乐，大概发生在孔子生活的时代。关于这个问题，罗倬汉从用诗的角度勾勒了其变化的过程："始而切其意而用其歌，继而离其意而用其歌，终则离其歌而谱其声。于是或可徒彰之为谱，而诗与乐不相属矣。"(《诗乐论·述学》)

诗、乐、舞三位一体所构成的综合化的艺术形式，被用于各种礼俗仪式之中。例如，《吕氏春秋·古乐篇》记载的"葛天氏之乐"："三人操牛尾投足以歌八阕：一曰《载民》，二曰《玄鸟》，三曰《遂草木》，四曰《奋五谷》，五曰《敬天常》，六曰《达帝功》，七曰《依地德》，八曰《总万物之极》。"① 又如，《礼记·郊特牲》记载的"伊耆氏之乐"，有一段《蜡辞》："土反其宅，水归其壑，昆虫毋作，草木归其泽。"即在祭祀典礼上边歌边舞，演唱者要"皮弁、素服而祭"。② 《礼记·乐记》对于这种艺术活动的情状有生动的描述："诗，言其志也。歌，咏其声也。舞，动其容也。三者本于心，然后乐器从之。是故情深而文明，气盛而化神。"③

《礼记·乐记》还举了具体例子来说明这个问题："《清庙》之瑟，朱弦而疏越，一倡而三叹，有遗音者矣。"④ 按照郑玄、孔颖达的阐释，《清庙》是常用于庙堂仪典的乐歌，其"乐语"就是《诗·周颂·清庙》，它的风格是低沉舒缓。何以《清庙》会有这样的特点呢？王国维认为："今就其著者言之，则颂之声较风雅为缓也。"⑤ 正是这种缓迟之音，才能够配合祭祀仪式的需要，营造肃穆的气氛，激发崇敬神圣之意。

与庙堂之乐相对的，是用于世俗礼仪的"无算乐"。《仪礼·燕礼》的注疏中郑玄云："算，数也。爵行无次无数，唯意所劝，醉而止。"又云："燕乐亦无数，或间或合，尽欢而止。《春秋》襄二十九年，吴公子札来

---

① 陈奇猷：《吕氏春秋校释》，284页，上海，学林出版社，1984。
② (清)孙希旦：《礼记集解》，696页，北京，中华书局，1989。
③ (清)孙希旦：《礼记集解》，1006页，北京，中华书局，1989。
④ (汉)郑玄注，(唐)孔颖达疏：《礼记正义》，见李学勤主编：《十三经注疏》(标点本)，1084页，北京，北京大学出版社，1999。
⑤ 王国维：《观堂集林》，111页，北京，中华书局，1959。

聘，请观于周乐。此国君之无算也。"①可见，在燕礼、射礼、乡饮酒礼等世俗礼仪活动中，歌诗相对比较自由，主要是为了尽兴，配合宾主尽欢、上下同乐的目的。

其二，礼乐诵诗的教化意义。在礼俗仪式中咏唱诗歌，无论是对于唱诵者还是旁观者，都具有感发的作用，这可以说是诗教的滥觞。其中的基本逻辑，一方面是诵诗活动能够激发情绪；另一方面是如果将这种情绪导向一定的功利价值，并且用特定的程式将其塑型，就能够取得潜移默化的效果。正因如此，"诗三百"中的很多作品，在今天看来都是"在审美娱情和政治教化两极徘徊"②。

具体来说，"诗三百"的功利性，主要体现在以"颂"诗为代表的仪式诵诗之中。"颂"全部是用于祭祀神灵和祖先的，它们或为了祈福，或为了昭示统治者的权力和地位，或为了团结民众、整肃秩序，等等。如"《周颂》最早是在武王克商、践天子之位后才产生的。也就是说，《周颂》是周人革命成功、获取王权的一个象征。"③"诗三百"中的"雅"诗，有一部分是用于祭祀的，其他的则是用于处理现实社会关系的礼仪规范，这些礼仪的功能在于融洽社会关系、接待来访诸侯等，如《周礼》载："以嘉礼亲万民，以饮食之礼，亲宗族兄弟；以昏冠之礼，亲成男女；以宾射之礼，亲故旧朋友；以飨燕之礼，亲四方之宾客。"④"风"诗虽然是反映各地民风的民歌谣谚，但是也受到礼乐传统的影响，用于各种礼典仪式，如《仪礼·燕礼》记载，《关雎》《采蘋》《葛覃》《卷耳》《鹊巢》等诗篇，多用于各种社会典礼之中。不仅如此，由于这些诗篇是在天子采风观俗的指导思想下被集中起来的，所以对它们的解读、阐释，也具有政教的目的性。

就仪式诵诗的功利性问题，韩高年曾以"明堂"功能的变化为例做如下表⑤。

---

① （汉）郑玄注，（唐）贾公彦疏：《仪礼注疏》，见李学勤主编：《十三经注疏》（标点本），284 页，北京，北京大学出版社，1999。
② 汪祚民：《诗经文学阐释史（先秦一隋唐）》，26 页，北京，人民出版社，2005。
③ 马银琴：《西周诗史》，106 页，北京，社会科学文献出版社，2006。
④ （清）孙诒让：《周礼正义》，1359～1363 页，北京，中华书局，1987。
⑤ 韩高年：《礼俗仪式与先秦诗歌演变》，40～41 页，北京，中华书局，2006。

明堂演变	文化背景	明堂功能	仪式叙述	文学意味	表演方式
"聚落"或"大房子"	巫术文化，巫政合一。神灵主宰一切的时代	举行巫术仪式；部落集会的公共场所	祝祷辞；部族谱系（历史）	以韵文的形式包裹的实用的内容，其歌舞的表演激发朦胧的美感	载歌载舞
夏曰"世室"（具有综合行政职能的场所）	神灵崇拜与英雄崇拜并存的时代	举行祭祀仪式；颁布月令；论功行赏罚、计贡赋；教化娱乐等	神灵和英雄颂歌；神系谱	文学意味较浓，有叙述，有抒情的颂诗	歌唱兼乐舞
			宪令、《地志》、《月令》	韵文	吟诵
殷曰"重屋"（具有综合行政职能的场所）	祭祀文化，祭政合一	举行祭祀仪式、占卜仪式；颁布月令；论功行赏罚、计贡赋；教化娱乐等	神灵与祖先颂诗；世系	带有神话色彩的颂诗和史诗	歌唱兼乐舞（辞、乐、舞一体）
			《月令》《地志》	韵文	诵读
周曰"明堂"（职能日趋分化，担负不同职能的场所有不同的称谓）	礼乐文化，行礼即行政。神道设教，高度理性化的时代	明堂：祀先王，祭五帝，行月令，行政施令；辟雍：教国子，养三老，行军礼；太庙：祀先王，祭五帝	祭祖乐歌；颂神歌；兴、道、讽、颂、言、语；部族史诗	文学意味很浓	歌唱兼乐舞（辞、乐、舞一体）
			宪令；故志；弟子职；为吏之道等	韵、散结合或散文化	诵读

由上表可见，在特定场所进行的各种典礼仪式中必有诵诗的内容，而对这一项目的执行又必然是致力于完成祭祀任务的。有诵诗这样一个居主要地位的活动内容，使得祭祀的目的更清晰，主体的思想感情表现得更充分，也使得诵诗者和听诵的人得到感召或感染。

其三，关于"诗言志"。之所以典礼仪式诵诗能够取得这样的效果，缘于诗歌抒发感情、涵养性情的特征，特别是诗乐结合所生成的审美效果。所以说，仪式诵诗功利性目标的实现，是建立在体认诗歌审美特性的基础之上的。较早地反映诗歌这一规律的典型表述，即"诗言志"。

按照朱自清先生的观点，"诗言志"代表了中国最早的诗学观，是中国诗学"开山的纲领"①。"诗言志"出自《尚书·舜典》："帝曰：'夔，命汝典乐，教胄子。直而温，宽而栗，刚而无虐，简而无傲；诗言志，歌永言，声依永，律和声，八音克谐，无相夺伦，神人以和。"对于《尚书》的成书时间，学术界仍处于研讨之中，但是大家普遍认为，其成书下限在春秋战国时期，所反映的思想内容可以上推至殷商末期。事实上，春秋时期对"诗言志"已经有比较普遍的认识。例如，《左传》"襄公二十五年"记载孔子的话说："《志》有之：'言以足志，文以足言。'不言，谁知其志？"又"襄公二十七年"也有"诗以言志"的表述。《荀子·儒效》中说："《诗》言是，其志也。"《庄子·天下》也有"《诗》以道志"的话。《礼记·孔子闲居》载："志之所至，诗亦至焉；诗之所至，礼亦至焉；礼之所至，乐亦至焉。"

"诗言志"的内涵，一直是学术界关注的热点。对这一命题的研究，一般是从对"诗""志"二字的训诂开始。《毛诗序》中说："诗者，志之所之也。在心为志，发言为诗。"孔颖达《毛诗正义》引郑玄《尚书注》说："诗所以言人之志意也。"又引《春秋说题辞》："在事为诗，未发谓谋，恬淡为心，思虑为志。诗之为言志也。"最后，他将"诗"训为承、志、持三义，并综合阐释为："作者承君政之善恶，述己志而作诗，所以持人之行，使不失坠，故一名而三训也。"②钱锺书认为由此可以说诗为"任心而扬，唯意所适，即'发乎情'之'发'。"③闻一多认为，汉儒训诗为志，诗、志可以相通，并在此基础上提出，"志"有三层意思，即：记忆、记录、怀抱。朱自清先生认为，到了"诗言志"和"诗以言志"，已经专指怀抱了。④

这里仍然存在进一步探究的余地，即"志"是专指关乎政教伦理的、理性化的志意，还是也包括偏于感性的一己之情思？

---

① 朱自清：《诗言志辨》，桂林，广西师范大学出版社，2004。
② (汉)毛亨传，(汉)郑玄笺，(唐)孔颖达疏：《毛诗正义》，见李学勤主编：《十三经注疏》(标点本)，91页，北京，北京大学出版社，1999。
③ 钱锺书：《管锥编》(第一册)，57页，北京，中华书局，1979。
④ 朱自清：《诗言志辨》，1页，桂林，广西师范大学出版社，2004。

首先，从"诗三百"中的具体诗篇来看，显然是两者兼而有之。有学者从这个角度出发，将《诗》的内容分为三类，从而证明"诗三百"兼具抒情与言志的特征：第一类是"一己哀乐的歌咏抒怀"，如《召南·江有汜》《小雅·白华》《陈风·东门之池》等，这一类型基本上属于抒发感性情意；第二类是"情感充溢的美刺讽谏"，如《陈风·墓门》《魏风·葛屦》《小雅·何人斯》等，通过描述社会政治、人伦道德等关乎政教的内容，以达到讽谏君王、端正世道的目的；第三类是"'穆如清风'的审美慰情"，典型的如《大雅·崧高》《大雅·烝民》等，"诗歌的艺术感染力和安慰情志的功用在审美的层次上要更高一些"。① "先秦两汉的主流诗学，确系以'诗言志'为纲领贯串起来的；而'诗言志'传统中的政教与审美二重性能结合，便也奠定了整个中国诗学的基本取向。"②

其次，从同时代其他文献可证，情与志是相通的。例如，《左传》"昭公二十五年"谈到的"六志"，按照孔颖达的阐释为："此'六志'，《礼记》谓之'六情'。在己为情，情动为志：情、志一也。所从言之异也。"③又如，《礼记·孔子闲居》提到"五至"，郑玄注为："志，谓恩意也。言君恩意至于民，则其诗亦至也。诗，谓好恶之情也。"④从而疏通了诗、志、情的关系。所以有学者认为："'情''志'相通，字根共享，其本义就是心有所之，情之所至，意之所往。"并且进一步提出："将'情'引入'志'，使'情志'通而为一，并且把'言志'（包含'言情'）当作'专义'之'诗'的功能乃至'性质'，这是中国诗学正式成立的标志；而且，这标志是矗立在世界古典美学的高峰之上的。"⑤在诵诗以传达情志的基础上，若再将诗乐结合起来，就把渲染氛围、感动人心的效能发挥到极致了。

与"诗言志"类似的另一个观念性表述，是《左传》中的"诗以言志"，见于"襄公二十七年"。

---

① 汪祚民：《诗经文学阐释史（先秦—隋唐）》，53～62页，北京，人民出版社，2005。
② 陈伯海：《释"诗言志"——兼论中国诗学的"开山的纲领"》，见《中国诗学之现代观》，46页，上海，上海古籍出版社，2006。
③ （周）左丘明传，（晋）杜预注，（唐）孔颖达疏：《春秋左传正义》，见李学勤主编：《十三经注疏》（标点本），2108页，北京，北京大学出版社，1999。
④ （汉）郑玄注，（唐）孔颖达疏：《礼记正义》，见李学勤主编：《十三经注疏》（标点本），1393页，北京，北京大学出版社，1999。
⑤ 萧兵：《孔子诗论的文化推绎》，48页，武汉，湖北人民出版社，2006。

郑伯享赵孟于垂陇，子展、伯有、子西、子产、子大叔、二子石从。赵孟曰："七子从君，以宠武也。请皆赋，以卒君贶，武亦以观七子之志。"子展赋《草虫》。赵孟曰："善哉，民之主也！抑武也，不足以当之。"伯有赋《鹑之贲贲》。赵孟曰："床笫之言不逾阈，况在野乎？非使人之所得闻也。"子西赋《黍苗》之四章。赵孟曰："寡君在，武何能焉？"子产赋《隰桑》。赵孟曰："武请受其卒章。"子大叔赋《野有蔓草》。赵孟曰："吾子之惠也。"印段赋《蟋蟀》。赵孟曰："善哉，保家之主也！吾有望矣。"公孙段赋《桑扈》。赵孟曰："'匪交匪敖'，福将焉往？若保是言也，欲辞福禄，得乎？"卒享，文子告叔向曰："伯有将为戮矣。诗以言志。志诬其上而公怨之，以为宾荣，其能久乎！幸而后亡！"①

从语境来看，士大夫们在言谈中引诗，都是为了表达政治外交上的观点、策略，为的是谋取家国天下的利益；而且在引诗言谈的方式上，具有"赋诗断章，余取所求"的特点，所以这里的"志"，应该说就是偏于理性而关乎家国政教的志意了。

(二) 采诗献诗

"诗三百"的作品是经过自西周初年到春秋中叶的五百多年时间搜集整理而成的。它集结的方式，主要有采诗、献诗和作诗。

采诗，主要是为了了解民风，"国风"主要是自民间采诗而得。关于采诗的史料，主要来自秦汉史籍，例如：

古有采诗之官，王者所以观风俗，知得失，自考正也。(《汉书·艺文志》)

孟春之月，群居者将散，行人振木铎徇于路，以采诗，献之大师，比其音律，以闻于天子。故曰王者不窥牖户而知天下。(《汉书·食货志》)

男女有所怨恨，相从而歌，饥者歌其食，劳者歌其事。男年六

---

① 杨伯峻：《春秋左传注》，1134~1135页，北京，中华书局，1981。

十，女年五十，无子者，官衣食之，使之民间采诗。乡移于邑，邑移于国，国以闻于天子。故王者不出牖户，尽知天下所苦，不下堂，而知四方。（《春秋公羊传注疏》卷十六"宣王十五年"）

古者天子命史采诗谣，以观民风。（《孔丛子·巡守篇》）

因此，先秦是否有采诗制度和采诗活动，以及风诗是否来自民间，都曾受到质疑。而新近公布的"上博简"《孔子诗论》第三简云："邦风其纳物也，溥观人俗焉，大敛材焉。"学者们认为，这就是"观风俗，知得失，自考正"的古老表达。①

应该说，采诗的目的是多元化的，"观风俗""自考正"是主要的方面，同时，也还有审美活动的需要。所采集的作品，有些是对原有的诗乐进行加工；有些则是仅取其诗句，"比其音律"，即另外配乐，使之更加符合王宫音乐和仪式乐歌的要求。这样看来，诗被重新配乐的过程，实际上是一次对诗义进行再诠释的过程，因为与仪式所要表现的关系和制度（礼）相匹配，就会引发置身其中者新的感悟，这完全不同于对原始诗文的解读，几乎可以说是对诗义的再创造。"以乐调配上民间采来诗歌，也就意味着对民间作品的利用是以按礼的规范对之做加工改造为前提的；用乐配诗的过程实质上也就是以西周统治阶级的政治需要与审美标准对民间作品中原来思想感情进行清洗与'净化'的过程。经过这一过程，配上乐调的诗，其内容意义便不完全是原来作为纯民间作品的内容意义了。"②

献诗从某种意义上来说实际上是采诗的延伸，往往是为了补察时政。从"诗三百"来看，公卿列士的献诗，主要在"雅"的部分。先秦史料关于公卿献诗的记录是比较丰富的。

自王以下，各有父兄子弟，以补察其政。史为书，瞽为诗，工诵箴谏，大夫规诲，士传言，庶人谤，商旅于市，百工献艺。故《夏书》曰："遒人以木铎徇于路，官师相规，工执艺事以谏。"正月孟春，

---

① 傅道彬：《〈孔子诗论〉与春秋时代的用诗风气》，载《文艺研究》，2002(2)。
② 陆晓光：《中国政教文学之起源——先秦诗说论考》，21页，上海，华东师范大学出版社，1994。

于是乎有之，谏失常也。(《左传》"襄公十四年")

故天子听政，使公卿至于列士献诗，瞽献曲，史献书，师箴，瞍赋，矇诵，百工谏，庶人传语，近臣尽规，亲戚补察，瞽史教诲，耆艾修之，而后王斟酌焉，是以事行而不悖。(《国语•周语上》)

古之言王者，政德既成，又听于民。于是乎使工诵谏于朝，在列者献诗，使勿兜（韦昭注：兜，惑也）……有邪而正之，尽戒之术也。(《国语•晋语六》)

所献之诗，或由采集而来，或是自作，目的很明确，就是为了使最高统治者了解民情，明乎得失，从而修治王道。借献诗而达到劝政的目的，其中的关键在于美刺方法的运用。例如，《诗•小雅•节南山》最后一节云："家父作诵，以究王讻。式讹尔心，以畜万邦。""家父"是大夫的字，郑玄笺曰："大夫家父作此诗而为王诵也。"孔颖达疏之曰："作诗刺王，而自称字者，诗人之情，其道不一。或微加讽喻，或指斥愆咎，或隐匿姓名，或自显官字，期于申写下情，冀上改悟而已。此家父尽忠竭诚，不惮诛罚，故自载字焉。"①《毛诗序》对于美刺政教有明确的阐释。美刺的方法是"上以风化下，下以风刺上，主文而谲谏，言之者无罪，闻之者足以戒"，其目的在于"先王以是经夫妇，成孝敬，厚人伦，美教化，移风俗"。怎样用"风""雅""颂"达到'教化'目的呢？《毛诗序》的逻辑是，诗歌要担负反映政教得失的社会责任，所以讽诵诗歌的目的，就是要明得失、知善恶，从而做到守礼教、明贤愚。作诗的人用美、刺的方法表达对社会政治的褒贬，学诗的人通过理解美、刺在诗歌的具体内容与其政教旨归之间建立联系。特别是"刺"，作为向处于上位的统治者进行讽谏的手段尤其讲究，所以《毛诗序》提出"主文而谲谏"的原则。所谓"主文"，郑笺云："主与乐之宫商相应也"，"谲谏，咏歌依违不直谏也。"也就是用譬喻、象征的手法委婉的劝谏。②

---

① （汉）郑玄注，（唐）孔颖达疏：《礼记正义》，见李学勤主编：《十三经注疏》(标点本)，1393页，北京，北京大学出版社，1999。
② （汉）毛亨传，（汉）郑玄笺，（唐）孔颖达疏：《毛诗正义》，见李学勤主编：《十三经注疏》(标点本)，大序，北京，北京大学出版社，1999。

作诗主要是配合各种典礼仪式专门制作，包括《颂》的大部分和《雅》的一部分，例如，《国语·周语上》记载：

> 穆王将征犬戎，祭公谋父谏曰："不可！先王耀德不观兵。夫兵戢而时动，动则威，观则玩，玩则无震。是故周文公之《颂》曰：'载戢干戈，载櫜弓矢。我求懿德，肆于时夏，允王保之。'……"

韦昭注曰："文公，周公旦之谥也。《颂》，《时迈》之诗也。武王既伐纣，周公为作此诗。巡守告祭之乐歌也。"[1]可见这一类作品属于仪式作诗。

(三)官学教诗

诗教是西周官学重要的课程，据《礼记·王制》记载，当时的情形是："乐正崇四术，立四教。顺先王《诗》《书》《礼》《乐》以造士。春秋教以《礼》《乐》，冬夏教以《诗》《书》。"西周官学的诗教，包含两个子系统。一个是以配乐之《诗》教瞽蒙，以培养宫廷乐师；另一个是以《诗》教授贵族子弟，目的是培养具备较高文化素养的统治人才。乐工的诗教侧重在诗之"声教"，国子的诗教侧重的是诗之"义教"，但是二者不是截然分开的。它们在诗乐一体、声义结合的礼乐制度中，是相互渗透、相辅相成的；随着诗、乐分途，声教逐渐衰弱，义教最终成为主导。[2]

其一，乐工之教。

瞽、蒙的本义均指目盲之人，乐工基本上由瞽、蒙担任。据《周礼·春官宗伯》记载，国学中有大师、小师，专门负责教导瞽蒙奏乐诵诗——奏乐主要是掌握各种乐器；诵诗包括风、赋、比、兴、雅、颂六项内容，统称为"六诗"，即六种吟咏诗篇的方法。据郑玄的解释："风，言贤圣治道之遗化也。赋之言铺，直铺陈今之政教善恶。比，见今之失，不敢斥言，取比类以言之。兴，见今之美，嫌于媚谀，取善事以喻劝之。雅，正也，言今之正者，以为后世法。颂之言诵也，容也，诵今之德，广以美之。"[3]

---

[1] 徐元诰:《国语集解》，2页，北京，中华书局，2002。
[2] 马银琴:《周秦时代〈诗〉的传播史》，37～38页，北京，社会科学文献出版社，2011。
[3] (汉)郑玄注，(唐)贾公彦疏:《周礼注疏》，见李学勤主编:《十三经注疏》(标点本)，610～611页，北京，北京大学出版社，1999。

可见，"风"和"赋"主要是叙述的方式，据考证，分别指的是方音诵和雅言诵；"比"和"兴"是歌唱的两种方式，分别指赓歌与和歌；"雅"和"颂"是加入了器乐的因素，分别指乐歌与舞歌。①

对于这六个范畴在《周礼》中何以如此排列，就目前掌握的史料，学者做了很多研究。一种观点认为："瞽矇要熟悉风、雅、颂的分类与乐调，以便在不同典礼上演奏相应的歌乐；要熟悉用诗方法，以便根据赋诗者的需要演奏指定的歌乐。因此大师先教《风》时，就要涉及赋、比、兴三种用诗方法，故赋、比、兴紧承风之后。又因瞽矇重点在于掌握各种'敷陈其义'的表达方式，故赋法在前，比、兴在后。"②有的学者则认为：讽诵即"风"，是习诗的第一步；"风"之后是学习赋诗，"比""兴"都是赋诗的具体方法；"雅""颂"是"比""兴"的目标和指向，即达政和祭祀。"这是一个循序渐进的过程，习诗用诗而归于雅、颂，习诗者也就完成了自身的社会化、君子化过程，诗歌之用也就至矣尽矣。"③

乐工学习"六诗"是为了用来"讽诵"，即朗读、吟咏。按照郑玄的阐释："倍文曰讽，以声节之曰诵。"④这里的"倍"同背，即默读、背诵诗篇；"诵"是朗读时具有抑扬顿挫的语调，包括吟咏。如郑玄对《礼记·文王世子》"春诵夏弦"之说的注释为："诵，谓歌乐也。"而《左传》"襄公十四年"所载的"公使歌之，遂诵之"，表明当歌、诵并提时，诵是指不伴音乐的吟诵。

"讽诵"内含着美刺。当祭奠先王、表彰功绩的时候，往往会讽诵赞美之诗；同时，也有"主诵诗以刺君过"的情形。⑤

其二，国子之教。

面向贵族子弟的诗教，包括"乐德""乐语""乐舞"三项内容。"乐

---

① 王昆吾：《中国早期艺术与宗教》，213页，上海，东方出版社，1998。
② 鲁洪生：《先秦两汉文学研究》，213页，北京，商务印书馆，2013。
③ 俞志慧：《君子儒与诗教——先秦儒家文学思想考论》，105页，北京，生活·读书·新知三联书店，2005。
④ （汉）郑玄注，（唐）贾公彦疏：《周礼注疏》，见李学勤主编：《十三经注疏》（标点本），617页，北京，北京大学出版社，1999。
⑤ （汉）郑玄注，（唐）贾公彦疏：《周礼注疏》，见李学勤主编：《十三经注疏》（标点本），616页，北京，北京大学出版社，1999。

德"指的是培养"中、和、祗、庸、孝、友"这样六种品格;"乐语"包括兴、道、讽、诵、言、语六种表达方式;"乐舞"具体包括《云门》《大卷》《大咸》《大韶》《大夏》《大濩》《大武》。

按照郑玄的注解,"兴"为"以善物喻善事","道"为"言古以剀今","倍文曰讽,以声节之曰诵,发端曰言,答述曰语。"①"兴",按赵诚《甲骨文简明辞典》:"甲骨文用作祭名","后代典籍记载兴祭为'喜也、歆也',而歆则是'神食气也',与卜辞的兴祭可能有因革关系。"②鲁洪生考《周礼》《礼记》《尔雅》等文献后认为,兴字本义很可能是四手奉举象似生时所用抬盘类明器。进而兴由象似生时而作明器,引申为一般意义的"象似生时而作"。之后,又引申为广义的"象似而作";再引申为由于两事物的相似而引起"感发志意"的心理活动。在《诗》中寻求与礼义存在某种"象似"关系的诗句并以之感发志意(起),是"六诗"之兴法的本义。③

在"乐语"之教中,讽、诵是属于基础阶段,相对来说,赋的程度要高于讽诵。例如,《左传》"襄公二十七年"记载叔孙穆子为齐庆封赋《相鼠》,庆封无法得体地应对,于是次年叔孙穆子就仅仅令乐师为其诵《茅鸱》而已。

"言""语"为用诗于交际之中,难度更高的用法。郑玄在《周礼》中将"乐语"中的"言"和"语"注释为:"发端曰言,答述曰语。"他在注《礼记·杂记》之"言而不语"时则说:"言,言己事也。为人说为语。"《说文》中有"直言曰言,论难曰语"的说法,《毛诗》取义与此相类。

所以说,"兴、道、讽、诵、言、语"表明了对国子进行"乐语"之教的过程和方法。首先要感发习诗者之志意,引导他们以史为鉴,确立向善的目标和路径。这是《诗》教"的前提。在此基础上,学《诗》的初期先须诵读乃至背诵诗篇,使诗歌烂熟于胸;唯其如此,才能做到随时可以自动地将现实的不同情境与诗歌作类比联想,从而运用自如,并且不断地根据现实生活中变化的情境加深对诗歌的体验。最高层次,则是能够在"为政""专

---

① (汉)郑玄注,(唐)贾公彦疏:《周礼注疏》,见李学勤主编:《十三经注疏》(标点本),610~611页,北京,北京大学出版社,1999。
② 赵诚:《甲骨文简明辞典》,249页,北京,中华书局,2009。
③ 鲁洪生:《从赋、比、兴产生的时代背景看其本义》,载《中国社会科学》,1993(3)。

对"等活动中灵活运用，引诗证言、赋诗言志。

《诗大序》中也出现了风、赋、比、兴、雅、颂，顺序与《周礼》相同，但是，它们的统称已经由"六诗"变为"六义"。因为无论从内容还是顺序上看，"六义"与"六诗"别无二致，故而历史上出现了两种观点。一种观点认为两者含义相同，如上文所引郑玄《周礼注》即持这种观点。

另一种观点认为，"六诗"与"六义"是两个不同的概念，但是彼此又有继承、发展关系。二者最基本的差别，在于前者是就用诗而言的，后者则是就作诗而说的："《周礼》所谓'六诗'中的赋、比、兴，是作为用诗方法提出来的……汉儒沿袭用诗方法说诗，使赋、比、兴逐渐转变为表现方法，开启了后人对《诗经》表现方法的研究。"[1]

"六诗"与"六义"不同的典型表现是，将"六义"分为风、雅、颂和赋、比、兴两部分。例如，《毛诗正义》卷一就是将它们分开谈的：

> 然则风、雅、颂者，诗篇之异体；赋、比、兴者，诗文之异辞耳。大小不同而得并为六义者，赋、比、兴是诗之所用，风、雅、颂是诗之成形。用彼三事，成此三事，是故同称为'义'，非别有篇卷也。[2]

朱熹在为弟子解释"六义"的时候，也是分成了两个方面。

> 或问《诗》六义，注"三经、三纬"之说。曰："'三经'是赋、比、兴，是做诗底骨子，无诗不有，才无，则不成诗。盖不是赋，便是比；不是比，便是兴。如《风》《雅》《颂》却是里面横串底，都有赋、比、兴，故谓之'三纬'。"[3]

从这些史料可以看出，历史选择了"六诗"与"六义"内涵有别，而且"六义"内部可分为两类概念的观念。

---

[1] 鲁洪生：《从赋、比、兴产生的时代背景看其本义》，载《中国社会科学》，1993(3)。
[2] （汉）毛亨传，（汉）郑玄笺，（唐）孔颖达疏：《毛诗正义》，见李学勤主编：《十三经注疏》（标点本），12页，北京，北京大学出版社，1999。
[3] （宋）黎靖德：《朱子语类》，2070页，北京，中华书局，1986。

二、诗教的思路

"《诗》教"的基本逻辑，是通过"主文而谲谏"的方法，让感天地、动鬼神的诗歌创作，发挥出移风俗、美教化的作用。

从"诗三百"的各个诗篇字面的意思来看，内容是十分丰富的。"《诗》教"的宗旨，是要让这些诗篇，发挥赞美德政、讽谏弊政的作用，这样，就要运用象征、隐喻等一系列艺术手法，赋予诗歌的意象、词句政教的内涵。另一方面，因为赞美或讽刺都是面向君主的，所以要求委婉含蓄，坚持"温柔敦厚"的原则。于是，"主文而谲谏"的逻辑应运而生。

"主文"的意思是说，对诗的阐释要与诗的艺术性，尤其是诗的音乐性相适应，顺应诗歌的艺术特征；"谲谏"是要求表达以文雅、敦厚为主，尤其是讽刺、劝谏，不能直截了当。例如，郑玄对"主文而谲谏"做了这样的注释："风化、风刺，皆谓譬喻，不斥言也。主文，主与乐之宫商相应也。谲谏，咏歌依违，不直谏。"孔颖达进一步解释说："臣下作诗，所以谏君，君又用之教化，故又言上下皆用此六义之意。在上，人君用此六义风动教化；在下，人臣用此六义以风喻箴刺君上。其作诗也，本心主意，使合于宫商相应之文，播之于乐，而依违谲谏，不直言君之过失，故言之者无罪。"[①]

这样一种解诗的逻辑，就需要比、兴手法的支撑了。一方面，"谲谏"要求表达必须若即若离、委婉巧妙，即多用譬喻，不要直斥问题和利害，这就需要比兴的手法；另一方面，这种思维运用到文学创作中，也同样要求创作者既要有所讽谕教化，同时又要表现出温柔敦厚的作风。这样，运用比兴，也就是我们今天所说的用隐喻、象征、类比等方法，通过含蓄委婉的艺术表现，达到传播传统儒家思想、实现政治伦理教化的意图。

综上所述，"六义"的发展使得家国天下的政治主题与自然的、社会的各种审美对象之间，形成了独特的内在联系；使得主体在观念上将个人与社会看作一体而非对立；使得抒情主体的个性、情感与社会责任感在文学创作、文学教育中得到统一；也使得文学及文学教育在民族精神、

---

① （汉）毛亨传，（汉）郑玄笺，（唐）孔颖达疏：《毛诗正义》，见李学勤主编：《十三经注疏》（标点本），13～14页，北京，北京大学出版社，1999。

民族品格的熔铸中发挥了重要的作用。

三、孔子的诗教观

过去的一种比较有代表性的观点认为,孔子所生活的时代,文学尚未独立,而且士大夫的政治活动、社会交往中流行赋诗断章的风气,所以孔子并未将"诗三百"看作文学作品,只是把它作为重要的交际资源和伦理教本加以传授,他的诗教观是以功利主义的政教取向为主导的。然而,我们认为,孔子的诗教有着更为复杂的思想内容。他的"《诗》教"实践也表现出赋诗断章的特点,例如,子夏请教孔子《诗·卫风·硕人》篇的"巧笑倩兮,美目盼兮,素以为绚兮"是什么意思,孔子就引导子夏得出外在的礼仪要有内在的仁义做基础这样的解释,这是典型的对《诗》作"赋诗断章"式的解读。同时,他的《诗》教是在培养道德君子的思想背景下展开的,政治教化的色彩是很鲜明的。但是,孔子《诗》教还有更为丰富的内容和更为复杂的思路。应该说,陶冶学《诗》者的性情,将其情志导向纯正,是孔子诗教的主线。这当中的核心思想,是追求伦理价值与审美价值的统一,使受教者的人格得到完善。因此,他能够正视诗歌抒发情志的特性,并不是说凡是合乎伦理规范的思想感情就扶持,不合乎规范的情思就要遏止,而是追求"中和之美"。

(一)基于抒情的特点

在继承"诗言志"的基础上,孔子对《诗》作为文学作品的抒情性有系统的认识,这从新近问世的上海博物馆藏竹书《孔子诗论》[①]中可以得到充分的证实。《孔子诗论》的第一简即为:"诗亡隐志,乐亡隐情,文亡隐言。"基于春秋以前诗、乐一体的史实,我们应该互文见义地理解这三个句子,而不能把它们割裂开来,所以这一简明确地表达了:诗的本质在

---

① 1994年,上海博物馆从香港文物市场收购了1200多支战国竹简,名之为"战国楚竹书"。经考证,这些竹书为始皇焚书前的写本。2001年,《上海博物馆藏战国楚竹书》第一册出版。在"战国楚竹书"当中,有29支竹简、含1006字是相对完整的内容,经整理考证,发现是对《诗经》的论说,后定名为《诗论》(或称《孔子诗论》)。这成为研究孔子《诗》学思想和"诗"教"思想的新的重要材料。经过专家们的考订,无论是孔子亲自书写,抑或弟子、再传弟子记录,还是辗转传抄,都可以初步认定,这是孔子教《诗》的讲义。而从目前整理的内容来看,其中记载的正是孔子为教《诗》而作的《诗经》研究的心得与观点。

于情志的抒发。

从孔子对诗篇的具体阐释和评论来看,他认为诗既可以抒情,也可以言志。例如,《孔子诗论》言:"情,爱也。《关雎》之改,则其思益矣。《樛木》之时,则以其禄也。《汉广》之知,则智不可得也。《鹊巢》之归,则俪者。"又言,"《绿衣》之忧,思古人也。《燕燕》之情,以其独也","《小旻》多疑,疑言不忠志者也","《蓼莪》有孝志"。孔子还提出,"诗三百"是能够反映"民性"的。"孔子曰:吾以《葛覃》得祗初之诗(志)。民性固然:见其美必欲返其本,夫葛之见歌也,则以叶萋之故也;后稷之见贵也,则以文武之德也。吾以《甘棠》得宗庙之敬。民性固然:甚贵其人,必敬其位,悦其人,必好其所为。恶其人者亦然……币帛之不可去也。民性固然:其憖志必有以谕也,其言有所载而后纳,或前之而后交,人不可干也。"

(二)重在诵读涵泳

因为《诗》最基本的特点是它的抒情性,所以孔子强调,读《诗》最主要的策略,是歌咏吟诵诗篇,体悟诗歌的含义。

我们说,早期的《诗》与乐是不分的,而中国人很早就发现了音乐所具有的神奇力量:"凡音者,生人心者也。情动于中,故形于声。声成文,谓之音","先王耻其乱,故制《雅》《颂》之声以道之,使其声足乐而不流,使其文足论而不息,使其曲直、繁瘠、廉肉、节奏,足以感动人之善心而已矣,不使放心邪气得接焉","故听其《雅》《颂》之声,志意得广焉;执其干戚,习其俯仰诎伸,容貌得庄焉;行其缀兆,要其节奏,行列得正焉,进退得齐焉。故乐者,天地之命,中和之纪,人情之所不能免也。"(《礼记·乐记》)故而诗歌的唱诵对于体悟诗义、感发志意、联想譬喻,都是必不可少的。

因此,孔子认为,对诗义的体悟和探讨,必须建立在反复、深入吟咏的基础之上。从相关史料的记载来看,孔子不仅要求弟子要将《诗》的内容记诵下来,而且经常与弟子一起唱诵诗篇,娱情悦性。有学者统计了相关文献记录的关于孔子与弟子唱咏诗篇的情形,列表如下。①

---

① 饶龙隼:《先秦诸子与中国文学》,46~49页,南昌,百花洲文艺出版社,2002。

第二章 孔子的语文教育思想——春秋时期语文教育的代表

讴歌啸咏者	观听附会者	表演场景	演述形式	逸文	具体称名	出处
孔子	众弟子	楚王使使者奉金币聘孔子。孔子对宰予、冉有曰，今世无文王，虽有太公，孰能识之	乃歌曰	大道隐兮礼为基。贤人窜兮将待时。天下如一兮欲何之	歌曰	《孔丛子·记问》《北常书钞》卷百六，《太平御览》卷五百七十《诗纪前集》卷一
孔子	众弟子	穷于陈蔡之间，七日不尝食，藜羹不糁，宰予惫焉	弦歌于室；弦歌鼓舞，未尝绝音；推琴喟然而叹	佚	弦歌	《吕氏春秋·遇合》《庄子·让王》《风俗通义·穷通》
孔子	鲁哀公	哀公使使者以币迎夫子，而不能赏用	孔子作丘陵歌	登彼丘陵，峛崺其阪。仁道在迩，求之若远。遂迷不复，自婴屯蹇。喟然回虑，题彼泰山，郁确其高，梁甫回连。枳棘充路，陟之无缘。将伐无柯，患兹蔓延。惟以咏叹，滴霣潺湲	作丘陵之歌	《新语·慎微》《孔丛子·记问》《诗纪前集》卷一等

续表

讴歌啸咏者	观听附会者	表演场景	演述形式	逸文	具体称名	出处
孔子	众弟子	鲁君受齐女乐，孔子谏，不听，遂适卫	子路劝请孔子出行。孔子请歌	彼妇之口，可以出走；彼妇之谒，可以死败。优哉游哉，维以卒岁	请歌	《史记·孔子世家》《孔子家语·子路初见》《乐府诗集》卷八十三《诗纪前集》卷一等
孔子	弟子	孔子论政，尚静而恶华	歌曰	违山十里，蟪蛄之声，犹尚在耳	歌曰	《古微书·诗含神雾》《说苑·政理》《诗纪前集》卷一等
孺子	孔子及弟子	孔门师徒偶尔闻见，而因以论修身立德	自发即兴的歌唱	沧浪之水清兮，可以濯我缨；沧浪之水浊兮，可以濯我足	歌曰	《孟子·离娄上》《楚辞·渔父》《乐府诗集》卷八十三等
孔子	众弟子	孔子往观麟，叹吾道穷	歌云	唐虞世兮麟凤游。今非其时兮来何求？麟兮麟兮我心忧	歌云	《孔丛子·记问》《古微书·论语》《左传》"哀公十四年"《诗纪前集》卷一

吟咏诗篇的实践与体悟诗义的过程是相辅相成、不可割裂的。朱熹后来将这种学习方法总结为"虚心涵泳"是很有见地的，因为"涵泳"就是沉潜玩味的意思。一方面，如果体悟的对象不能烂熟于心，就达不到玩味的水平；另一方面，学习者还要有意识地结合生活实践，不断地对积累的文字进行琢磨、反思。

在引导弟子体会诗义的时候，孔子以礼义政教规范说诗的倾向是十分明确的。例如，《孔子诗论》对诗义的阐释分为三个层次，第一个层次是对《诗》总的评介，即第一简"诗亡隐志，乐亡隐情，文亡隐言。"第二个层次是对风、雅、颂题旨的总结，贯穿了政治教化的思想。他提出，

"风"的特点是"溥观人俗焉,大敛材焉,其言文,其声善";"颂"是典礼乐歌,所以"其乐安而迟,其歌绅而易(逖),其思深而远,至矣";"大雅"是记载"盛德","小雅"是"多言难而怨怼者也"。第三个层次是对具体诗篇的说解,其中也都贯穿这一主线。

我们应该把孔子说《诗》的意义,放到当时的文化教育背景中加以观照。那么,我们就能够看出,孔子突破了"赋诗断章"的水平,开始从对诗篇文本本身的解读出发,探究诗篇的内涵和价值,这是真正意义上的《诗》学研究;并且,孔子将"诗三百"整理为教材,进一步发掘这一文化典籍的教育教化作用,这在母语教育的发展和教育传承文化的功能上,都具有重大意义。

(三)发挥教化功能

孔子充分挖掘了《诗》的多种教育功能。例如,"小子!何莫学夫《诗》?诗,可以兴,可以观,可以群,可以怨。迩之事父,远之事君,多识于鸟兽草木之名。"(《论语·阳货》)这当中既有审美教育的要素,也有伦理教化和才智教育的内容。孔子尤其对于读《诗》以提高言语能力是非常重视的,他不止一次地强调,学《诗》可以锻炼辞命专对的能力:"不学诗,无以言"(《论语·季氏》),"诵《诗》三百,授之以政,不达;使于四方,不能专对;虽多,亦奚以为?"(《论语·子路》)

在《诗》的多种教育价值中,孔子最为看重的是《诗》具有审美教育的功能。

其一,关于思无邪。"思无邪"出自《诗·鲁颂·駉》,这首诗是借描写牧马之盛歌颂鲁国国君,"思无邪"为诗末章之诗句,孔子取出作为对《诗》的总体评语:"诗三百,一言以蔽之,曰:思无邪。"(《论语·为政》)

古今的《诗经》研究者都十分重视孔子的这个评语,认为这是对《诗》最基本的判断,也是儒家诗教的理论基石。郑玄将"思无邪"解释为"专心无复邪意",包咸解释为"归于正",可见,汉代基本把这句话解读为思想感情纯正无邪。到宋代,程颐率先提出新解:"思无邪,诚也。""诚"是宋代理学的重要概念,周敦颐认为它是"至真""至善",是"圣人之本"。朱熹认为:"诚者,合内外之道,便是表里如一,内实如此,外也实如此。"

"思,便是性情;无邪,便是正。以此观之,《诗》三百篇皆出于情性之正。"①从宋明理学的旨趣和逻辑来看,将"思无邪"阐释为"诚",并不是简单地说诗歌的思想感情真实无伪;理学家所谓的"诚",既是真实无伪,也是纯良至善——正因为纯良,所以无须藏私,而具有内外如一、坦荡磊落的真实,也便达到了至善的境界。

但是这样解释所遇到的最大的问题,是"诗三百"中明明有很多不符合儒家伦理道德规范的情诗,言辞大胆,场面逾矩,又怎么能说是"思无邪"呢?从对具体诗篇的解读来看,孔子主要还是强调读诗之人要追求正道,摒弃邪思。例如,《孔子诗论》记载了他对《关雎》等篇章的理解:"《关雎》之改,《樛木》之时,《汉广》之知,《鹊巢》之归,《甘棠》之报,《绿衣》之思,《燕燕》之情,盖曰终而皆贤于其初者也。《关雎》以色喻于礼……""……情,爱也。《关雎》之改,则其思益也。""改"指的是情感经历的一个变化过程,《关雎》描述君子求偶,从辗转反侧,到琴瑟友之、钟鼓乐之,方式不但变化了,而且由简单的思慕之情,发展到以礼求之,情感的境界也提升了。所以孔子认为,这可以类比于对礼的追求。与此相类似,《孔丛子·记义第三》也有一段对孔子体会诗义的十分详细的描述:

> 孔子读《诗》,及《小雅》,喟然叹曰:"吾于《周南》《召南》,见周道之所以盛也;于《柏舟》,见匹夫执志之不可易也;于《淇奥》,见学之可以为君子也;于《考槃》,见遁世之士而不闷也;于《木瓜》,见苞苴之礼行也;于《缁衣》,见好贤之心至也;于《鸡鸣》,见古之君子不忘其敬也;于《伐檀》,见贤者之先事后食也;于《蟋蟀》,见陶唐俭德之大也;于《下泉》,见乱世之思明君也;于《七月》,见豳公之所以造周也;于《东山》,见周公之先公而后私也;于《狼跋》,见周公之远志所以为圣也;于《鹿鸣》,见君臣之有礼也;于《彤弓》,见有功之必报也;于《羔羊》,见善政之有应也;于《节南山》,见忠臣之忧世也;于《蓼莪》,见孝子之思养也;于《楚茨》,见孝子之思

---

① (宋)黎靖德:《朱子语类》,543、545页,北京,中华书局,1986。

祭也；于《裳裳者华》，见古之贤者世保其禄也；于《采菽》，见古之明王所以敬诸侯也。"①

从这些体会来看，孔子是以历史的真、礼义的善、中和的美作为标准，体会、汲取《诗》之精华，并以此来引导学诗者多去体悟《诗》中所包含的积极意义。

其二，关于兴、观、群、怨。按照孔子的逻辑，"诗三百"是抒发情志之作，要以之取得"思无邪"的学习效果，关键的途径和方法，就是理解、掌握兴、观、群、怨的手法。

"诗可以兴"明确地指出了诗具有感发性情的作用，也就是说，《诗》能够激发读者的联想力，使人由诗歌中的言辞、意象、情境，由此及彼地推想开去。所以，历代对"兴"的阐释中，最得其中深意的是朱熹的"感发志意"。就孔子教《诗》的具体实践来看，他是将诗所引发的联想，导向人伦道德的规范，从而让学习者对此进行深刻的体认、感悟。如《论语·八佾》所记载的子夏请教《诗·卫风·硕人》一段，以及《论语·学而》中子贡与孔子关于"如切如磋，如琢如磨"的对话，都具有这些特点。

"诗可以观"，按照郑玄的注释，是说借助于《诗》，可以"观风俗之盛衰"，与《孔子诗论》中所说的"《邦风》其纳物也，溥观人俗焉，大敛材焉"相互参看，说明孔子在这里是总结了上古以来采诗观风的习俗。

"诗可以群"的基本意义是指协调群体秩序和人、我关系，其中的道理如《礼记·乐记》所说："乐在宗庙之中，君臣上下同听之，则莫不和敬；在族长乡里之中，长幼同听之，则莫不和顺；在闺门之内，夫子兄弟同听之，则莫不和亲。"通过诵唱与欣赏诗歌，可以增进人与人之间的理解，使彼此更加友爱。《礼记·学记》所总结的学校考查项目中也有"敬业乐群"一项，意思是对所修习的学业因认识不断加深而心生敬意、慎重以对，因学习中的共处、切磋而使得自己乐于群处。在此基础上，后儒进一步强调"群居相切磋"（孔安国），群居要"和而不流"（朱熹）。我们可以想象到，如果这个"群"是由于追求一定的学业内容而结成的，群体中

---

① （秦）孔鲋：《孔丛子》，11~12页，上海，上海古籍出版社，1990。

人能够相互切磋，精益求精，能够和而不流，那么，不仅群体会不断前进，个体也能够培养健康的个性。

"诗可以怨"，是说诗可以表达对立的情绪，而《诗》中也确实有这样的作品。就礼乐规范的特点来看，西周统治者之所以要通过血缘宗法关系来落实等级制度，之所以要通过"乐教"使得社会各阶层人员相互敬爱，就是要尽量消弭这种情绪。孔子对这种思想的继承和发展，主要是通过将"致中和"的境界纳入君子人格修养当中。从《论语》的记载来看，孔子话语中用到"怨"字14次，主要是表明，只有自己不要有"怨"，也不要为人所"怨"，才是君子的境界。

孔子对兴、观、群、怨的概括，最终目的是涵养受教育者的性情，在这个过程中，对《诗》的社会学应用与文学化感悟是不能截然分开的："文学的价值在很大程度上取决于它反映现实的功能，这是没有问题的，但这方面的功能是怎样实现的呢？是借助语言这个工具以唤起接受者的美感而实现的。"[1]所以说，发掘到孔子如何发挥诗歌特性来实现诗教，是问题的关键。概而言之，在思想内容方面，以"思无邪"和"乐而不淫，哀而不伤"为代表，孔子的导向是向善与合度相结合；在方法论上，他突破了过去断章取义、工具性地用《诗》的做法，以把握诗歌本义为主，以吟诵体悟为主。

第五节 立人达人——孔子的语文教育艺术

孔子的教育艺术，为世所公认，是人类教育教学的财富。如果我们回到孔子教学的具体语境，就会发现，这些教学智慧主要是基于继承上古以来的文化而展开的，它典型地体现在对像"诗三百"这样的文化元典的教学中。

一、启发诱导

孔子的启发式教学的主要特点是促进学生的类比联想，引导学生举

---

[1] 袁行霈：《中国文学史》，"总绪论"，北京，高等教育出版社，2005。

一反三，触类旁通，提高认识。

启发式教学的运用是讲究时机的，孔子将这种时机总结为："不愤不启，不悱不发。举一隅不以三隅反，则不复也。"(《论语·述而》)按照程颐的说法："不待愤悱而发，则知之不能坚固；待其愤悱而后发，则沛然矣。"按照朱熹的解释："愤者，心求通而未得之意。悱者，口欲言而未能之貌。启，谓开其意。发，谓达其辞。"①意思是说，只有当学生进入到依稀明白但还不是很清楚、想说清楚又难以找到确切的语言表达的时候，老师才能给予启发、点拨。

学生进入这样的"愤、悱"状态，是需要教师加以引导的。孔子的引导策略主要是，教导学生要学、思结合，"学而不思则罔，思而不学则殆"(《论语·为政》)，意思是说，如果一味记诵所学而不加思考，就会迷惑不解；反过来，如果只是一味思考而不学习，就会陷入疑惑和危险之中。一方面，孔门教授的知识十分广泛，有言语、政事、文学、德行等科目，教学内容包括《诗》《书》《礼》《乐》《易》《春秋》；另一方面，孔子所要求的"思"，也是从多方面调动学生的能动性，包括"视思明，听思聪，色思温，貌思恭，言思忠，事思敬，疑思问，忿思难，见得思义。"(《论语·季氏》)学与思的辩证关系在于：思考是将不同的学习内容进行分析、比较、综合、概括，从而获得更高层次的、新的认识；学习为思考提供源头活水，深厚的积累是获得灵感的基础，不断掌握新知识，也是为突破、创新提供契机。

那么，怎样考察启发诱导的效果呢？孔子将举一反三作为衡量的标准。《论语》记载了孔子启发式教学的两个典型案例。

案例一：

> 子贡曰："贫而无谄，富而无骄，何如？"子曰："可也；未若贫而乐，富而好礼者也。"子贡曰："《诗》云：'如切如磋，如琢如磨。'其斯之谓与？"子曰："赐也，始可与言《诗》已矣，告诸往而知来者。"(《论语·学而》)

---

① (宋)朱熹:《四书章句集注》，95 页，北京，中华书局，1983。

子贡是孔子得意的学生，有次当他体会有得，便向孔子请教："如果我做到了贫穷时不卑屈谄媚，富有时不忘形得意，是不是在做人方面就算可以了？"孔子回答说："可以是可以，但是不如安贫乐道、富而好礼境界高。"子贡有所顿悟，并且联想到"诗三百"中相关的诗句，于是将自己的理解向孔子求证："您寄望于我的，应该就是'诗三百'所云：'如切如磋，如琢如磨'——通过不断的磨砺自己来提高境界吧？"孔子听罢夸奖他说："端木赐啊，从此你就可以与我切磋《诗》的学问了，因为你已经能够做到告往知来了！"

在这个教学案例中，存在着两个层次的启发活动。其一，子贡认识到做人应该"贫而无谄，富而无骄"，但这显然还不是孔子理想的境界。面对这种实际情况，孔子并没有否定、批评子贡，而是在肯定他已有认识的基础上，引导他体会更高的境界。其二，子贡对于老师引导他向着新境界不断追求颇有感触，于是联想到"诗三百"中的诗句。"如切如磋，如琢如磨"出自《诗·卫风·淇奥》，形容君子如玉，是在不断磨砺中臻于完美。子贡能够对所学进行广泛的联系，深入的比较，由老师引导他不断体验新境界与《诗》中君子不断琢磨的诗句的比较，获得新的感悟和认识，这是孔子嘉许他的关键。对学生好的学习方法予以肯定，这本身也是启发式教学的重要内容。

案例二：

> 子夏问曰："'巧笑倩兮，美目盼兮，素以为绚兮'。何谓也？"子曰："绘事后素。"曰："礼后乎？"子曰："起予者商也！始可与言《诗》已矣。"（《论语·八佾》）

子夏也是孔子很优秀的学生。"巧笑倩兮"一句出自《诗·卫风·硕人》，是表现女子之美的诗句。有一次子夏向孔子请教这句诗的意思，孔子仅就字面解释说："在绘画上，往往是先用白色打底，再用各种鲜艳的颜色进行描绘。"子夏却能够由此联想到行礼义、做君子的内涵："这是不是说外在的礼仪要有内在的仁义作为基础呢？"孔子听了便感叹说："是你启发了我啊！"

《礼记·学记》总结的先秦儒家教学艺术有一条叫作"大扣则大鸣,小扣则小鸣",是说当学生问的问题浅,老师就要从浅处回答;学生问的问题深,老师再做深入的回答——这是中国传统的教学心理学。当子夏问第一个问题时,孔子对于他究竟认识到一个什么水平还不是很有把握,所以仅从字面给予回答;但是当子夏由此而对君子的礼义之道有所领悟时,孔子则大加赞赏。

二、因材施教

"因材施教"也是孔子创立的一项教学艺术,但是他自己并未总结出来,直到南宋,大教育家朱熹将孔子的这一教育艺术,总结为"夫子教人,各因其材"。

孔子对于因材施教的艺术运用得十分圆熟。因材施教就是要求从学生的个性、特长出发,根据他们的特点来补其短、助其长,引导发展。因此,孔子展开教育教学的一个重要的前提,就是对教育教学对象的特点进行深入的了解和把握,做到"知人",然后以此为出发点,采取适当的策略施教。

相关文献记载的很多孔子因材施教的案例,是我们学习和研究的重要史料。例如,《韩诗外传》记载的孔子和弟子们游景山的事即为一例。

孔子游于景山之上,子路、子贡、颜渊从。孔子曰:"君子登高必赋。小子愿者,何言其愿。丘将启汝。"子路曰:"由愿奋长戟,荡三军,乳虎在后,仇敌在前,蠢跃蛟奋,进救两国之患。"孔子曰:"勇士哉!"子贡曰:"两国构难,壮士列阵,尘埃涨天,赐不持一尺之兵,一斗之粮,解两国之难。用赐者存,不用赐者亡。"孔子曰:"辩士哉!"颜回不愿。孔子曰:"回何不愿?"颜渊曰:"二子已愿,故不敢愿。"孔子曰:"不同,意各有事焉。回其愿,丘将启汝。"颜渊曰:"愿得小国而相之。主以道制,臣以德化,君臣同心,外内相应。列国诸侯,莫不从义向风,壮者趋而进,老者扶而至。教行乎百姓,德施乎四蛮,莫不释兵,辐辏乎四门。天下咸获永宁,蝗飞蠕动,各乐其性。进贤使能,各任其事。于是君绥于上,臣和于下,垂拱无为，动作中道，从容得礼。言仁义者赏，言战斗者死。则由何进而救？赐何难之解？"孔子曰："圣士哉！大人出，小子匿。圣者起，贤者伏。回与执政，则由、赐焉施其能哉！"

又如，《列子》《孔子家语》《淮南子》《说苑》等都记载了如下的对话。

  子夏问孔子曰："颜回之为人奚若？"子曰："回之仁贤于丘也。"曰："子贡之为人奚若？"子曰："赐之辩贤于丘也。"曰："子路之为人奚若？"子曰："由之勇贤于丘也。"曰："子张之为人奚若？"子曰："师之庄贤于丘也。"子夏避席而问曰："然则四子者何为事夫子？"曰："居！吾语汝：夫回能仁而不能反，赐能辩而不能讷，由能勇而不能法，师能庄而不能同。兼四子之有以易吾，吾弗许也。此其所以事吾而不贰也。"

从以上的案例可见，孔子了解学生的主要途径，一是个别交谈，二是深入观察。通过日常的师生交流，就能够深入细致地把握学生的个性特点和特长，从而根据师生各自的风格施以合适的教诲。正因为每个学生都能够从孔子那里有所收获，都能够得到发展，所以学生们各有专擅，但是均服膺孔子。

在深入了解学生特点的基础上，孔子有针对性地给予指点和激励。例如，他能够根据学生某一方面的特长，帮助他们拓展学识。《礼记·孔子闲居》记载的他与子夏的对话即是如此。

  孔子闲居，子夏侍。子夏曰："敢问《诗》云：'凯弟君子，民之父母。'何如斯可谓民之父母矣？"孔子曰："夫民之父母乎，必达于礼乐之原，以致五至，而行三无，以横于天下。'四方'有败，必先知之，此之谓'民之父母'矣。"子夏曰："'民之父母'，既得而闻之矣，敢问何谓'五至'？"孔子曰："志之所至，诗亦至焉。诗之所至，礼亦至焉。礼之所至，乐亦至焉。乐之所至，哀亦至焉。哀乐相生。是故，正明目而视之，不可得而见也。倾耳而听之，不可得而闻也。

志气塞乎天地，此之谓'五至'。"子夏曰："'五至'既得而闻之矣，敢问何谓'三无'？"孔子曰："无声之乐，无体之礼，无服之丧，此之谓'三无'。"子夏曰："三无既得略而闻之矣，敢问何诗近之？"孔子曰："'夙夜其命宥密'，无声之乐也。'威仪逮逮，不可选也'，无体之礼也。'凡民有丧，匍匐救之'，无服之丧也。"①

子夏在孔子的弟子中尤擅长文学，对《诗》有深入的研究，因此孔子即围绕诗教，逐渐深入地对他传授学问。

又如，孔子会针对学生的不足，给予特别地锻炼，如子路是孔门"政事"科的佼佼者，但是性格鲁莽，容易冲动，孔子便多方引导，让他注意用理智控制情绪。当子路问孔子，难道君子不应该勇敢吗？孔子点拨他说：要以礼义为准则。如果君子无义而勇猛，就容易作乱，小人无义而勇猛，就容易做盗贼之类的坏事。子路要去做蒲大夫了，临行前孔子嘱咐他："蒲多壮士，又难治。然吾语汝：恭以敬，可以执勇；宽以正，可以比众；恭正以静，可以报上。"②

又如，孔子针对弟子所表现出来的厌学情绪，循循善诱，绝不放弃。《孔子家语·困誓》记载他与子贡的对话即是如此。

子贡问于孔子曰："赐倦于学，困于道矣。愿息于事君，可乎？"孔子曰："《诗》云：'温恭朝夕，执事有恪。'事君之难也。焉可以息哉？"曰："然则赐愿息于事亲。"孔子曰："《诗》云：'孝子不匮，永锡尔类。'事亲之难也，焉可以息哉？"曰："然则赐请息于妻子。"孔子曰："《诗》云：'刑于寡妻，至于兄弟，以御于家邦。'妻子之难也，焉可以息哉？"曰："然赐愿息于朋友。"孔子曰："《诗》云：'朋友攸摄，摄于威仪。'朋友之难也，焉可以息哉？"曰："然则赐愿息于耕矣。"孔子曰："《诗》云：'昼尔于茅，宵尔索绹，亟其乘屋，其始播百谷。'耕之难也，焉可以息哉？"曰："然则赐将无所息者也。"孔子

---

① （汉）郑玄注，（唐）孔颖达疏：《礼记正义》，见李学勤主编：《十三经注疏》（标点本），1392~1393页，北京，北京大学出版社，1999。
② （汉）司马迁：《史记》，2192页，北京，中华书局，1959。

曰："有焉。自望其广，则睪如也；视其高，则填如也；察其从，则隔如也；此其所以息也矣。"子贡曰："大哉乎死也！君子息焉，小人休焉。大哉乎死也！"①

这大概是最早的劝学篇了。孔子针对子贡的厌学情绪，深入指导。这种崇高的人生责任感，让我们看到一位大教育家的胸怀！

再如，即使是传授相同的课业，孔子针对不同的学生也是采取不同的教学方法。

孟懿子问孝。子曰："无违。"樊迟御，子告之曰："孟孙问孝于我，我对曰'无违'。"樊迟曰："何谓也？"子曰："生，事之以礼；死，葬之以礼，祭之以礼。"孟武伯问孝。子曰："父母唯其疾之忧。"子游问孝。子曰："今之孝者，是谓能养。至于犬马，皆能有养；不敬，何以别乎？"子夏问孝。子曰："色难。有事，弟子服其劳，有酒食，先生馔，曾是以为孝乎？"（《论语·为政》）

对于不同的学生请教关于"孝"的问题，孔子针对不同人的具体情况，给予了不同的回答。孟懿子不是自己的学生，了解不深，所以孔子就拿一般的规则回答他；因为知道武伯操心的事情比较多，所以孔子以体谅父母之心来鼓舞他；子游能做到养父母，但是不够恭敬，所以孔子重点强调这个问题；子夏能够守礼义但是缺乏温润和蔼的态度，所以孔子想办法让他发自内心地诚服，从而做到和颜悦色。故而程颐分析说："告懿子，告众人者也。告武伯者，以其人多可忧之事。子游能养而或失于敬，子夏能直义而或少温润之色。各因其材之高下，与其所失而告之，故不同也。"②

孔子对学生因材施教，尽量做到各尽其才。子夏后来成为传经大师，子思创立思孟学派，子路治理地方井井有条，……孔门弟子人才济济，各成其学，有力地展示了孔子因材施教的效果。

---

① 张涛：《孔子家语注释》，253～254 页，西安，三秦出版社，1998。
② （宋）朱熹：《四书章句集注》，55～56 页，北京，中华书局，1983。

三、引导乐学

孔子在教育教学过程中多方引导弟子追求乐学的审美境界："知之者不如好之者，好之者不如乐之者。"(《论语·雍也》)

怎样算是好学呢？孔子自己曾说："君子食无求饱，居无求安，敏于事而慎于言，就有道而正焉，可谓好学也已。"(《论语·学而》)好学的标准，是要不断地磨炼自身言行、不断地追求上进，不因物喜，不以己悲。那么"乐学"的境界又是怎样的呢？孔子曾让子路、冉有、曾皙、公西华谈各自的理想，其中曾皙所说的"暮春者，春服既成，冠者五六人，童子六七人，浴乎沂，风乎舞雩，咏而归"的理想，最得孔子之心，就是因为该理想包含了师生之间的治学之乐。在所有的弟子中，孔子最得意的是颜渊，因为他能够做到"一箪食，一瓢饮，居陋巷"而"不改其乐"(《论语·雍也》)，也就是他能够超脱物质生活环境的影响；不仅如此，他还能够心平气和，"不迁怒，不贰过"(《论语·雍也》)。那么，颜渊的所乐者是什么，能够使他有如此强大的力量？按照程颐的理解，是"学以致圣人之道"[1]，总的来看，这实际上是一个学习者不断追求学问精进，不断提升自身境界的过程，"知之""好之""乐之"，则是这个过程的阶段性标准，如包咸注释所说："学问知之者，不如好之者笃；好之者，不如乐之者深。"[2]

好学的最高境界是乐于学习，而体验乐学的前提，是要正确认识苦学与乐学的关系。无论是古代关于学习论的言说，还是流传至今的苦学事迹，都给人造成一种印象，仿佛传统学习经验归根结底就是一个"苦"字。事实上，苦学与乐学的辩证统一，才是传统教育的基本经验：入门之初，学习者确实要凭毅力走过一个积累过程，在这个过程中所付出的辛苦，将以逐渐发现所学之乐，而让学习者得到报偿；这个实践过程本身，也成为形成信念与发展修养的互动过程。所以说，审美层面上妙趣无穷的"乐学"，是与"白头搔更短"的"苦学"相伴相从的。古代读书人忘情于《诗》《书》，纵横于学术的治学特色，已经成为一种文化象征，也令

---

[1] (宋)程颢、(宋)程颐：《二程集》，577页，北京，中华书局，2004。
[2] (清)刘宝楠：《论语正义》，235页，北京，中华书局，1990。

后来者心向往之。究其本质，正是像这样的对以"乐"为核心的物我关系的追求，为读书人构架了发展的空间。在此基础上，读书人要在坚持不懈的学习过程中，不断提升体会所"乐"的境界。

孔子引导弟子追求乐学境界的最主要的方式，就是以自己在追求达道的历程中所体会的人生至乐来影响、感召弟子。孔子既是一个学而不厌的人，也是具有相当高的美学品位的人。他早年随师襄学乐，即使老师对于他的演奏已经很满意，但只要他自己觉得还未达到理想的水平，就依然勤学不辍。后来当他欣赏到尽善又尽美的韶乐，便沉潜乎其间，"三月不知肉味"。所以，他屡处困厄之境而处之泰然，游于六艺之间而不知老之将至。他正是用自己的心得来教导弟子，例如，孔子考查子夏读《尚书》的心得，子夏说他的收获，一是对于《尚书》所记载的历史了然于胸，二是更能够发愤忘食，理解乐于学问之道。孔子首先肯定了他："吾子殆可以言《书》已矣。"但是认为他仅见其表而未见其里，并进一步鼓励他说："窥其门，不入其中，安知其奥藏之所在乎？然藏又非难也。丘尝悉心尽志，已入其中，前有高岸，后有深谷，泠泠然如此，既立而已矣。"[①]这些，都深深地影响着他的学生们，使他们感到自己的老师"仰之弥高，钻之弥坚。瞻之在前，忽焉在后"，"循循然善诱人"。(《论语·子罕》)

---

① （汉）韩婴：《韩诗外传》，73页，北京，中华书局，1980。

第三章　曾子、子夏对儒家经典的传习与推进
——春秋后期语文教育的发展

由于史料不足，过去我们对从孔子到孟子之间儒学的历史，知之不详。随着出土文献的增多和基础文史研究的发展，这一段历史的状况逐渐清晰化，从中我们发现，曾子和子夏分别是语文两个基本传统的源头。一个是立言与立德相表里，另一个是将研习经典作为语文学习的基本途径。

按照《韩非子·显学》的记述，孔子去世后，孔门分成了八派，有子张之儒、子思之儒、颜氏之儒、孟氏之儒、漆雕氏之儒、仲良氏之儒、孙氏之儒、乐正氏之儒。但是后来的研究者对孔门是否分化为这样八派表示怀疑，因为从逻辑上来看，《韩非子》的划分缺乏明确统一的学术理据。例如，子思、孟子同属于思孟学派，除了子张之儒是孔子弟子所建，其他均为再传弟子或数传弟子所建；而且，像子夏所创的西河学派等，此处并未提及。但由这一条史料来看，儒家后学发生了分化是可以肯定的。

对现有的史料做进一步的分析就可以看出，孔门后学的分化源于对孔子思想理解的不同。孔子殁后，弟子们本来是想推举一位领袖来保证团体的统一和团结，据《孟子·滕文公上》记载，当时推举的是有若："昔孔子没，三年之外，门人治任将归，入揖于子贡，相向而哭，皆失声，然后归。子贡反，筑室于场，独居三年，然后归。他日，子夏、子张、子游以有若似圣人，欲以所事孔子事之，强曾子。曾子曰：'不可。江汉

以濯之，秋阳以暴之，皜皜乎不可尚已。'"①有若字子有，鲁国人，少孔子 33 岁（一说 42 岁）。《礼记·檀弓上》记载：曾参听孔子说了"丧欲速贫，死欲速朽"的话，就认为这是孔子的主张，但是有若觉得这不像是君子所言，孔子这样讲一定有其缘故。原来，这句话是孔子针对桓司马为自己制作石椁、南宫敬叔聚敛财宝的事所做的讽刺。所以子游听说了这件事后赞叹说："甚哉，有子之言似夫子也！"这条史料可以用来与推举有若互参。

但是，曾参是反对推举有若的，他认为有若难担此任。进一步来说，他之所以对有若有这样的看法，是因为二人对孔子思想的理解有很大的不同——有若重视礼，特别是仪节、仪容这些方面；曾参则注重对于内在的修养，尤其是内心对"仁"的体悟。《礼记·檀弓下》有一段记载，典型地反映了两人的不同。

> 曾子曰："晏子可谓知礼也已，恭敬之有焉。"有若曰："晏子一狐裘三十年，遣车一乘，及墓而反。国君七个，遣车七乘，大夫五个，遣车五乘，晏子焉知礼？"曾子曰："国无道，君子耻盈礼焉。国奢，则示之以俭，国俭，则示之以礼。"②

曾子认为晏子是知礼之人，理由是晏子有恭敬之心。有若对此不以为然，因为在礼的外在仪节上，晏子违反了"国君七个，遣车七乘，大夫五个，遣车五乘"这样的等级规范。可见，曾参与有若各自接受了孔子思想的不同方面，即曾参更注重内心的省察和修养，以内求为主；有若更强调主体对外部仪节的恪守和修饬，以外铄为主。

虽然有若成了领袖，但是有若的才学难以令同门满意。据《史记·仲尼弟子列传》记载，有弟子向他请教：

> 昔夫子当行，使弟子持雨具，已而果雨。弟子问曰："夫子何以

---

① （汉）赵歧注，（宋）孔奭疏：《孟子注疏》，见李学勤主编：《十三经注疏》（标点本），148 页，北京，北京大学出版社，1999。
② （汉）郑玄注，（唐）孔颖达疏：《礼记正义》，见李学勤主编：《十三经注疏》（标点本），280 页，北京，北京大学出版社，1999。

知之?"夫子曰:"《诗》不云乎?'月离于毕,俾滂沱矣。'昨暮月不宿毕乎?"他日,月宿毕,竟不雨。商瞿年长无子,其母为取室。孔子使之齐,瞿母请之。孔子曰:"无忧,瞿年四十后当有五丈夫子。"已而果然。敢问夫子何以知此?①

结果有若无法回答这样的问题,"默然无以应",于是弟子咄咄逼人地说:"有子避之,此非子之座也。"

此后,孔门内部进一步分化,《荀子·非十二子》提到的子张氏、子夏氏、子游氏等,也都形成了自己的学派。在这当中,对于儒学的传承发挥的作用较大的,是曾子、子夏以及孔子之孙子思(孔伋)。

第一节 曾子的反省之道

语文教育的基本价值是培养受教育者的母语交际能力,而这是语文人文属性与工具价值辩证统一的过程,相应地,立德树人一直是汉语及教育主要的价值诉求。这不仅和其他学科教育相比十分突出,而且和其他国家的母语教学比较,也具有独特性。溯其源头,曾子的德育思考,对此产生了重要的影响。

曾子名参,鲁国人,少孔子46岁,是孔子晚年弟子中对孔子思想领悟较深、承传最好的一位。尤其是,他对孝道进行了本体性的建构,使涵养孝敬之心成为儒家君子养成的基本素养;同时,他确立了内省养心、推己及人的君子修养原则,对后世学人的立身处世之道产生了深远的影响。

一、孝为大本

孝的观念在我国很早就出现了。骨文中已经有"孝"字,《尚书》中有"奉先思孝"的说法(《太甲上》),《诗经》中也有反映孝行的诗篇。孔子继承了这一传统,将"孝"的观念纳入自己内求仁、外复礼的思想体系中。从《论语》来看,孔子将孝放在家庭伦理的范畴进行研究,并以此施

---

① (汉)司马迁:《史记》,216页,北京,中华书局,1959。

以教化。首先，他认为孝的基本标准是"事父母，能竭其力"(《论语·学而》)，即子女对父母尽到赡养的义务。孔子对赡养义务的要求，不仅仅是子女令父母衣食无忧，还包括精神的慰藉和态度上的孝顺："不敬，何以别乎？"(《论语·为政》)例如，孔子曾提醒子夏，要对父母和颜悦色、态度恭顺。那么，怎么能够对态度进行鉴别呢？孔子提出为人子女者在行为上要做到"无违"。他的弟子问他怎样算"无违"？孔子说："生，事之以礼。死，葬之以礼，祭之以礼。"(《论语·为政》)其次，对父母要有敬爱体谅之心，"父母在，不远游"(《论语·里仁》)，就是为人子女者不可令父母操心牵挂。最后，应该做到慎终追远，这一方面是要求生，事之以礼，死，葬之以礼，祭之以礼；另一方面，在精神上要对于父辈的精神意志有所秉承："三年无改于父之道，可谓孝矣。"(《论语·学而》)

曾子继承了孔子的这些思想，并在此基础上对"孝"做了极大的发展。

首先，他将"孝"提高到了本体的地位，视孝为天地间的大本，是一切礼义道德的来源和基础。他提出："夫孝，者，天下之大经也。夫孝，置之而塞于天地，衡之而衡于四海，施诸后世，而无朝夕，推而放诸东海而准，推而放诸西海而准，推而放诸南海而准，推而放诸北海而准。诗云：'自西自东，自南自北，无思不服。'此之谓也。"因此，"夫仁者，仁此者也；义者，宜此者也；忠者，中此者也；信者，信此者也；礼者，体此者也；行者，行此者也；强者，强此者也。乐自顺此生，刑自反此作。"[1]也就是说，孝既是无处不在的，也是处于核心地位的，仁、义、忠、信、礼等人伦规范，都是由它生发而辐辏于它的。

其次，曾子对"孝"的内容做了充分的发掘，从实践主体上分成君子、士和庶人，从实践内容上分为尊亲、不辱、能养，从实践过程上分为事亲、事君、立身，从实践效果上分为大孝、中孝、小孝。

再次，他再三强调孔子提出的不仅要有赡养之行，更要有敬爱之心，提出忠爱以敬为君子之孝。但与此同时，他也提醒要敬爱以礼，也就是说："父母之行，若中道则从，若不中道则谏，谏而不用，行之如由己。

---

[1] (清)王聘珍：《大戴礼记解诂》，84、83页，北京，中华书局，1983。

从而不谏,非孝也;谏而不从,亦非孝也。孝子之谏,达善而不敢争辨。争辨者,作乱之所由兴也。由己为无咎则宁,由己为贤人则乱。孝子无私乐,父母所忧忧之,父母所乐乐之。孝子唯巧变,故父母安之。若夫坐如尸,立如齐,弗讯不言,言必齐色,此成人之善者也,未得为人子之道也。"①

最后,曾子突破了家庭伦理范畴,将孝道与忠君致治联系起来——从实践主体来说,在家庭中能孝亲,到庙堂之上便能忠君;从实践原则来说,孝亲与忠君是一样的;从实践效果来说,如果人人能够尽孝道,则天下治,如果孝行能够感召世人,则人心向善。所以曾子谓:"事父可以事君,事兄可以事师长,使子犹使臣也,使弟犹使承嗣也","君子立孝,其忠之用,礼之贵"。②

由此,孝道与忠道相联结,家庭伦理与社会政治统一起来,躬行孝道成为修己治人的基本要求。所以此后两千年无论是维护宗法政治的统治者还是追求君子境界的知识分子都十分重视"孝"的品行,"孝"日益成为中华文化传统中的重要内容。

二、反求诸己

孔子的君子观是以修己安人、修己以安百姓为核心标准的,要求受教育者内外兼修。曾子在孔门弟子中被认为是内求派的代表,是因为他充分发挥了孔子修己的思想,从对主体思想感情的道德涵育上将其深化、拓展。

曾子以实践孔子的仁义思想为君子立身处世的基本取向,他从各种角度阐述了这一思想:在人生观上,士君子就要把践履仁义作为终生不辍的追求:"士不可以不弘毅,任重而道远。仁以为己任,不亦重乎?死而后已,不亦远乎?"(《论语·泰伯》)为此,他主张为学应该"攻其恶,求其过,强其所不能,去私欲,从事于义",在他看来,这才称得上是为学。君子求道面临的最大考验,就是对义利的抉择,在这个问题上,曾子认为应该以仁为尊,"不得志,不安贵位,不博厚禄,负耜而行道",

---

① (清)王聘珍:《大戴礼记解诂》,86 页,北京,中华书局,1983。
② (清)王聘珍:《大戴礼记解诂》,78、80 页,北京,中华书局,1983。

"冻饿而守仁，则君子之义也"。①

那么君子怎样才算是践履仁义呢？在曾子看来："君子为小由为大也，居由仕也"，所以"事父可以事君，事兄可以事师长，使子犹使臣也，使弟犹使承嗣也；能取朋友者，亦能取所予从政者矣"。他主张通过提高内心的修养来体验仁义的境界，通过主体道德化的言行来提升环境的人文水平。如果士君子能够不断提高自身的道德修养，那么"人信其言，从之以行，人信其行，从之以复，复宜其类，类宜其年，亦可谓外内合矣。"也就是说，君子能够以自己的言行感召环境，影响他人，那么践履仁义的人就会越来越多，渐渐地社会风貌就会随之改变。为此，曾子要求士君子从言行到思想习惯要严格要求自己，他细致周到地提出了各种修养原则：从言行来说，曾子强调内在的真实无伪与外在的统一："言不远身，言之主也；行不远身，行之本也；言有主，行有本，谓之有闻矣。君子尊其所闻，则高明矣；行其所闻，则广大矣，高明广大，不在于他，在加之志而已矣。"从为人的情感态度来说，曾子要求按照合乎道义的原则锻炼自己，做到"恭而不难，安而不舒，逊而不谄，宽而不纵，惠而不俭，直而不径"。②

曾子对于君子言行的要求，仍然是以礼为基准的。《礼记·曾子问》记载了曾子向孔子请教礼学的情况，从这些内容来看，虽然曾子在孔门弟子中以内省养心著称，他对"礼"的研习，走的也是修养心性的路子，例如，他曾说："夫礼，贵者敬焉，老者孝焉，幼者慈焉，少者友焉，贱者惠焉。此礼也，行之则行也，立之则义也。"③在这里，他看重的不是外在的等级名分和礼仪规范，而是礼的主体在践履礼的言行过程中的态度——对尊贵者要敬，对年长者要孝，对年幼者要慈，对年少者要友爱，对贫贱者要施以恩惠……这样，曾子所倡导的"礼"就由等级制度发展为主体身处普遍的社会关系中所应该具有的德操。

---

① （清）王聘珍：《大戴礼记解诂》，92 页，北京，中华书局，1983。
② （清）王聘珍：《大戴礼记解诂》，71～78 页，北京，中华书局，1983。
③ （清）王聘珍：《大戴礼记解诂》，89 页，北京，中华书局，1983。

三、推己及人

孔子曾将"仁"解释为"己欲立而立人,己欲达而达人"(《论语·雍也》),"己所不欲,勿施于人"(《论语·卫灵公》),又言:"吾道一以贯之。"曾子对孔子的一以贯之之道做了深度的诠释:"夫子之道,忠恕而已矣。"(《论语·里仁》)按照孔子自己的解释,"忠"指的是"己欲立而立人,己欲达而达人"(《论语·雍也》),"恕"指的是"己所不欲,勿施于人"(《论语·卫灵公》)。也就是说,曾子认为,在现实生活中践履"仁"的思想,核心就是行忠恕之道,而通过对比孔子的解释,应该说,曾子把握住忠恕之道以求"仁",是对孔子仁学的合理发展。

曾子从有所为和有所不为两个方面,具体地对实践忠恕之道进行了阐释。一方面,立人达人是君子有所为的表现:"君子己善,亦乐人之善也;己能,亦乐人之能也;己虽不能,亦不以援人。"①也就是说,因为自己不断追求更加美好、更加高尚的境界,所以君子也希望他人如此;与此同时他也强调,推己及人,与人为善,并不是说可以不尊重他人的主体性而越俎代庖,而是要促进他人的发展与成熟:"君子好人之为善,而弗趣也;恶人之为不善,而弗疾也。疾其过而不补也,饰其美而不伐也,伐则不益,补则不改矣。"②

另一方面,君子也要有所不为,即己所不欲,勿施于人。那么,怎样才算是己所不欲,勿施于人呢?按照曾子的标准,就是君子不夺人所好,却有成人之美;不随便怀疑别人,不议论他人之过,而能够不断反思自我,改过迁善:"君子不绝人之欢,不尽人之礼,来者不豫,往者不慎也,去之不谤,就之不赂";"君子不先人以恶,不疑人以不信,不说人之过,成人之美,存往者,在来者,朝有过夕改则与之,夕有过朝改则与之"。③

四、内省养心

曾子十分注重内省的工夫,主张内省以养心。《论语·学而》记载了

---

① (清)王聘珍:《大戴礼记解诂》,71页,北京,中华书局,1983。
② (清)王聘珍:《大戴礼记解诂》,72页,北京,中华书局,1983。
③ (清)王聘珍:《大戴礼记解诂》,72页,北京,中华书局,1983。

曾子著名的"吾日三省吾身"的经验，就是对自己的思想言行及时反思检讨，从而获得认识上的提升，不断培养道德自觉性。孟子曾用孟施舍之勇与北宫黝之勇来比拟曾子和子夏，北宫黝是在每件事上都要锻炼自己的勇气、决心和意志，孟施舍则是专门锻炼自己的无惧之心。孟子认为"孟施舍似曾子，北宫黝似子夏"(《孟子·公孙丑上》)。对于反思内省的具体内容，曾子也给出了一些旨要："君子祸之为患，辱之为畏，见善恐不得与焉，见不善恐其及己也，是故君子疑以终身。""君子见利思辱，见恶思诟，嗜欲思耻，忿怒思患，君子终身守此战战也。""君子虑胜气，思而后动，论而后行，行必思言之，言之必思复之，思复之必思无悔言，亦可谓慎矣"。① 曾子如此强调自我反省，目的是培养君子人格和气节。君子应该是"可以托六尺之孤，可以寄百里之命，临大节而不可夺"的人；应该是具有弘毅品格的人，因为他以仁为己任，要做到死而后已，可谓任重而道远。

曾子反省内求、推己及人的涵养策略，后来被孟子充分地加以继承，到宋明理学家，又进一步发扬光大，从而成为中国传统知识分子为人处世的一种基本的道德修养，成为民族文化的典型标志。

曾子在孔子培养文质彬彬的君子这一基本观念的基础上，把重心移到借助经典学习来反省养心、磨砺意志品质，极大地强化了德育的价值。经过思孟学派的继承、弘扬，育人品格的要素逐渐沉淀为语文教育最基本的内容之一。

第二节 子夏的传经之功

与曾子走的教研之路不同的子夏，其一生的主要成就是将孔子编撰的经籍予以传播，并以此授徒，形成了著名的西河学派。这不仅对传承儒家之学有重要意义，而且初步建立了语文教育传统中的典范化思考。

子夏，名卜商，字子夏，生于周敬王十三年(前507年)。关于子夏生平，已有学者列年表如下，可作参考。②

---

① (清)王聘珍：《大戴礼记解诂》，70~71页，北京，中华书局，1983。
② 王红霞：《子夏生平考述》，载《北方论丛》，2006(4)。

年代	年龄	事迹
公元前 507 年	出生	出生于今河南温县
公元前 493 年	十五岁	入孔门向孔子学习
公元前 492—前 490 年	十六岁至十八岁	随孔子在陈学习
公元前 489 年	十九岁	与孔子同遭陈蔡绝粮
公元前 488 年	二十岁	仕于卫,为行人
公元前 484 年	二十四岁	跟随孔子来到鲁,曾为鲁莒父宰
公元前 483 年	二十五岁	父亲或母亲过世,居亲丧
公元前 482 年	二十六岁	居亲丧
公元前 481 年	二十七岁	为孔子适周求史记
公元前 479 年	二十九岁	孔子病逝,为孔子守丧三年
公元前 473 年	三十五岁	与子张等人推举有若为孔门领袖
公元前 472 年	三十六岁	离开鲁国,回到魏国,设帐收徒
公元前 420 年	八十八岁	病逝

《荀子·大略》说他"衣若县鹑",意思是说他衣服短小破烂,指代子夏家贫;《初学记》也有"子夏家贫,徒有四壁"之语,可见他出身于下层社会。他少孔子 44 岁,是孔子晚年的得意弟子,以"文学"见长,名列孔门"十贤"之中。孔子没后,他在西河讲学并创立西河学派,影响很大。他是孔门传经派的代表,儒家六经的传承均与他有关。

一、学以致其道

相对于以曾子为代表的以内省反思为主的学习思路,子夏更注重学习以致其道。例如,他曾说:"百工居肆以成其事,君子学以致其道。"(《论语·子张》)这代表了他的基本思想,即通过学习历史文化经典,来培养君子人格。

一方面,子夏认为,通过广泛学习以致其道是极其重要的治学途径,就如朱熹在《四书章句集注》中对这句话的阐释:"工不居肆,则迁于异物而业不精。君子不学,则夺于外诱而志不笃。"这点明了学为君子,首先要解决专心致志的问题,而学有专攻,是最好的策略。另一方面,对于学习的目的应该有清楚的认识。朱熹在阐释这句话的时候也说："君子之于学，可不知所务哉？"意在说明为学者主观上对为学致其道的追求，要有清晰的认识。进一步来说，朱熹认为："二说相须，其义始备。"①广泛地学习，而不是像曾参那样主要靠实践中的反思、内省来体悟道的境界，是子夏的经验所得。子夏对曾参讲过，他曾经在追求先王之义和享受富贵之乐之间抉择，痛苦到忧惧的地步。虽然最后是先王之义胜利了，但是他深刻地体会到："志之难也，不在胜人，在自胜也。"（《韩非子·喻老》）所以，他形成了通过不断学习，特别是学习儒家典籍来提高智识、强化意志的逻辑；而孔子到晚年对六经均加以编修，也给子夏提供了条件。

学以致其道的思想贯穿了子夏治学传道的始终。魏文侯是子夏在西河授学时著名的学生，有一次魏文侯问子夏，要想治国安邦就一定要先学习吗？子夏给予肯定的回答。魏文侯还不甘心，诘问子夏说：像五帝这样的上古先贤，他们也都跟从老师学习过吗？子夏说："臣闻黄帝学乎大填，颛顼学乎禄图，帝喾学乎赤松子，尧学乎务成子附，舜学乎尹寿，禹学乎西王国，汤学乎贷子相，文王学乎锡畴子斯，武王学乎太公，周公学乎虢叔，仲尼学乎老聃。此十一圣人，未遭此师，则功业不能著乎天下，名號不能传乎后世者也。"②

子夏所求之道，即孔子所确立的儒道，也就是通过修己安人、下学上达追求君子的境界。子夏将这一思想贯彻在他的学习观中，提出："仕而优则学，学而优则仕。"（《论语·子张》）朱熹解释为："仕而学，则所以资其仕者益深；学而仕，则所以验其学者益广。"③也就是说，他理想的学习过程是学与仕相辅相成，主体在学与仕的相互促进中求得发展。因为"仕与学理同而事异"，只有如此，才能全面地实践孔子所指明的修己安人、下学上达的工夫。

就学习的具体方法来说，子夏提出："博学而笃志，切问而近思，仁在其中矣。"（《论语·子张》）对此，程颐阐释说："学不博则不能守约，志

---

① （宋）朱熹：《四书章句集注》，189页，北京，中华书局，1983。
② 许维遹：《韩诗外传集释》，195~196页，北京，中华书局，1980。
③ （宋）朱熹：《四书章句集注》，190页，北京，中华书局，1983。

不笃则不能力行。切问近思在己者,则仁在其中矣。"朱熹补充说:"四者皆学问思辨之事耳,未及乎力行而为仁也。然从事于此,则心不外驰,而所存自熟。故曰仁在其中矣。"①子夏注重经典的传习,博学、笃志、切问、近思,正是他经典学习和教授的经验。但是,朱熹在此也提出了一个问题,那就是子夏是否不重道德践履?实际上,子夏对于伦理实践也是很重视的,如他曾说:"贤贤易色;事父母,能竭其力;事君,能致其身;与朋友交,言而有信。虽曰未学,吾必谓之学矣。"这与孔子所说的"弟子入则孝,出则弟,谨而信,泛爱众而亲仁。行有余力,则以学文"(《论语·学而》)是一脉相承的。此外,《国语·鲁语下》记载了子夏曰:"商闻之曰:'古之嫁者,不及舅、姑,谓之不幸。'夫妇,学于舅、姑者也。"这与孔子所说的"君子食无求饱,居无求安,敏于事而慎于言,就有道而正焉,可谓好学也已"(《论语·学而》)也是相通的。只不过,相对而言,子夏在孔门弟子中最注重典籍学习。

二、六经皆传

子夏在孔门弟子中最突出的功绩是他的传经之功,也就是说,诗、书、礼、乐、易、春秋等经典文献,均是经过他的传习才得以流传的。

(一)诗

孔子曾教授子夏学《诗》,师徒两人就《诗》展开过切磋、研讨。关于子夏向孔子学《诗》的史料主要有三条,兹列于下。

> 子夏问曰:"'巧笑倩兮,美目盼兮,素以为绚兮',何谓也?"子曰:"绘事后素。"曰:"礼后乎?"子曰:"起予者商也!始可与言《诗》已矣。"(《论语·八佾》)

> 子夏侍坐于孔子,曰:"敢问诗云'恺悌君子,民之父母',何如斯可谓民之父母?"孔子曰:"夫民之父母,必达于礼乐之源,以致五至而行三无,以横于天下。四方有败,必先知之。此之谓民之父母。"子夏曰:"敢问何谓五至?"孔子曰:"志之所至,诗亦至焉;诗

---

① (宋)朱熹:《四书章句集注》,189 页,北京,中华书局,1983。

之所至，礼亦至焉；礼之所至，乐亦至焉；乐之所至，哀亦至焉。诗礼相成，哀乐相生，是以正明目而视之，不可得而见；倾耳而听之，不可得而闻。志气塞于天地，行之充于四海，此之谓五至矣。"子夏曰："敢问何谓三无？"孔子曰："无声之乐，无体之礼，无服之丧，此之谓三无。"子夏曰："敢问三无，何诗近之？"孔子曰："'夙夜基命宥密'，无声之乐也，'威仪逮逮，不可选也'，无体之礼也。'凡民有丧，扶伏救之'，无服之丧也。"子夏曰："言则美矣大矣，言尽如此而已乎。"孔子曰："何谓其然，吾语汝，其义犹有五起焉。"子夏曰："何如？"孔子曰："无声之乐，气志不违；无体之礼，威仪迟迟；无服之丧，内恕孔悲；无声之乐，所愿必从；无体之礼，上下和同。无服之丧，施及万邦。既然，而又奉之以三无私而劳天下，此之谓五起。"子夏曰："何谓三无私？"孔子曰："天无私覆，地无私载，日月无私照。其在诗曰：'帝命不违，至于汤齐。汤降不迟，圣敬日跻。昭假迟迟，上帝是祗。帝命式于九围。'是汤之德也。"子夏蹶然而起，负墙而立，曰："弟子敢不志之。"（《孔子家语·论礼》）

子夏问曰："《关雎》何以为《国风》始也？"孔子曰："《关雎》至矣乎！夫《关雎》之人，仰则天，俯则地，幽幽冥冥，德之所藏，纷纷沸沸，道之所行，虽神龙化，斐斐文章。大哉《关雎》之道也，万物之所系，群生之所悬命也，河洛出《书》《图》，麟凤翔乎郊。不由《关雎》之道，则《关雎》之事将奚由至矣哉？夫六经之策，皆归论汲汲，盖取之乎《关雎》。《关雎》之事大矣哉！冯冯翊翊，自东自西，自南自北，无思不服。子其勉强之，思服之。天地之间，生民之属，王道之原，不外此矣。"子夏喟然叹曰："大哉《关雎》，乃天地之基地。"《诗》曰："钟鼓乐之。"（《韩诗外传》卷五）

子夏在继承孔子"《诗》教"的基础上，通过进一步的研究和传授，又将孔门诗教传播开去。据《后汉书·徐防传》记载："《诗》《书》《礼》《乐》，定自孔子；发明章句，始于子夏。其后诸家分析，各有异说。""章句"是两汉以来的一种独立的注疏形式，它的主要特点是分章析句释义，一般要依附经传而行："'章句'的章，不像现代书里一章一节那么长……在古代的经书、子书中，一篇文章里的较小的意义单位，也叫一章。汉朝人的章句之学，就是研究在什么地方分章，什么地方断句的。这里所讲的'章'，实际上相当于后代文章中的段。'章句'的'句'，也不是现代语法中所说的句，而是说话时一个停顿的单位。"[1]由于受到秦始皇焚书的影响，《诗》流传到汉代，出现了多种对《诗》文本进行章句训诂的版本，最终形成了鲁、齐、韩、毛四家诗。其中《毛诗》传自子夏是史有明文的："诗有毛公之学，自谓子夏所传。"(《汉书·艺文志》)三国陆玑《毛诗草木虫鱼疏》也持此说："孔子删《诗》，授卜商，商为之序，以授鲁人曾申，申授魏人李克，克授鲁人孟仲子，仲子授根牟子，根牟子授赵人荀卿，荀卿授鲁国毛亨。亨作《训故传》，以授赵国毛苌，时人谓亨为大毛公，苌为小毛公。以其所传，故名其诗曰《毛诗》。"《唐书·艺文志》则记载了韩诗的编辑情况："《韩诗》，卜商序，韩婴注，二十二卷。"说明韩诗也是经由子夏流传下来的。

　　进一步来说，鲁、齐、韩、毛四家诗皆有序，其中以《毛诗序》流传最为久远。《毛诗序》的作者问题，一直是聚讼纷纭的一桩公案，被称为《诗经》学史上"第一争诟之端"(《四库全书总目》)。在这当中，认为《诗序》为子夏所作的观点自古至今占有很大比重，例如，梁人沈重述郑玄《诗谱》云："《大序》是子夏作，《小序》是子夏、毛公合作，卜商意有不尽，毛更足成之。"王肃在《家语七十二弟子解注》中也持这种观点："子夏所序诗意，今之《毛诗序》是也。"特别是唐代孔颖达在《毛诗正义》中明确持此说，因《毛诗正义》的地位而使这一观点更具影响力。到清代，阎若璩、毛奇龄、陈启源、朱彝尊、钱大昕等学者均主此说。虽然研究到现在，学者们大多认同的看法是《诗序》非一时一人所作，而是历代学人均有所贡献，但是《诗序》的传习在早期与子夏有关则是可以肯定的。

(二) 书

　　子夏随孔子学《书》，是有史料记载的，《尚书大传》《孔丛子》《韩诗外传》都记载了孔子询问子夏读《书》的情况，相对而言，《韩诗外传》的记载比较详尽。

---

[1] 詹锳：《文心雕龙义证》，1247页，上海，上海古籍出版社，1989。

> 子夏读《书》已毕。夫子问曰:"尔亦可言于《书》矣。"子夏对曰:"《书》之于事也,昭昭乎若日月之光明,燎燎乎如星辰之错行,上有尧、舜之道,下有三王之义,弟子所受于夫子者,志之于心不敢忘。虽居蓬户之中,弹琴以詠先生之风,有人亦乐之,无人亦乐之,亦可发愤忘食矣。《诗》曰:'衡门之下,可以栖迟。泌之洋洋,可以疗饥。'"夫子造然变容曰:"嘻!吾子殆可以言《书》已矣。然子以见其表,未见其里。"颜渊曰:"其表已见,其里又何有哉?"孔子曰:"窥其门,不入其中,安知其奥藏之所在乎?然藏又非难也。丘尝悉心尽志,已入其中,前有高岸,后有深谷,泠泠然如此,既立而已矣。"不能见其里,盖未谓精微者也。(《韩诗外传》卷二)

子夏明确说"弟子所受于夫子者,志之于心不敢忘",然后谈自己的读书心得。孔子听罢,首先肯定了子夏已取得的成果:"吾子殆可以言《书》已矣。"在此基础上,又进一步指出子夏"未见其里"。颜渊则在旁叩问夫子所说的这个"里"是什么?孔子并没有在这个时候和盘托出,只是说,自己读《书》所付出的努力是多么艰难,以鼓励弟子继续钻研。

《孔丛子》中还有另一段子夏向孔子请教《书》之大义的谈话。孔子曾明确地告诉子夏:

> 吾于《帝典》,见尧、舜之圣焉;于《大禹》《皋陶谟》《益稷》,见禹、稷、皋陶之忠勤功勋焉;于《洛诰》,见周公之德焉。故《帝典》可以观美,《大禹谟》《禹贡》可以观事,《皋陶谟》《益稷》可以观政,《洪范》可以观度,《秦誓》可以观议,《五诰》可以观仁,《甫刑》可以观诫。通斯七者,则《书》之大义举矣。(《孔丛子·论书》)

由此可见,子夏在随孔子读书学习期间,孔子对他是有过"《书》教"的。

关于子夏进一步地对《书》学进行传播的史料,目前所见不多。一条在解释《尚书》经义的《尚书大传·略说》中,记载了"魏文侯问子夏"的史事;就子夏具体讲授《书》学的内容,《尚书大传·周传》有一条,是子夏解释《尚书·康诰》中"慎罚"的内涵:"昔者,三王悫然欲错刑遂罚,平心而应之，和，然后行之。然且曰：吾意者以不平虑之乎，吾意者以不和平之乎，如此者三，然后行之，此之谓慎罚。"

(三)礼

"礼"是孔子思想中最重要的范畴之一，因此他也很注意对礼的传授，认为"不学礼，无以立。"(《论语·季氏》)。相应地，在子夏的观念中，学习经典、规范言行是追求、实践君子之道的主要途径，因此他很注重学礼。《孔子家语》等文献记载了很多子夏向孔子问礼的事例，涉及礼的原理和应用，以及宾、丧、冠、婚、祭等多种礼学范畴。通过这样的学习实践，子夏深刻地把握了孔门礼学的精髓，即从行为规范和礼制观念两个层面推进对礼的授受。

首先，子夏对弟子日常礼仪训练的重视程度，在孔门中是十分突出的。例如，子游在孔门弟子中以深谙礼仪见长，其对于子夏注重对弟子日常生活细节中的礼仪训练也是认可的。

沈德潜在《吴公祠堂记》中说："当时公卿大夫士庶凡议礼弗决者，必得子游之言以为重轻。"可见子游在礼学上的造诣。即使在孔门之内，子游的这一专长也为同门服膺。

> 曾子袭裘而吊，子游裼裘而吊，曾子指子游而示人曰："夫夫也，为习于礼者，如之何其裼裘而吊也？"主人既小敛，袒括发，子游趋而出，袭裘带绖而入，曾子曰："我过矣！我过矣！夫夫是也。"(《礼记·檀弓上》)

先秦时期对葬礼、祭礼的规定是十分严格而细致的，吊丧时，如果主人未变服之前，吊唁者可以穿吉服，所以子游开始时是裼裘而吊；一旦主人变服，则吊丧者亦当随之而变，所以子游"趋而出，袭裘带绖而入"。曾子开始时嘲笑子游，后来发现子游是对的，是自己过于粗疏而失礼了。

子游曾说过："子夏之门人小子，当洒扫应对进退，则可矣，抑末也。本之则无，如之何？"(《论语·子张》)可见子游对子夏重视礼仪训练这方面，是很认可的。但是子夏是否像子游所说，仅仅是注重礼的行为规范这样一些小节,而忽视了对礼制观念等形上层面的探索和传授呢?从子夏作《丧服传》来看似乎不能下这样的结论。

《丧服》是《仪礼》十七篇中的一篇,由经、记、传三部分组成,其中以"传曰"领起的解释性文字就是《丧服传》。最早是《隋书·经籍志》记载,《丧服传》为子夏所作,后唐代贾公彦作《仪礼》注疏时,进一步比较了《丧服传》与《公羊传》的句式特点,发现二者十分相似。既然《公羊传》出于子夏之门,则《丧服传》也很有可能为子夏所作:"案《公羊传》是公羊高所为,公羊高是子夏弟子。今案《公羊传》有云'者何'、'何以'、'曷为'、'孰谓'之等,今此传亦云'者何'、'何以'、'孰谓'、'曷为'等之问。师徒相习,语势相遵,以弟子却本前师,此传得为子夏所作,是以师师相传,盖不虚也。"①事实上,《丧服》中的"五服制度",是历代统治者根据儒家思想和经典确立法制、礼制规范的重要内容。如果它确实是子夏所作,或者与子夏有关,那么就说明,子夏对于礼的形上层面,也是十分重视的。

(四)乐

子夏向孔子学乐,学的是古乐而非新乐。"古乐"即西周雅乐,是西周礼乐制度的重要组成部分,西周统治者既通过它彰显等级关系,也借助它维持各阶层的和谐。一方面,周礼对于处在不同等级的用乐主体享用乐的规格,是有严格限制的;另一方面,乐具有感人心的特性,能够将声音诉诸人的感性,在潜移默化之中陶冶人的情趣,雅乐充分利用这种特性,让聆听者对于音乐所反映的礼制德化思想和既有的礼仪规范产生认同和归属感,从而实现"神人以和"、天下治平的理想。所以说,它"是我国古代祭祀天地、神灵、祖先等典礼中所演奏的音乐,在周代实际上包括用于郊社、宗庙、宫廷仪礼、乡射和军事大典等各个方面的音乐。其名称的由来,当取其歌辞'典雅纯正'之意……它是隆重而又繁琐的仪式典礼的一个重要组成部分。周代对不同场合的仪式运用的曲目均有严格规定。因此,雅乐首先强调的是它的教育意义,用来配合道德方面的宣导,以和平中正为原则,以庄重肃穆为标准,强调教育性而不注重艺

---

① (汉)郑玄注,(唐)贾公彦疏:《仪礼注疏》,见李学勤主编:《十三经注疏》(标点本),540页,北京,北京大学出版社,1999。

术性。"①

但是，到春秋时期，各方诸侯的实力不断提高，他们开始挑战周天子的地位，争夺霸权，所以也就不再恪守西周的礼乐制度。孔子对于"八佾舞于庭"的现象感到愤慨，就是因为鲁国大夫季桓子用了天子之乐，属于僭礼的行为。在这个过程中，出现了内容更丰富、形式更多样的新乐，以郑卫之音为代表。孔子在《论语·阳货》中说"恶郑声之乱雅乐"，就是表明他对于两种"乐"的态度。

孔子积极地倡导雅乐。首先，孔子对雅乐有很高的鉴赏力，他自己曾刻苦学乐，即使教乐的老师觉得他的演奏已经很好了，他自己仍不满意，继续反复练习，直至自己满意为止。《史记》曾记载他听《韶》乐入迷而三月不知肉味，因为他觉得传说由舜创作的《韶》乐称得上是尽善尽美的。其次，他将乐教置于整个礼乐教化体系的最高阶段，"兴于诗，立于礼，成于乐。"(《论语·泰伯》)因为在他看来，一方面，乐是诗、乐、舞一体的综合艺术形式，教化功能也是最强的；另一方面，乐可以使受教育者的心灵得到陶冶，自觉地接受、认同、追求德化礼制的大同理想。

子夏深得孔子乐教的精髓。据《礼记·檀弓上》《孔子家语·六本》等记载，子夏守孝三年后回到师门，孔子令其抚琴，他的琴声是"侃侃而乐"，并对孔子说："先王制礼，不敢不及。"因此，孔子认为他做到了哀已忘而能引之及礼，称赞他有君子之风。可见，子夏对于以礼用乐的原则和致中和的精神有很深刻的理解，并且能够贯注在自己的言行之中。

到子夏传乐的时候，已是礼崩乐坏，新乐普及了，但是他仍然表现出了坚守师门乐教而力挽狂澜的精神。

> 魏文侯问于子夏曰："吾端冕而听古乐，则唯恐卧。听郑、卫之音，则不知倦。敢问古乐之如彼，何也？新乐之如此，何也？"子夏对曰："今夫古乐，进旅退旅，和正以广，弦匏笙簧，会守拊鼓，始奏以文，复乱以武，治乱以相，讯疾以雅。君子于是语，于是道古，修身及家，平均天下。此古乐之发也。今夫新乐，进俯退俯，奸声

---

① 刘再生：《中国古代音乐史简述》，42页，北京，人民音乐出版社，1989。

以滥,溺而不止,及优侏儒,犹杂子女,不知父子。乐终不可以语,不可以道古。此新乐之发也。今君之所问者乐也,所好者音也。夫乐者,与音相近而不同。"文侯曰:"敢问何如?"子夏对曰:"夫古者天地顺而四时当,民有德而五谷昌。疾病不作而无妖祥,此之谓大当。然后圣人作,为父子君臣,以为纲纪。纲纪既正,天下大定。天下大定,然后正六律,和五声。弦歌《诗·颂》,此之谓德音。德音之谓乐。《诗》云:'莫其德音,其德克明。克明克类,克长克君,王此大邦。克顺克俾,俾于文王。其德靡悔,既受帝祉,施于孙子。'此之谓也。今君之所好者,其溺音乎?"文侯曰:"敢问溺音何从出也?"子夏对曰:"郑音好滥淫志,宋音燕女溺志,卫音趋数烦志,齐音敖辟乔志。此四者,皆淫于色而害于德,是以祭祀弗用也。《诗》云:'肃雝和鸣,先祖是德。'夫肃肃,敬也;雝雝,和也。夫敬以和,何事不行?为人君者谨其所好恶而已矣。君好之,则臣为之。上行之,则民从之。《诗》云:'诱民孔易。'此之谓也。然后,圣人作为鞉鼓椌楬埙箎,此六者德音之音也。然后钟磬琴瑟以和之,干戚旄狄以舞之,此所以祭先王之庙也,所以献酬酳酢也,所以官序贵贱各得其宜也,所以示后世有尊卑长幼之序也。钟声铿,铿以立号,号以立横,横以立武。君子听钟声,则思武臣。石声磬,磬以立辨,辨以致死。君子听磬声,则思死封疆之臣。丝声哀,哀以立廉,廉以立志。君子听琴瑟之声则思志义之臣。竹声滥,滥以立会,会以聚众。君子听箫管之声则思畜聚之臣。鼓鼙之声讙,讙以立动,动以进众。君子听鼓鼙之声则思将帅之臣。君子之听音,非听其铿锵而已也,彼亦有所合之也。"①

这一段著名的乐教文献充分体现出子夏乐教由礼统乐、以乐养德的原则,这与渐渐流行起来的郑卫新乐那种用活泼的曲调表达真挚而炽烈的情感的风格,诚然是格格不入的。

---

① (汉)郑玄注,(唐)孔颖达疏:《礼记正义》,见李学勤主编:《十三经注疏》(标点本),1119~1129页,北京,北京大学出版社,1999。

(五)易

孔子深入地研习过《易》学。首先，据《论语》记载，孔子说自己"五十以学《易》，可以无大过矣"；他还说过"不恒其德，或承之羞"的话（《论语·子路》）。而"不恒其德，或承之羞"是出自《易·恒》九三爻辞的。由此可见，孔子到晚年完成了对《易》的研究和传授。

刘宝楠在《论语正义》中判断："孔子五十学《易》，惟子夏、商瞿晚年弟子得传是学。然则子贡言'性与天道不可得闻'，《易》是也。"[1]关于孔子传《易》学于子夏，还有其他一些史料能够加以证明。

> 子夏问于孔子曰："商闻易之生人，及万物鸟兽昆虫，各有奇偶，气分不同，而凡人莫知其情，唯达道德者能原其本焉。天一，地二，人三，三三如九，九九八十一。一主日，日数十，故人十月而生；八九七十二，偶以从奇，奇主辰，辰为月，月主马，故马十二月而生；七九六十三，三主斗，斗主狗，故狗三月而生；六九五十四，四主时，时主豕，故豕四月而生；五九四十五，五为音，音主猨，故猨五月而生；四九三十六，六为律，律主鹿，故鹿六月而生；三九二十七，七主星，星主虎，故虎七月而生；二九一十八，八主风，风为虫，故虫八月而生，其余各从其类矣。鸟鱼生阴而属于阳，故皆卵生。鱼游于水，鸟游于云，故立冬则燕雀入海化为蛤，蚕食而不饮，蝉饮而不食，蜉蝣不饮不食，万物之所以不同。介鳞夏食而冬蛰……"子夏言终而出，子贡进曰："商之论也何如？"孔子曰："汝何谓也？"对曰："微则微矣，然则非治世之待也。"孔子曰："然，各其所能。"（《孔子家语·执辔》）

孔子读《易》，至于"损益"，则喟然而叹。子夏避席而问曰："夫子何为叹？"孔子曰："夫自损者益，自益者缺，吾是以叹也。"子夏曰："然则学者不可以益乎？"孔子曰："否，天之道，成者未尝得久也。夫学者以虚受之，故曰得。苟不知持满，则天下之善言不得入其耳矣。昔尧履天子之位，犹允恭以持之，虚静以待下，故百载以

---

[1] （清）刘宝楠：《论语正义》，184页，北京，中华书局，1990。

逾盛，迄今而益章。昆吾自臧而满意，穷高而不衰，故当时而亏败，迄今而愈恶。是非损益之征与？吾故曰：'谦也者，致恭以存其位者也。'夫丰明而动，故能大，苟大则亏矣，吾戒之。故曰日中则昃，月盈则食，天地盈虚，与时消息。是以圣人不敢当盛，升舆而遇三人则下，二人则轼，调其盈虚，故能长久也。"子夏曰："善，请终身诵之。"（《说苑·敬慎》）

对于子夏是否传授过《易》的问题，目前尚未有定论。历代史料中的佐证，概括起来有两点。其一，子夏曾作《易传》。例如，《隋书·经籍志》明确说："《周易》二卷，魏文侯师卜子夏传。"陆德明《经典释文》也说："子夏《易传》三卷，卜商字子夏，卫人，孔子弟子，魏文侯师。"孔祥骅根据《左传》所涉及的《周易》的内容加以研究推敲，认定子夏讲学西河时必定传授了《易》学。其二，《史记》《汉书》在孔门《易》学的传授谱系上记载基本一致，即孔子传商瞿，商瞿传馯臂子弓。而《史记·仲尼弟子列传索隐》引用应劭之语云："子弓，子夏门人。"所以孔祥骅认为很可能是孔子授《易》于商瞿、卜商子夏，子弓则兼师于他们二人。[①]

（六）春秋

子夏向孔子学习《春秋》，历史上是有明确的记载的。《春秋公羊传》曾引《孝经》云："孔子曰：'《春秋》属商'。"徐彦的《春秋公羊传疏》引《闵因叙》："昔孔子受端门之命，制《春秋》之义，使子夏等十四人求周史记，得百二十国宝书。"子夏等人取回的周史记，是孔子制《春秋》的重要素材。《史记》则明确记述："至于为《春秋》，笔则笔，削则削，子夏之徒不能赞一辞。"（《史记·孔子世家》）可见，从孔子最初为研究《春秋》积累素材，到最后编写完成、整饬文字，子夏一直是重要的参与者。

正因如此，子夏对于孔子的"《春秋》学"有深刻的认识，这使得他在传经过程中不是简单地讲授历史事实，而是力求知史明道以治世："卫子夏言，有国家者不可不学《春秋》，不学《春秋》，则无以见前后旁侧之危，则不知国之大柄，君之重任也。故或胁穷失国，拌杀于位，一朝至尔。

---

① 孔祥骅：《子夏与〈周易〉的传授》，载《华东师范大学学报》，1998，30(3)。

苟能述春秋之法，致行其道，岂徒除祸哉，乃尧舜之德也。"①从子夏对《春秋》的认识来看，他不仅仅是在经验层面上传授，而是重在揭示历史发展的规律。在这个过程中，子夏尤其关注事物发展之"渐"，力求把握历史的"势"：

> 子夏曰："《春秋》之记臣杀君，子杀父者，以十数矣，皆非一日之积也，有渐而以至矣。"凡奸者，行久而成积，积成而力多，力多而能杀，故明主蚤绝之。今田常之为乱，有渐见矣，而君不诛。晏子不使其君禁侵陵之臣，而使其主行惠，故简公受其祸。故子夏曰："善持势者，蚤绝奸之萌。"②

从这些记载可见，子夏善于总结历史经验背后的原则和规律，并且注意将这些思想传达给后学。

三、博约相济

如上一节所说，曾子和子夏都成功地实践了孔子博约相济的教育原则，即用一以贯之的"道"统领各种学问，从而实现了对孔子思想的深化和发展。如果说曾子侧重的是"仁"，那么子夏侧重的是"礼"——他主张将礼的思想和规范渗透于主体的言行之中，使得实践主体能够在日用之间守约于礼。

从相关史料来看，子夏在问学于孔子的时候，对经典文本的理解，以及一些基本的思想范畴的认识，就已经与孔子有所不同。例如，他曾经就自己对《易》的理解在师门中侃侃而谈：

> 商闻易之生人，及万物鸟兽昆虫，各有奇偶，气分不同，而凡人莫知其情，唯达德者能原其本焉。天一，地二，人三，三三如九，九九八十一。一主日，日数十，故人十月而生；八九七十二，偶以从奇，奇主辰，辰为月，月主马，故马十二月而生；七九六十三，

---

① （清）苏舆：《春秋繁露义证》，钟哲点校，160页，北京，中华书局，1992。
② 陈奇猷：《韩非子集释》，717页，上海，上海人民出版社，1974。

三主斗，斗主狗，故狗三月而生；六九五十四，四主时，时主豕，故豕四月而生；五九四十五，五为音，音主猨，故猨五月而生，四九三十六，六为律，律主鹿，故鹿六月而生；三九二十七，七主星，星主虎，故虎七月而生；二九一十八，八主风，风为虫，故虫八月而生，其余各从其类矣。鸟鱼生阴而属于阳，故皆卵生。鱼游于水，鸟游于云，故立冬则燕雀入海化为蛤，蚕食而不饮，蝉饮而不食，蜉蝣不饮不食，万物之所以不同。介鳞夏食而冬蛰……（《孔子家语·执辔》）

他说完以后，子贡对孔子说："（子夏之言）微则微矣，然则非治世之待也。"孔子的回答是："然。各其所能。"于此可见，子夏对《易》的认识与孔子的本义是不一样的。孔子对《易》的研究更具有工具理性的倾向，因此像子夏那样一定要细致入微地捋清各种关系和规则，是不必要的。但是孔子以教育家的胸怀和眼光包容了弟子，所以子夏得以沿着自己独特的方向前行。

从子夏对六经的研习和传播来看，他在继承孔子基本思想的基础上有所深化，在价值取向上具有以礼解经的倾向，在方法论上则开启了引譬连类、深度阐释的大门。

（一）以礼解经

子夏学礼是十分认真而深入的，他几乎做到了"每事问"；从《论语·八佾》所记载的孔子指导他解读"巧笑倩兮，美目盼兮，素以为绚兮"的例子来看，他所受到的正是以礼解诗的训练。因此，到他传授礼学的时候，则既注重培养和训练日常言行中的礼仪，也通过著书立传来传达礼的精神；对于其他经典，他也表现出从礼学原则出发对儒家经典进行阐释的倾向。

例如，上文提及的魏文侯向子夏请教古乐与新乐之别的事例中，子夏褒扬古乐的逻辑是这样的：首先，乐是因礼而生的，即所谓"圣人作，为父子君臣，以为纲纪。纪纲既正，天下大定。天下大定，然后正六律，和五声"。其次，古乐是符合礼义规范的"德音"，是"所以祭先王之庙也，所以献酬肴酢也，所以官序贵贱各得其宜也，所以示后世有尊卑长幼之序也"，因此欣赏古乐才是正道。

传授"《春秋》学"的时候，子夏的逻辑也是很明确的——既然《春秋》是"记君不君，臣不臣，父不父，子不子"的事情，也就是说，这些都是违背礼义规范的行为，那么，君主就应该吸取经验教训，深入把握礼义之道，从而早绝后患。

我们说，礼主要起源于早期人类巫术祭祀活动，到西周时期，历代统治者不断强化其人文内涵，使之成为宗法社会的一套人伦规范。但是到了孔子生活的时代，这套规范受到极大的挑战，已难以维持，所以孔子以"克己复礼"为终生职志。孔子对于礼的发展，重心是赋予了礼以"仁"的内在价值，使周礼这样一套外在的行为规范和等级制度具有了坚实的哲学理据。因此，他对礼的传播重在礼乐的道德内化，希望受教育者深刻体会礼的人伦基础，从而将恪守礼仪规范，内化为为人处世的自觉性，所以他曾说："道之以政，齐之以刑，民免而无耻。道之以德，齐之以礼，有耻且格。"(《论语·为政》)

孔子晚年对经典的研究和整理已基本成熟，而子夏是孔子晚年所收的弟子，这是其得以系统研习礼学的重要基础。面对相对完善的经典，相对于重在道德实践的早期弟子，子夏更重视对文本的研习[①]，并力求使得礼的规范标准更明确、更充实、更系统，这样既便于践履，也能够促进礼学在形而上的层面的系统化。

(二)引譬连类

子夏之所以能够做到博约相济，主要是得益于运用了孔子所教授的引譬连类、举一反三的方法。在断章取义的世风的影响下，孔门弟子对经典的研习，往往也在曲解意思的基础上，摘引经典中的文句作为阐明自己观点、想法的证据，以此加强话语的说服力。从子夏向孔子请教"巧笑倩兮"的事例中可以看出，子夏对这种思想方法应用得可谓得心应手。在此基础上，子夏对这种逻辑方法是有所发展的，那就是他一般是围绕统一主体的行为规范和政治治术这样一个主体，来应用引譬连类的方法。如他请教孔子关于"五至""三无"的问题，就是沿着这个思路层层深入；而他给魏文侯讲古乐，则是根据这个原则辐射开去。

[①] 尤骥：《孔门弟子的不同思想倾向和儒家的分化》，载《孔子研究》，1993(2)。

概而言之，子夏作为孔门七十子中具有代表性的人物，其对儒家教育的延续和发展起到了重要的作用。从显性的方面来说，儒家六经的传承均与子夏有密切的关联。从隐性的方面来说，首先，子夏围绕礼乐政治传习经典的倾向开启了荀子礼法并称的儒学思想，对于汉儒通经致用的经学教育原则也产生了一定的影响；其次，通过引譬连类实现博约相济的逻辑思路，也是汉儒以三百篇当谏书、以美刺说《诗》的滥觞。

第三节 《缁衣》与《性自命出》

1993年10月，湖北省荆门市的郭店一号楚墓中出土了一批竹简，其中刻有文字的，经整理计有730枚。1998年5月文物出版社出版《郭店楚墓竹简》。郭店简文的内容包括儒家和道家的著作，经专家们反复研究，其中的儒家著作，基本认定属于思孟学派。1994年，上海博物馆从香港文物市场收购了1200多支战国竹简，名之为"战国楚竹书"。经考证，这些竹书为始皇焚书前的写本。2001年，《上海博物馆藏战国楚竹书》第一册出版。

这些简帛文献的发现，为具体了解孔子到孟子之间的儒家历史提供了宝贵的资料。《缁衣》和《性自命出》在郭店楚简和上博简中均有收录，经专家们的考证研究，基本可以断定为子思的著作，因与本书题旨相关度很大，在此做一简单的介绍。

一、《缁衣》

《缁衣》出于《子思》，是史籍中有明确记载的。例如，《隋书·音乐志》记载："《月令》取《吕氏春秋》；《中庸》《表记》《防记》《缁衣》皆取《子思子》……"流传至今的版本收在今本《礼记》中。郭店楚墓竹简中有《缁衣》一篇，战国楚竹书中也有《缁衣》。经专家进行比较，竹简本《缁衣》与《礼记·缁衣》"二者出入甚大，传世本后人增益的文字较多"。经过了像廖名春、李零等专家的系统考证，认为郭店简本的《缁衣》较《礼记》本更为可信。

在楚简的子思学派著作中，《缁衣》是引《诗》最多的，共23条，涉及

17篇作品，在一定程度上，反映了子思学派的《诗》教面貌，即以《诗》作为文化资源，以培养君子道德人格的价值取向。

《缁衣》可以从主题上分为上、下两部分。第一部分讲君子的为政之道，要求君子以身作则，通过身教感召百姓；第二部分讲君子的为人之道，强调君子应谨言慎行、言行一致。所以文章第一条先告诫为政者，对善恶好坏要有清楚的认识，要做出明确的反馈，并引用了《大雅·文王》的诗句，意思是说，要是能够像伟大的文王那样为政，就会天下顺服。此后三条主要讲的是，为君者对待百姓应该坦诚不疑，明确告知百姓善恶的标准，相应地，所引的诗句是《小雅·小明》的"靖共尔位，好是正直"；《曹风·鸤鸠》的"淑人君子，其仪不忒"；《大雅·板》的"上帝板板，下民卒瘅"；《小雅·巧言》的"非其止共，唯王之邛"。这些诗句或是赞美明君，或是讽刺昏君，与主题相互映衬。之后，进一步讲君主应该以仁爱之心体恤百姓，所引诗句是《小雅·节南山》的"谁秉国成，不自为政，卒劳百姓"，以及"赫赫师尹，民具尔瞻"等。从所引诗句来看，主要是表达鼓励之意——君王爱民如子，才能够得到百姓的爱戴和赞誉。上半部分最后几条，主要从反面告诫为政君子，如果不能做有道明君，那么即使动用刑罚，社会也难以稳定，所引诗句如"彼求我则，如不我得。执我仇仇，亦不我力"（《小雅·正月》）；"慎尔出话，敬尔威仪"（《大雅·抑》）等，都是警诫意味很浓的。

下部讲君子的人格修养，贯彻的主旨是要正确处理言与行的关系，所以引用的诗句如"淑慎尔止，不愆于仪"（《大雅·抑》），"白圭之玷，尚可磨也。此言之玷，不可为也"（《大雅·抑》）；"淑人君子，其仪一也"（《曹风·鸤鸠》）；"君子好逑"（《周南·关雎》）；"朋友攸摄，摄以威仪"（《大雅·既醉》）等，都是"诗三百"中赞美具有高尚德操的君子的。

从源流来看，文章的每一段都以"子曰"或"夫子曰"开头，子思也曾说过"虽非其（指孔子——作者注）正辞，然犹不失其意焉"的话（《孔丛子·公仪》）。相关专家学者比较一致地认定，《缁衣》是由子思或其学派弟子传述孔子思想的作品。事实上，《缁衣》在继承孔子的基础上，对孔子的观点有所选择，并进行了具体的阐发。具体来说，培养修己治人的从政君子是孔子一贯的追求，而孔子对君子的道德修养有多方面要求，以身作则是其中之一。他的《诗》教思想，也是既讲学《诗》可以从政专对，多识鸟兽草木之名，也讲学《诗》可以感发性情，向着礼乐的道德化境界提升自己。由此来看，《缁衣》从修己治人出发，从孔子的这些思想中，选择了为人谨言慎行，为政以身作则作为培养君子的基本原则，并以《诗》为思想资源，加以诠释、印证和强化。

孟子曾受业于子思门人，所以，《缁衣》的这个思路，后来又启发了孟子。可以说，这是从孔子的《诗》教观到孟子的观念的过渡阶段。

从所陈述的内容与引用的诗句之间的关系来看。首先，郭店楚简《缁衣》的表述方式十分整齐，二十三段文字均为"子曰……《诗》云：……"（其中第一条用的是"夫子曰"）。考察儒家文献，《论语》记载了孔子引诗的两条语录，分别在《论语·颜渊》和《论语·子罕》中，且都是直接引用，没有用"《诗》云"提示。用"《诗》云"提示引诗是从曾子和子夏开始的，《论语·泰伯》记载："曾子有疾，召门弟子曰：'启予足！启予手！《诗》云：战战兢兢，如临深渊，如履薄冰。而今而后，吾知免夫！小子！'"又如，子夏在谈到自己读《书》的感受时说："虽居蓬户之中，弹琴以詠先生之风，有人亦乐之，无人亦乐之，亦可发愤忘食矣。《诗》曰：'衡门之下，可以栖迟。泌之洋洋，可以疗饥。'"[①]《缁衣》显然对这种引诗方式有所继承。我们说，"诗三百"原本并不是一个完整的诗歌总集，而是在漫长的历史进程中逐渐累积的文化成果，直到孔子对其进行整理结集，才形成诗集的面貌。孔子使"雅""颂"各得其所，是在鲁哀公十一年自卫返鲁后，所以像曾子、子夏这些孔子晚年的弟子是能够见到结集的《诗》的，因此，他们所接受的《诗》教，是以一个文本系统为教材、为基础的，故而，他们引诗的时候用"《诗》云"就是很自然的了。

其次，每一段落中"子曰"与"《诗》云"的关系，大致可以分为三类。

第一类是称诗明理，即将《诗》中的相关章句作为权威性、箴言性的理据。从阐述观点的角度来说，援引是为了增强论说力度；如果立足于所引诗句来看，则是给出了具体的语境，从而对于学习者具有导向的作用。

[①] 许维遹：《韩诗外传集释》，73页，北京，中华书局，1980。

> 子曰：为上可望而知也，为下可类而志也，则君不疑其臣，臣不惑于君矣。《诗》云："淑人君子，其仪不忒。"《尹诰》云："唯尹允及汤，咸有一德。"

本段的主题是讲为人君者应该坦诚，对待臣民坦荡而不多疑。"淑人君子，其仪不忒"意谓不多疑是君子风度，在此引用，便将这一美德提升到普遍的高度。

第二类是以诗为史，即引用《诗》中称颂古代贤君的章句，作为所述君子准则的代表，从而起到激励的作用。

> 子曰：下之事上也，不从其所以命，而从其所行。上好此物也，下必有甚焉者矣。故上之好恶，不可不慎也，民之表也。《诗》云："赫赫师尹，民具尔瞻。"

本段是说，君主应该成为百姓的楷模，所以，首先自己要做到谨言慎行。所引诗句出自《小雅·节南山》，意谓"尹氏为太师既显盛，处位尊贵，故下民俱仰汝而瞻之。汝既为天下所瞻，宜当行德以副之。"①

第三类是引诗以作警诫。

> 子曰：言从行之，则行不可匿。故君子顾言而行，以成其信，则民不能大其美而小其恶。《大雅》云："白圭之玷，尚可磨也。此言之玷，不可为也。"

本段的主题是，君子要对自己的素养不断地加以磨炼，所引的诗句，是从反面告诫：玉石有缺失尚可以打磨平整，言语上的缺失却是无可挽救的。

进一步来看，在所引的23条诗句中，除了"吾大夫恭且俭，靡人不敛"为佚诗，今本《诗经》不存外，只有一条不是引用诗的本义，而是进行了譬喻引申：

---

① （汉）毛亨传，（汉）郑玄笺，（唐）孔颖达疏：《毛诗正义》，见李学勤主编：《十三经注疏》（标点本），698页，北京，北京大学出版社，1999。

> 子曰：苟有车，必见其辙。苟有衣，必见其敝。人苟有言，必闻其声；苟有行，必见其成。《诗》云："服之亡怿。"

所引诗句出自《周南·葛覃》，本义是后妃在整葛为絺绤的过程中，没有厌倦的神色。这里的意思是"采葛为君子之衣，君子得而服之无厌倦也。言君子实得其服而不虚也，引之者，证人之所行终须有效也"。① 这说明，断章取义的用法到这个时候已经逐渐减弱了。

最后，《缁衣》继承了孔子引譬连类的方法，"子曰"与"《诗》云"的相互阐发，既使学习者产生联想、想象的感兴活动，同时它们也相互规定语境，对于学习者的理解发挥着导向作用。

从当时的文化背景来看，到战国时期，礼崩乐坏的情形日益严重，礼乐不兴，《诗》也就失去了不容置疑的权威地位，例如，刘向在《战国策序》中说："仲尼既没之后，田氏取齐，六卿分晋，道德大废，上下失序"，"当此之时，虽有道德，不得施谋……"；与此同时，由于《诗》已经无法用以解决现实问题，诸子百家中的多数流派，对于《诗》的价值是有质疑甚至否定的。② 所以，以维护礼乐文化为己任的儒家后学，就必须从各方面突出《诗》的经典性。《缁衣》反映了作者为此所做的努力。

二、《性自命出》

《性自命出》是中国较早地探讨心理问题的著作，以其心性论，体现出中国传统教育心理研究的特点。

就人性的起源，《性自命出》提出"性自命出，命由天降"的观点。这里的"性"指的是人性、人的本质，"命"则是天命。古人对自然规律缺乏科学的认识，所以把"天"看作万物的主宰和本源，所谓"天生烝民，有物有则"。上天赋予万物包括人类以生命，也赋予了生命成长的规律和秩序，这便是"性"。而先民也发现了人与万物的不同，"那就是人类有'自

---

① （汉）郑玄注，（唐）孔颖达疏：《礼记正义》，见李学勤：《十三经注疏》（标点本），1518页，北京，北京大学出版社，1999。
② 刘毓庆、郭万金：《战国反〈诗〉学思潮与〈诗〉学危急》，载《济南大学学报》，2005，15(2)。

由意志'，这是与万物不同的特点：'凡人虽有性，心无奠志。'这种'自由意志'又有其特点：'待物而后作，待悦而后行，待习而后奠。'"①

在明确了人性之源的基础上，《性自命出》广泛探讨了人性的特点和它的动态规律。作者先引入了"心"的概念，提出："凡道，心术为主"，"虽能其事，不能其心，不贵"，"虽有性，心弗取不出"，从而反映出对"心"的重视。那么，"心"与"性"是什么关系呢？简文中有两段是与此相关的内容，即"凡人虽有性，心无定志，待物而后作，待悦而后行，待习而后定"，"凡心有志也，亡与不可。心不可独行，犹口之不可独言也"。意思是说，人虽然都有人性，但是心却没有固定的志向，需要等到与外物交接才兴起作为，遇到欢喜的事才积极地去做，等到习染成常规才能够确定下来。指出心有自己的意志，但需要与外物接触而感发。梁涛对此进行阐释说："心乃是'性'与'物'的中间环节，是沟通二者的桥梁。一方面，性需要通过心与外物的交接才能有所表现；另一方面，心在与外物的交接过程中并不是被动的，而是具有能动性，可以对外物做出判断、取舍，并反过来影响、支配性。因此上面第一段的'心亡定志'，实际是说心自己不能确定意志的方向，不能直接表现为自主、自觉的道德行为，而必须或以外在之物，或以喜悦之事，或以后天积习为条件和依据；而第二段的'凡心有志'，则是针对心与外物交接中的自主、能动性而言，心的选择可以决定并支配性，它与'心亡定志'不仅不矛盾，而且正好可以相互补充。"②

《性自命出》已经明确地指出，人性虽由天赋，但是它在后天会不断成长、变化，因此，人性的发展是有多种可能的，就如孔子所说："性相近也，习相远也。"这些可能性包括：可能为外物所感动，可能因喜悦而迎合之，可能得到事理的充实，可能受到道义的磨砺，可能因情势而显现，可能得到教习的培养，可能获得天道的长育。文章将它们概括为："凡性，或动之，或逆之，或交之，或厉之，或绌之，或养之，或长之。凡动性者，物也；逆性者，悦也；交性者，故也；厉性者，义也；绌性者，势也；养性者，习也；长性者，道也。"

---

① 姜广辉：《郭店楚简与道统攸系——儒学传统重新诠释论纲》，见《中国哲学》(第二十一辑)，19页，沈阳，辽宁教育出版社，2000。

② 梁涛：《郭店竹简与思孟学派》，149页，北京，中国人民大学出版社，2008。

这里最关键的一点在于，性是不能自现的，人性的外在表现是"情"，所谓"情生于性"。如李泽厚所强调的："情"在这里占据了显赫的肯定位置，"情"是"性"的直接现实性，是"性"的具体展示，上述人性在成长中的发展可能性，都是落实在"情"上的。①

作者又进一步提出了了解、把握人情的方法问题。一方面是要讲"诚"。可以说，真诚无伪是《性自命出》下部的主线。文章说："虽能其事，不能其心，不贵。求其心有伪也，弗得之矣。"又说："凡人伪为可恶也。……凡人情为可悦也。苟以其情，虽过不恶。不以其情，虽难不贵。"另一方面，提出了一系列认识真性情的经验和策略。作者认为，了解真情实感虽然是不容易的，但是，可以通过观察主体的言行来把握。在这当中，文章提出，最好的办法还是通过乐教："凡学者求其心为难，从其所为，近得之矣，不如以乐之速也。"

其次，文章提供了一系列了解人情的征兆："凡用心之躁者，思为甚。用智之疾者，患为甚。用情之至者，哀乐为甚。用身之忭者，悦为甚。用力之尽者，利为甚。目之好色，耳之乐声，郁陶之气也，人不难为之死。有其为人之节节如也，不有夫柬柬之心则采。有其为人之柬柬如也，不有夫恒始之志则缦。人之巧言利辞者，不有夫诎诎之心则流。人之悦然可与和安者，不有夫奋作之情则悔。有其为人之快如也，弗牧不可。有其为人之慕如也，弗辅不足。"

在充分分析性情的基础上，文章谈到了教与学的问题，主要强调了三点。

第一，教学要从受教育者的真性情出发，因势利导，使之达于中道。《性自命出》提出："道始于情，情生于性。始者近情，终者近义。"意思是说，只有真正懂得感情、理解感情，才能合理地表达感情；只有懂得了义的作用和地位，才能调节性情——这是谈的教育教学活动培养性情的基本过程。教学活动对于主体的性情具有塑造、培养的作用，因此，要从性情出发，要根据受教育者的特点因势利导。那么，何以要用教育教学对人的性情加以引导、培养呢？《召诰》曾说："王先服殷御事，比介于

---

① 李泽厚：《初读郭店竹简印象记要》，见《中国哲学》（第二十一辑），4页，沈阳，辽宁教育出版社，2000。

我有周御事，节性，惟日其迈。王敬所作，不可不敬德。"郑玄的注释为："节其性，令不失中，则道化惟日其行。"意思是说，人性由天命而定，因此在现实的运行过程中，就应该符合天道。中国古代哲学家认为天道运行的关键就是守中——不过度，不逾矩，行动有常，保持中庸。

第二，充分探讨了乐教的价值。《性自命出》专门探讨了乐教的问题，认为乐教是培养性情最好的途径，所谓"乐，礼之深泽也"。乐教的价值，首先来自乐所具有的动人性情的机制："凡声其出于情也信，然后其入拨人之心也够。"文章接着展开描述了乐对于人的性情所具有的升华作用："其居次也久，其反善复始业慎，其出入也顺，始其德也。"歌咏能够使人生发感叹，能够引动情思，所以良久地体味音乐，就能够深入地体验审美的境界，使本心复归于善。这也就达到了陶冶情操、提升道德修养的教化目的。但是乐的这种功能不是无条件的，在《性自命出》的作者看来，只有雅乐、古乐才能发挥教化作用，而"郑卫之乐，则非其声而从之也"。

第三，列出了君子的性情标准。文章最后一部分，充分讨论了君子人格的特质，如："未言而信，有美情者也。未教而民恒，性善者也。"又如："贱而民贵之，有德者也。贫而民聚焉，有道者也。独处而乐，有内动者也。恶之而不可非者，达于义者也。非之而不可恶者，笃于仁者也。行之不过，知道者也……"在本文看来，真正的君子就应该是"美其情，贵其义，善其节，好其容，乐其道，悦其教"，是情感与仪节，内与外的统一。

第四章　孟子、荀子的语文教育思想
——战国时期语文教育的基本特点

长期以来，对孟子和荀子，我们主要关注的是他们作为教育家思想家和先秦文学领域代表性人物的成就。他们是战国时期著名的儒家思想家和教育家，既有丰富的教育教学实践活动，也有影响深远的教育信念和教育思想；同时，像孟子提出的"以意逆志"和"知人论世"的观点，是早期文论的重要内容；荀子文章的思辨性，是先秦散文成就的重要体现。对孟子和荀子的语文教育思想过去研究得不多。因此，如果立足于古代教育的视角，首先要挖掘的是他们有没有关于语文教育教学的经验，这些经验的意义是什么？

这样来看，孟子带领弟子游说诸侯、反对"赋诗断章"之流弊，及其总结的"以意逆志"等言语交际原则，构成了他独特的语文教育观。荀子对言语素养的意义体认，尤其是他的"情文俱尽"思想，以我们今天的语文教育范畴来理解，更能够认识其深刻性。

从孟、荀语文教育经验的意义来说，首先，他们的经验是对所面对的现实问题的回应与反思——向着学理的更深处和经世的实用处拓展，是他们给予我们的重要启示。其次，孟、荀的意义还在于，他们开始系统研究言与意、名与实、文与气、善与美等语文教育的基本范围，并基于深厚的学养、艰苦的实践、天才的思想，将它们放在学为圣贤的层次上看待，从而为语文教育基本价值取向的建立奠定了基础。

第一节　言以集义——孟子的语文读写观

孟子名轲，字子舆，战国中期邹（今山东邹城东南）人。邹与鲁国很近，按照冯友兰的说法，它们"皆为儒家之根据地。故儒家者流，《庄子·天下篇》称之为'邹鲁之士，搢绅先生'也。"①

据元代程复心《孟子年谱》记载，孟子约是生于公元前372年，卒于公元前289年。关于他的生平，《史记·孟子荀卿列传》有比较系统的记载。

> 孟轲，邹人也。受业于子思之门人。道既通，游事齐宣王，宣王不能用。适梁，梁惠王不果所言，则见以为迂远而阔于事情。当是之时，秦用商君，富国强兵；楚、魏用吴起，战胜弱敌；齐威王、宣王用孙子、田忌之徒，而诸侯东面朝齐。天下方务于合从连衡，以攻伐为贤，而孟轲乃述唐、虞、三代之德，是以所如者不合。退而与万章之徒序《诗》《书》，述仲尼之意，作《孟子》七篇。②

孟子用儒家的礼义道德学说游说诸侯，却被认为是"迂远而阔于事情"，原因是，此时各诸侯国间的政治外交已经撕破了揖让聘问的文雅面具，变成尔虞我诈，甚至赤裸裸的征战攻伐。由此来看，孟子生活的时代与他的人生追求存在着强烈的矛盾冲突。关于这一点，刘向的《战国策·序》描述得十分生动。

> 仲尼既没之后，田氏取齐，六卿分晋，道德大废，上下失序。至秦孝公，捐礼让而贵战争，弃仁义而用诈谲，苟以取强而已矣。夫篡盗之人，列为侯王；诈谲之国，兴立为强。是以转相放效，后生师之，遂相吞灭，并大兼小，暴师经岁，流血满野，父子不相亲，兄弟不相安，夫妇离散，莫保其命，湣然道德绝矣。晚世益甚，万乘之国七，千乘之国五，敌侔争权，盖为战国。贪饕无耻，竞进无

---

① 冯友兰：《中国哲学史》（上册），87页，上海，华东师范大学出版社，1961。
② （汉）司马迁：《史记》，2343页，北京，中华书局，1959。

厌；国异政教，各自制断；上无天子，下无方伯；力功争强，胜者为右；兵革不休，诈伪并起。当此之时，虽有道德，不得施谋……故孟子、孙卿儒术之士，弃捐于世，而游说权谋之徒，见贵于俗。①

这样一个竞于气力、礼崩乐坏的时代，带来的还有对经典何以为经典的质疑。例如，《韩非子·忠孝》记载："瞽瞍为舜父而舜放之，象为舜弟而舜杀之。放父杀弟，不可谓仁；妻帝二女而取天下，不可谓义。仁义无有，不可谓明。《诗》云：'普天之下，莫非王土；率土之滨，莫非王臣。'信若诗之言也，是舜出则臣其君，入则臣其父，妾其母，妻其主女也。"②在韩非子看来，如果按照《诗·小雅·北山》的说法，舜取代了尧，便连尧的妻女以及他自己的父母都做了臣下婢使，这显然是荒唐而不合礼教的。所以他说，儒家"时称诗、书，道法往古，则见以为诵。此臣非之所以难言而重患也"（《韩非子·难言》）。庄子也借老子的口吻说："夫六经，先王之陈迹也，岂其所以迹哉！"（《庄子·天运》）庄子不仅认为六经已经陈旧过时，而且还表明那只是"迹"而非"所以迹"，言下之意，即便不过时，也没有必要学习恪守。这种思想环境，对孟子的学生也产生了影响，《孟子·万章上》记载，咸丘蒙就曾对孟子提出关于《诗》的意义的质疑："《诗》云：'普天之下，莫非王土；率土之滨，莫非王臣。'而舜既为天子矣，敢问瞽瞍之非臣，如何？"意思是说，如果按照"率土之滨，莫非王臣"的原则，舜为天子，他的父亲难道不是王臣么？

孔子之后的七十子及其后学时期，在儒家学派内部，出现了一个研讨性情问题的高潮，例如，《孟子·告子上》记载，"告子曰：'性无善无不善也。'或曰：'性可以为善，可以为不善；是故文武兴，则民好善；幽厉兴，则民好暴。'或曰：'有性善，有性不善；是故以尧为君而有象，以瞽瞍为父而有舜；以纣为兄之子且以为君，而有微子启、王子比干。'今曰'性善'，然则彼皆非与？"③

---

① （汉）刘向：《战国策·序》，1196~1197页，上海，上海古籍出版社，1978。
② （清）王先慎：《韩非子集解》，467页，北京，中华书局，1998。
③ （汉）赵歧注，（宋）孙奭疏：《孟子注疏》，见李学勤主编：《十三经注疏》（标点本），299~300页，北京，北京大学出版社，1999。

这些矛盾成为孟子哲学和教育思想的现实基础。为此，孟子对儒家学问进行更深层次的研究。一方面，"古人所留者，唯有诗书可见"（黄宗羲语），所以学习《诗》《书》等经典文献，是弘扬孔子思想必经的途径；另一方面，借助对经典的涵泳，孟子力求开掘生命的意义，启迪自我超越的可能性，从而为儒家经典和仁义之道建构更强有力的理据。

在这个过程中，孟子突破了春秋以来赋诗断章的学风，提出应该用以意逆志、知人论世的方式理解、体会《诗》文本，探求《诗》本义。这样，孟子以对人生、对经典的本体性追问联结了言语及其主体——从孔子的著作中体验其言行和思想，获得对自我的理解，以及超越的启示，将这种自我的再创造烙印在表达之中。

一、体验圣贤人生

在儒家各种经典中，孟子征引最多的是《诗》，共 39 次，从引《诗》、论《诗》的情况来看，《孟子》主要有引诗明理、引诗证言、引诗为鉴三种引用方式。从中可以看出，《诗》在孟子心目中所具有的重要意义——首先，它是孟子理解、追求圣贤境界主要的思想资源。孟子探讨圣贤之道，不出《诗》《书》等儒家经典的范围[①]，从《诗》当中，或者是发掘圣贤的行为、事功、道德，阐发圣贤的苦心孤诣；或者是引证圣贤的传说，作为处理问题的标准和方法。其次，它是孟子心目中的言行楷模、处世规范。孟子无论是解《诗》还是教《诗》，核心都是体验诗歌主体的思想意志，理解其中所反映的圣贤之道，进而用圣贤的言行和观点对照自己。所以说，孟子是在感悟圣贤境界的意义上看待儒家经典的。通过阅读经典把握圣贤人格，从而给现实人生中的道德践履提供方向，提高自身的精神境界，这是孟子读《诗》的主要思路。

（一）作大丈夫

孟子不是亦步亦趋地对孔子的圣贤人格进行模仿，而是在前人的启迪下，提出士君子应作大丈夫的人生追求，并深刻地论证了这一追求的理据。

---

① 姜广辉：《中国经学思想史》第一卷，187 页，北京，中国社会科学出版社，2003。

> 士穷不失义，达不离道。穷不失义，故士得己焉；达不离道，故民不失望焉。古之人，得志，泽加于民；不得志，修身见于世。穷则独善其身，达则兼善天下。(《孟子·尽心上》)
>
> 居天下之广居，立天下之正位，行天下之大道。得志，与民由之；不得志，独行其道。富贵不能淫，贫贱不能移，威武不能屈，此之谓大丈夫。(《孟子·滕文公下》)

首先，从孔子等儒家先贤的事迹，孟子充分认识到仁义之道广大深远，践履不易。其次，他所面对的现实问题是士君子立身行道的具体过程充满了挑战，必须解决如何才能坚守不移的问题。所以他提出要做"大丈夫"，锻炼毅然决然地逆风而行的精神，行道一往无前，不留任何退却的余地。

(二) 人性本善

随之而来的问题是，凡夫俗子虽然对圣贤心向往之，但是是否人人具备成圣的条件，对此，孟子从人性本善的论断出发，给予了肯定的回答。

从探讨人性出发来确定教育的作用，以及人才培养的规格、内容和途径，是中国古代教育思想的基本思路。先秦儒家教育家对人性的研究和探索虽然各有侧重，但是贯穿其中的共同特点，是由此而彰显教育的重大意义。孟子提出：恻隐之心、羞恶之心、辞让之心、是非之心，这些都是天所赋予，人生而有之的："无恻隐之心，非人也；无羞恶之心，非人也；无辞让之心，非人也；无是非之心，非人也。"这些代表着人的善性："恻隐之心，仁之端也；羞恶之心，义之端也；辞让之心，礼之端也；是非之心，智之端也。"[1]所以他说："仁义礼智，非由外铄我也，我固有之也，弗思耳矣。"(《孟子·告子上》)但是，孟子认为这些只是"善端"，只是善的基础，还没有发展为现实的德性，上天给予了人以向善的基础和条件，人还需要后天的不断努力，使善端得到养护，成熟壮大，将潜在的善推进到现实的层面。在这个意义上，孟子肯定了教育的重大价值，对教育充满了信心，对追求人性至善充满了执着。

---

[1] (宋)朱熹：《四书章句集注》，237～238页，北京，中华书局，1983。

(三)深造自得

由于这些善端非由外铄,而且它们的成长发展也是在主体内部,所以孟子提出内求诸己的原则:"君子深造之以道,欲其自得之也。自得之则居之安,居之安则资之深,资之深则取之左右逢其原,故君子欲其自得之也。"(《孟子·离娄下》)

那么,如何才能自求得之呢?孟子提出的深造自得的方法,主要是"不失本心""求其放心"。"尽其心者,知其性也,知其性,则知天矣。存其心,养其性,所以事天也。"(《孟子·尽心上》)"学问之道无他,求其放心而已矣。"(《孟子·告子上》)"求放心"的逻辑是,虽然人有善端,但那毕竟只是善的基础。在善性的成长过程中,主体会遇到各种各样的打击、诱惑和挑战,所以保持、养护善性是很重要的。呵护善性,就是要不失本心。孟子认为,之所以现实中不是人人能为善成圣,甚至还有很多为恶成奸的现象存在,就是由于主体丧失了本心,所以,尽管为善的学问不可尽数,但其基本的原则就是"求放心",即收敛本心,使自己始终立于中道。

孟子强调的自得,并不是对教育教学的否定,相反,在总结自己的教育经验的基础上,他从受教育者自求得之的方法论出发,探讨了教学的艺术,总结出以"教亦多术"和"盈科而进"为核心的一系列教学原则和方法。

首先,他在孔子因材施教思想的基础上,进一步提出"教亦多术"的主张——既然受教育者的情况各有不同,施以教化必须从学生的实际出发,才能真正引导其进步。因此,教师应该设计多种多样的教学策略,以适应学生的不同情况。孟子自己的教学经验包括:"君子之所以教者五:有如时雨化之者;有成德者;有达材者;有答问者;有私淑艾者。此五者,君子之所以教也。"(《孟子·尽心上》)此外,他还提出了"不教之教",意思是说,有些目前无法通过教育加以促动的学生,教师不再给予教诲,这也是一种教育的艺术,因为这样,对于他们当中的一些尚未完全泯灭良知者,也具有一定的触动和砥砺的作用。

其次,教师开展启发式的教学,应该坚持引而不发、中道而立的原则。具体的做法上,他提出了言近旨远、由博返约的标准:"言近而指远者，善言也；守约而施博者，善道也。君子之言也，不下带而道存焉；君子之守，修其身而天下平。"(《孟子·尽心下》)他认为，君子的教学话语应该是简洁的，同时又能引起学生丰富的联想；君子的教学话语，应该是浅近的，但是却能使学生获得深刻的启迪。君子的身教，则应该深刻地体现仁义之道。

相应地，学习要循序渐进。他用水流过地面的坑洼作比喻："流水之为物也，不盈科不行；君子之志于道也，不成章不达。"(《孟子·尽心上》)流水在大地上顺势而下的时候，是注满前一个坑洞再前行流入下一个，他以此比喻君子为学也应该是脚踏实地，厚积薄发，积累到足够的程度，自然会触类旁通，有所彰显。

孟子还提出，为学者要能够动心忍性、专心致志，这是求学成功的基本保障。他教导学生："天将降大任于是人也，必先苦其心志，劳其筋骨，饿其体肤，空乏其身，行拂乱其所为，所以动心忍性，曾益其所不能。"(《孟子·告子下》)因此，他要求专注于求道之学——他用弈秋的学生学棋的故事来说明专心致志的道理：即使像学棋这样简单的学问，不专心致志也难以学成，更何况是追求仁义之道呢？

二、解读圣贤言行

孟子在"《诗》教"的实践中，逐步总结出以意逆志、知人论世的方法论。

(一) 以意逆志

"以意逆志"是孟子"《诗》教"最主要的方法论，出于《孟子·万章上》。

> 咸丘蒙曰："……《诗》云：'普天之下，莫非王土。率土之滨，莫非王臣。'而舜既为天子矣，敢问瞽瞍之非臣如何？"曰："是诗也，非是之谓也。劳于王事，而不得养父母也。曰：'此莫非王事，我独贤劳也。'故说诗者，不以文害辞，不以辞害志。以意逆志，是为得之，如以辞而已矣，《云汉》之诗曰：'周余黎民，靡有孑遗。'信斯言也，是周无遗民也。孝子之至，莫大乎尊亲。尊之至，莫大乎以天下养。为天子父，尊之至也。以天下养，养之至也。诗曰：'永言

孝思，孝思惟则。'此之谓也。"①

认识这个原则的难点，是如何理解"意"和"志"。马银琴将历代的观点归纳为三类。第一类认为，"志"指的是诗人之志，"意"为读者之意，赵岐、朱熹、朱自清，均持这种观点。第二类将"志""意"均当作古人的思想，在这个前提下再区别它们的不同，如吴淇的《六朝选诗定论缘起》，但是这种阐释"完全忽略了说诗者的意义，显然与孟子就'说诗'而论'以意逆志'的原义不合"。第三类是把"志"理解为作者之志，"意"为作品之意与读者之意两方面的综合，代表为顾易生、蒋凡的《先秦两汉文学批评通史》。这种说法"实际上就是指说诗者依据文辞之意测度诗人之志的解读方法"，"从这个意义上说，'以意逆志'在一定程度上体现了主体与客体的结合，因而部分地揭示了解读作品的基本规律"。②

"以意逆志"的方法论，不仅是中国较早的阐释学方法，而且影响深远。首先，它是引导读者探究《诗》本意的方法论，从而突破了春秋以来断章取义的用诗风气。它要求读者要以"求是"的态度，对诗歌本身进行深味、体察，以准确地把握诗篇之意和作者之志。这实际上是一个循环往复的意义接受过程：先是通"辞"达"意"，即通过理解文本的字、词、句、篇，达到对其思想主旨的把握；之后是由对文本思想的把握，再深入体认作者的情感态度；此后，以此为依据，进一步体会文本的审美意向和特点，从而深入地理解作者的苦心孤诣。在这个过程中，又必须对诗歌特殊的艺术性予以探究，包括诗歌"事出乎沉思"的想象虚构，包括"吟咏风谣""摇荡心灵"的情感特征，包括对词采、藻翰的语言特征进行体认涵泳，等等，从而体会诗歌的艺术风格。③

从阐释学的角度来分析，孟子的"《诗》教"是从解读者的角度，追求学《诗》所能达到的圣贤境界，并因此而关注读者与诗歌主体的思想交流。对"意""志"的不同理解，反映的是对所涉及的作者、文本、读者的侧重

---

① （汉）赵岐注，（宋）孙奭疏：《孟子注疏》，见李学勤主编：《十三经注疏》（标点本），253页，北京，北京大学出版社，1999。
② 马银琴：《孟子诗学思想二题》，载《文学遗产》，2008(4)。
③ 梁道礼：《接受视野中的孟子诗学》，载《陕西师范大学学报》，2003，32(6)。

不同：将"意"理解为读者之意，注重的是阐释者一方；将"意"理解为古人之意，注重的是文本和作者。从孟子的情况来看，他强调对《诗》进行体悟，"通过作品与古人互感共鸣，领受融化其中的精神情操"，其终极目的"是叫人躬行实践圣之为圣的种种作为了"。①

所以说，一方面，"以意逆志"反映了《诗》作为文学作品的解读经验和规律；另一方面，孟子总结、提倡这一方法论的目的，还是要尽量深入地体验圣人之志，越是体会得深入具体，越能够感发心向往之的志意。

（二）知人论世

如果仅仅从"以意逆志"的角度来解读《诗》文本，就意味着，按照"以意逆志"的要求，读者不能拘泥于具体的文辞，而是要用自己的善良之心，深入体验圣人之志，理解圣人的高尚人格和为圣之道。那么，一个悖论就出现了：读者必须先验地坚信圣人是高尚的，只要去体会他如何高尚，从而心向往之、努力求之；但是，现实的问题恰恰是，人们对于圣贤之文、圣贤之志逐渐地失去了信仰。孟子正是要重建这种信仰，因此，他又提出了"知人论世"的方法论，相辅相成地解决这一悖论。

> 一乡之善士，斯友一乡之善士。一国之善士，斯友一国之善士。天下之善士，斯友天下之善士。以友天下之善士为未足，又尚论古之人。颂其诗，读其书，不知其人，可乎？是以论其世也。是尚友也。②

按照杨伯峻的翻译，这段话的意思是说：吟咏某人的诗歌，研究他的著作，不了解他的为人，可以吗？所以要讨论他所在的那个时代的背景。③ 分析古代圣贤在具体的社会历史条件下的思想和行为，为的是揭示其"出于其类，拔乎其萃"之处，给后学者以借鉴譬喻之教。只有体悟到圣人以何为道、何以为道的境界，才能称得上以圣人为友。所以说，应该综合性地理解言辞、为人、背景，这样才能够正确理解主体的"志"，

---

① 徐桂秋：《论孟子与先秦诗学阐释学》，载《社会科学辑刊》，2004(3)。
② （汉）赵歧注，（宋）孙奭疏：《孟子注疏》，见李学勤主编：《十三经注疏》（标点本），291页，北京，北京大学出版社，1999。
③ 杨伯峻：《孟子译注》，251页，北京，中华书局，1960。

正所谓"不问其世为何世,人为何人,而徒吟哦上下,去来推之。问其所逆,乃在文辞而非志也,此正孟子所谓害志者。"①

三、表达创造自我

孟子在解读儒家经典的过程中,又对孔子所倡导的仁义之道做了进一步的阐发、传播。他的文字表达典型地反映了文章与创作主体的人格之间所具有内在统一性,这使得孟子论辩文在先秦散文中独树一帜。

(一)知言养气

孟子写文章为的是追求、践履他的信念,这使得他的文章在格调上高于一般游说之士的纵横捭阖之辞。

孟子生于百家争鸣的时代,以富于辩才闻名于世。有一次学生问他是否"好辩",孟子的回答却是:"予岂好辩哉?予不得已也。"何谓"不得已"呢?他说:"圣王不作,诸侯放恣,处士横议,杨朱、墨翟之言盈天下。天下之言,不归杨,则归墨。杨氏为我,是无君也;墨氏兼爱,是无父也。无父无君,是禽兽也。……杨墨之道不息,孔子之道不著,是邪说诬民,充塞仁义也。仁义充塞,则率兽食人,人将相食。吾为此惧,闲先圣之道,距杨墨,放淫辞,邪说者不得作。作于其心,害于其事;作于其事,害于其政。圣人复起,不易吾言矣。昔者禹抑洪水而天下平,周公兼夷狄驱猛兽而百姓宁,孔子成《春秋》而乱臣贼子惧。……我亦欲正人心,息邪说,距诐行,放淫辞,以承三圣者;岂好辩哉?予不得已也。"②由此可见,孟子对于论辩的看法,与当时苏秦、张仪之类的游说之士有着本质的区别。游说诸侯的纵横家为的是获得诸侯赏识或收获渔翁之利,他们为了自身名利可以朝秦暮楚、翻云覆雨;孟子的论辩自始至终为的是推行仁义之道,所以他奔走于诸侯之间针对诸侯不同的特点,始终如一地劝导他们行仁施义,保民而王。

因为是在实践人生价值的意义上看待言辞,所以孟子很重视言辞的作用,"人之易其言也,无责耳矣。"(《孟子·离娄上》)虽然古今专家对这句话的解释各异,但对于将言语视为人生重责的基本意义是有共识的。

---

① (清)焦循:《孟子正义》,639页,北京,中华书局,1987。
② (宋)朱熹:《四书章句集注》,272~273页,北京,中华书局,1983。

在孟子看来，以论辩对抗邪说淫辞，是正人心、承道统的重要内容。

那么，导正人心、对抗邪说的言辞，应该是什么样子呢？孟子明确地说："我知言，我善养吾浩然之气。"何谓"知言"？孟子曰："诐辞知其所蔽，淫辞知其所陷，邪辞知其所离，遁辞知其所穷。"（《孟子·公孙丑上》）诐辞指的是认识有所偏颇的话，对于这样的言辞，孟子力求了解因何而偏，从而在辩论时去蔽救偏。淫辞指的是夸大放荡的话，对于这样的言辞，孟子要了解其所迷陷，从而在辩论中加以挽救。邪辞是指邪僻不正当的话，对于这样的言辞，孟子要确切了解其失去正道的关键，从而引导归正。遁辞是闪烁掩饰的话，对于这样的言辞，孟子则是直接揭穿，使之理屈词穷。这样做的最终目的，还是为了纠正现实中存在的错误思想，从而使人们能够接受正确的思想，也就是仁义之道。孟子将这种工作与大禹治水相提并论，认为这具有正人心、救乱世的重大意义。

孟子的"浩然之气"历来是学术研究的热点，有的观点认为它具有神秘主义色彩，实际上，"浩然之气"指的就是主体的一种精神、人格——对于主体来说，具有浩然之气，就会体现出至大至刚的人格美，"它为崇高的伦理内涵所充实，焕发出一种震撼人心的道德力量，是一种明朗而又圣洁的精神人格美。"①这样的人，便是气势"塞于天地之间"的大写的人。

"知言"与培养"浩然之气"是相辅相成的。一方面，"知言"正是养成浩然之气的过程；另一方面，"浩然之气"是做到"知言"的基础。关于主体的浩然之气对于发言为文的意义，周振甫先生的阐释可谓深入浅出："自己的一言一行，都符合自己所认为的真理，这样就培养成一种强烈的正义感。看到了坏事，自己的正义感就逼着自己出来说话，那时说的话自然理直气壮。要是自己做了坏事，那么看到别人做坏事就没有勇气批评，就泄气了……做好了这步工夫，培养好了强烈的正义感，才能够对于错误的言论行动进行猛烈的勇敢的批评，这种批评也才能具有说服力。"②

那么，怎样在实践中培养浩然之气呢？孟子认为，浩然之气是以"不动心"为前提，"集义"为手段，通过"自反而缩""直养而无害"的过程形成的。

---

① 陈望衡：《中国古典美学史》（第二版）上卷，170~171页，武汉，武汉大学出版社，2007。
② 周振甫：《周振甫讲古代散文》，59页，南京，江苏教育出版社，2005。

在《孟子·公孙丑上》中，孟子把告子对于外界诱惑能不动心，与自己面对功名利禄不动心进行了对比。

> 告子曰："不得于言，勿求于心；不得于心，勿求于气。"不得于心，勿求于气，可；不得于言，勿求于心，不可。

"不得于心，勿求于气"，是说如果心里没有真正明白、踏实，就不要意气用事；"不得于言，勿求于心"，赵岐注解为："人有不善之言加于己，不复取其心有善也，直怒之矣。"①意思是，不要因为对他人的言语不能认同，就不再进一步全面了解对方，仅凭言语否定他。朱熹解释："于言有所不达，则当舍置其言，而不必反求其理于心。"②意思是说，对于自己没有真正理解的言辞，最好是放到一边，不去理会。

按照孟子的观点，人的本心原是淡定不动的，动心便意味着受到了物欲的引诱干扰。告子虽然也能够做到不动心，但是他的不动心是靠闭目塞听、屏蔽外界信息，来使自己不受干扰，从而做到不动心，这是缺乏意志基础的。孟子所追求的不动心，是建立在"知言"的基础上的，即深刻地把握了各种思想倾向，从而确立了坚定的意志和坚强的自信。这与告子的境界是不同的。

孟子提出，"浩然之气"是"集义"所成，须"配义与道"。按照朱熹的阐释："集义，犹言积善，盖欲事事皆合于义也。……言气虽可以配乎道义，而其养之之始，乃由事皆合义，自反常直，是以无所愧怍，而此气自然发生于中非由只行一事偶合于义，便可掩袭于外而得之也。"③简单地说，浩然之气不是做一两件善事就可以获得的，必须长期为善，积累对善的信仰，才能逐渐建立自信，锻炼意志，这样才算是具备了浩然之气。

孟子举了北宫黝、孟施舍、曾子三人为例，比较他们三人所具有的"勇"的不同特点，从而在对比中肯定了曾子"自反而缩"所产生的"勇"是

---

① （汉）赵岐注，（宋）孙奭疏：《孟子注疏》，见李学勤主编：《十三经注疏》（标点本），74页，北京，北京大学出版社，1999。
② （宋）朱熹：《四书章句集注》，230页，北京，中华书局，1983。
③ （宋）朱熹：《四书章句集注》，232页，北京，中华书局，1983。

最可取的。"自反而缩"说的是自我反省，也即如果通过反思，觉得自己内心没有什么不合于仁义之处，人自然就能做到理直气壮。"直养无害"是说要保护人性的善端，使之按本然状态成长、发展，而不要人为地伤害它。概而言之，人应该通过不断地自我反省，使自己在面对现实中纷繁复杂的现象时，能保持清醒，立于中道，遵从内心的善性从事，这样，浩然之气便油然而生了。

(二)气贯言宜

孟子文章的第一个特点是，严密的逻辑辨说带来宏大的气势。例如，"庄暴见孟子"一节，典型地体现了这种风格。

> 庄暴见孟子，曰"暴见于王，王语暴以好乐，暴未有以对也。"曰："好乐何如？"
>
> 孟子曰："王之好乐甚，则齐国其庶几乎？"
>
> 他日见于王曰："王尝语庄子以好乐，有诸？"
>
> 王变乎色曰："寡人非能好先王之乐也，直好世俗之乐耳！"
>
> 曰："王之好乐甚，则其庶几乎！今之乐，犹古之乐也。"
>
> 曰："可得闻与？"
>
> 曰："独乐乐，与人乐乐，孰乐？"
>
> 曰："不若与人。"
>
> 曰："与少乐乐，与众乐乐，孰乐？"
>
> 曰："不若与众。"
>
> "臣请为王言乐。今王鼓乐于此，百姓闻王钟鼓之声，管籥之音，举疾首蹙额而相告曰：'吾王之好鼓乐，夫何使我至于此极也？父子不相见，兄弟妻子离散。'今王田猎于此，百姓闻王车马之音，见羽旄之美，举疾首蹙额而相告曰：'吾王之好田猎，夫何使我至于此极也？父子不相见，兄弟妻子离散。'此无他，不与民同乐也。"
>
> "今王鼓乐于此，百姓闻王钟鼓之声，管籥之音，举欣欣然有喜色而相告曰：'吾王庶几无疾病与？何以能鼓乐也！'今王田猎于此，百姓闻王车马之音，见羽旄之美，举欣欣然有喜色而相告曰：'吾王庶几无疾病与？何以能田猎也！'此无他，与民同乐也。今王与百姓

同乐，则王矣。"①

孟子基于对仁义之道的信念，通过展示保民而王、与民同乐的美好政治，以及仁政王道的价值来吸引梁惠王；同时，他还抓住梁惠王的心理，层层深入地引导他推导出行礼乐政治的合理性。这样，文章的逻辑丝丝入扣，言辞饱满生动，形成强大的气势和说服力，体现出气贯才辩的论辩风格。

在浩然之气的支撑下，孟子的文字生动流畅，具有喷薄之势。如：

> 舜发于畎亩之中，傅说举于版筑之中，胶鬲举于鱼盐之中，管夷吾举于士，孙叔敖举于海，百里奚举于市。故天将降大任于是人也，必先苦其心志，劳其筋骨，饿其体肤，空乏其身，行拂乱其所为，所以动心忍性，曾益其所不能。(《孟子·告子下》)

这段文字气势如虹，一气呵成，而事例与说理相间，排比层层推进，言辞整齐，朗朗上口，读来如珠玉落盘，读罢余香满口。

从这些分析可见，孟子的思想和文字达到了高度统一的水平，是中国传统散文中"气盛言宜"的典范。

第二节 情文俱尽——荀子的语文美育思想

荀子名况，字卿，战国后期赵国人，对于他的生卒，众说不一。汪中《述学·荀卿子年表》记载了他自赵惠文王元年(前298年)到赵悼襄王七年(前238年)的大致情况，按照冯友兰的推断："其一生之重要活动，则大约在此六十年中也。"②对于他的生平，《史记·孟荀列传》的记载比较翔实。

> 荀卿，赵人，年五十始来游学于齐。……田骈之属皆已死，齐

---

① （清）焦循：《孟子正义》，99～106页，北京，中华书局，1987。
② 冯友兰：《中国哲学史》，213页，上海，华东师范大学出版社，2000。

襄王时，而荀卿最为老师。齐尚修列大夫之缺，而荀卿三为祭酒焉。齐人或谗荀卿。荀卿乃适楚，而春申君以为兰陵令。春申君死而荀卿废，因家兰陵。李斯尝为弟子，已而相秦。荀卿嫉浊世之政，亡国乱君相属，不遂大道，而营于巫祝，信机祥。鄙儒小拘，如庄周等，又滑稽乱俗。于是推儒墨道德之行事兴坏，序列著数万言而卒，因葬兰陵。①

从这些记述来说，荀子生活在战国后期，到了这个时候，连年的诸侯争霸已接近尾声，统一的大势清晰可见，因此，为政治的统一做准备，包括建立主导性的意识形态、建立统一国家的社会文化秩序，成为摆在思想家们面前的现实问题。从思想界内部来看，荀子生活的年代是九流十家各显擅场、学术思想百舸争流的时代，进一步发展儒学的历史使命也便落在荀子肩上。所以说，融合战国后期的学术思想，发展儒家学说以利当世，成为荀子学术、教育活动的基本出发点。游学稷下学宫是荀子一生学术和教育活动的主线，那里学派之间、学者之间的切磋、融合，使他能够广泛吸收各家之学，并且得到教育实践的锻炼，从而当之无愧地成为先秦儒家的最后一位大师，也成为百家争鸣的集大成者。

一、辨说之才的培养

荀子的教育思想有一个独特之处，是他较前代儒家教育家更重视受教育者的辨说才能，他把知识分子的辨说才能提高到"用之大文""王业之始"的高度来认识。从他所处的时代来看，这一认识有其现实性。荀子生活的战国后期，建立统一的封建国家已经是必然趋势，然而，在意识形态层面上，封建主义与奴隶制的斗争远未结束；在现实政治中，诸侯争霸的战争到了最激烈的时刻；在文化领域，无论是文化思想还是语言文字，都存在着新与旧、分与合的矛盾，如他所提出的圣王"必将有循于旧名，有作于新名"(《荀子·正名》)的原则，以及对方言和共同语的分析探讨，都是对现实问题的回应。所以，他认为知识分子有义务发挥自身的

---

① （汉）司马迁：《史记》，2348 页，北京，中华书局，1959。

才干和优势，干预现实，推进统一大业的实现。为此，作为一个学者和教育家，他对辨说展开了深入的研究。

(一)统一思想

荀子明确指出，他主张培养受教育者的辨说才能，目的并非是像游说之士那样，为了博取名利，而是为了统一思想，推行王道。他提出："今圣王没，天下乱，奸言起，君子无执以临之，无刑以禁之，故辨说也。实不喻然后命，命不喻然后期，期不喻然后说，说不喻然后辨。故期、命、辨、说也者，用之大文也，而王业之始也。"[①]从这些话来看，荀子清楚地认识到自己所处的形势，已经不是上古三代的时候，有统一的国家，有人人服膺的礼乐制度，而是社会动乱，人言人殊。这样的社会现实，与儒家思想家追求的圣贤治世的理想社会相差甚远，因此他认为，越是在这种时候，作为积极进取的儒士，越应该直面现实，阐扬礼义之道。

为此，他将辨说的意义提升到了"用之大文""王业之始"的高度，具体地提出了辨说的彻底性标准：如果名不符实，或是人们还没有认识到实际情况，那么就需要用命名的方式使之变得清晰；如果仅仅靠命名无法搞清楚，那么就要借助定义其含义，概括其特征；再进一步，就是叙述事情的具体情况；如果这样还不行，就要展开分析。

(二)名定实喻

正确处理名实关系，使言辞能够反映现实，消除交流的障碍，既是顺利展开辨说的前提，也是辨说的目标。

春秋晚期礼崩乐坏，由礼乐征伐自天子出转变为诸侯各自为政，思想文化领域既出现了"名实相违"的现象，新的政治、文化格局也要求哲学、逻辑学、语言学等各个领域取得新的突破。如果人们用以指称事物的名称是不一致的，言谈交流的原则和用语也是不统一的，那么基本的社会交流就会出问题；在这样的语境里，辨说论道，以便团结民众展开道义追求就更谈不上了。所以，老子提出了"道可道，非常道；名可名，非常名"的论断。随后，孔子为了重建礼乐秩序，发出了"正名"的呼吁：

---

① (清)王先谦：《荀子集解》，422页，北京，中华书局，1988。

"名不正则言不顺,言不顺则事不成,事不成则礼乐不兴,礼乐不兴则刑罚不中,刑罚不中则民无所措手足。故君子名之必可言之,言之必可行之。"此后名实关系问题越来越受到重视,渐次形成了名辩思潮。荀子之前,名辩思潮已分为"正名"和"论辩"两个流派,分别围绕"正名之学"和"名辩之学"展开讨论和研究,像公孙龙、管子、墨子、庄子,都就此发表过重要的观点。荀子对于名实关系的研究,则是对"正名之学"的全面总结和进一步的发展,并成为他培养士君子的基础性内容。荀子提出,制名以指实的工作乃是王业的重要内容,因此具有重大意义,所谓:"王者之制名,名定而实辨,道行而志通,则慎率民而一焉。"①也就是说,如果能够做到名实相副,那么人们就可以交流思想、沟通认识,这样,就可以引导百姓追求理想的礼义治平之道。怎样制名指实呢?他提出了"约定俗成"的基本原则:"名无固宜,约之以命。约定俗成谓之宜,异于约则谓之不宜。名无固实,约之以命实,约定俗成谓之实名。名有固善,径易而不拂,谓之善名。"②名与实的关系从基本的语言学层面来看就是语言与现实的关系,它们之间没有绝对必然的联系,二者之间的联系往往是通过一个特定人群的"约定俗成"建立起来的。随着时间的推移,有的词汇和语法会一直沿用下去,有些则由于对应的现实的变化已经不再适用,所以"约定俗成"既包括"循于旧名",也需要"有作于新名"。

制名指实的工作有利于辨说,为什么呢?因为"名闻而实喻,名之用也。累而成文,名之丽也。用、丽俱得,谓之知名。"换言之,只有概念不断地得到落实、丰富,判断实事求是,辩论推理才能够令人折服。所以荀子曰:"名也者,所以期累实也。辞也者,兼异实之名以论一意也。"③

(三)主体的人格与认识

荀子认为,培养受教育者的辨说才能是与发展辨说主体的人格、思维紧密相关的。首先,荀子将辨说按照主体的人格水平分为"圣人之辨说"与"君子之辨说"两个层次。

---

① (清)王先谦:《荀子集解》,414页,北京,中华书局,1988。
② (清)王先谦:《荀子集解》,420页,北京,中华书局,1988。
③ (清)王先谦:《荀子集解》,422~423页,北京,中华书局,1988。

> 有兼听之明而无奋矜之容，有兼覆之厚而无伐德之色。说行则天下正，说不行则白道而冥躬，是圣人之辨说也。……
> 辞让之节得矣，长少之理顺矣，忌讳不称，袄辞不出，以仁心说，以学心听，以公心辨。不动乎众人之非誉，不治观者之耳目，不赂贵者之权执，不利传辟者之辞，故能处道而不贰，吐而不夺，利而不流，贵公正而贱鄙争，是士君子之辨说也。①

在荀子看来，"圣人之辨说"体现的圣人达观、包容的风度，取决于其认识问题的高度和对人生的悲悯之心。"君子之辨说"的重点，是辨说能够坚守礼义，这取决于君子的信念和意志。所以说，辨说的水平最终取决于主体的人格水平。

其次，无论是提高辨说的能力还是人格水平，荀子认为，基本的途径都是要不断地丰富和提高认识。

> 五官簿之而不知，心征之而无说，则人莫不然谓之不知，此所缘而以同异也。然后随而命之：同则同之，异则异之，单足以喻则单，单不足以喻则兼，单与兼无所相避则共，虽共，不为害矣。知异实者之异名也，故使异实者莫不异名也，不可乱也，犹使异实者莫不同名也。②

荀子已经发现了认识的基本规律，即在与环境接触、与认识对象相互作用的过程中获得经验。他把这些经验称之为"天官意物"。在此基础上，还要对事物进行深入地分析，他称之为"心有征知"，即在认知图式的引导下，运用思维器官对感性材料进行分析："征知则缘耳而知声可也，缘目而知形可也，然而征知必将待天官之当簿其类然后可也。"最后是"比方拟似"，就是通过比较、概括，形成概念和论断。

---

① （清）王先谦：《荀子集解》，424~425 页，北京，中华书局，1988。
② （清）王先谦：《荀子集解》，418~419 页，北京，中华书局，1988。

二、语文美育的基本思路

荀子在很多学术领域都卓有建树,对美育的研究亦然。他从人性出发考察主体的审美体验规律,并由此提出了深邃的见解,如"君子不全不粹之不足以为美","学美其身","无伪则性不能自美",等等。就其基本思路来看,他将"情"作为美育的直接对象,提倡虚壹而静、忘我投入,并提出了"情文俱尽"的美育理想。

关于"性"的产生,荀子继承了孔孟思想的基本点,即性是先天赋予、人生而有之,例如,"生之所以然者,谓之性。"(《荀子·正名》)又如,"凡性者,天之就也,不可学,不可事。"(《荀子·性恶》)再如,"性之所生,精合感应,不事而自然谓之性。"(《荀子·正名》)他在这个基础上的创新和发展,主要表现为三点。

第一,基于对已有的人性观的批判总结,荀子提出了对于人性之先天性的认识。孔子对人性问题最明确的态度就是"性相近也,习相远也",说明他认为性是人所固有的,并且具有发展变化的可能性。孟子在人性问题上较孔子有了很大发展,明确提出人性为天命所与,是天道的显现,因此具有为善的内核和趋向。大约在孟、荀之间,思想界兴起了一场关于人性问题的大规模的论争。荀子作为战国末期最后一位大儒,同时也是那个时代集大成的思想家,他对当时的各种流派和观点进行了广泛的研究,尤其是吸收了以稷下诸子为代表的人性论,从而建构了自己的自然主义人性观。例如,他对纵欲、寡欲、禁欲等观点,就是持批判的态度,认为魏牟等学者为代表的纵欲派,是"纵情性,安恣睢,禽兽行,不足以合文通治",认为陈仲、史鰌代表的禁欲派是"忍情性,綦溪利跂,苟以分异人为高,不足以合大众,明大分"。(《荀子·非十二子》)对墨翟、宋钘代表的寡欲派,荀子认为他们的问题是根本把人的本性搞反了,"人之情为欲多而不欲寡"(《荀子·正论》),进而明确提出:"夫好利而欲得者,此人之情性也。"(《荀子·性恶》)

通过对这些认识的总结,荀子能够正视人性的现实合理性,他说:"若夫目好色,耳好声,口好味,心好利,骨体肤理好愉佚,是皆生于人之情性者,感而自然,不待事而后生之者也。"(《荀子·性恶》)又云:"饥

而欲食，寒而欲暖，劳而欲息，好利而恶害，是人之所而有，是无待而然者也。"(《荀子·荣辱》)

对人性丰富而复杂的内容，他也进行了具体的分析。从《荀子》一书中对于什么是"性"的论述来看，荀子认为人性最基本的层面是生之自然。

> 性者，天之就也……生之所以然谓之性。生之和所生，精合感应，不事而自然，谓之性。(《荀子·正名》)
> 凡性者，天之就也，不可学，不可事。不可学，不可事而在天者，谓之性。(《荀子·性恶》)

由此可见，荀子的"天"是自然之物，不具有人格化的内涵和象征，"天行有常，不为尧存，不为桀亡"，所以人与其"大天而思之"，不如"制天而用之"。所以在这个基底层上，性是无所谓善与恶的，人性最初是上天所赋予、人生而有之的。在此之上，是人的知能和情感。

> 性之好恶喜怒哀乐谓之情；情然而心为之择，谓之虑；心虑而能为之动，谓之伪；虑积焉，能习焉，而后成，谓之伪。所以知之在人者，谓之智，知有所合谓之智；所以能之在人者，谓之能，能有所合谓之能。(《荀子·正名》)

一方面，荀子发现了人的天性中具有知与能的因素："凡以知，人之性也；可以知，物之理也。"(《荀子·解蔽》)也就是说，人性中具备了可以认识事物、进行实践的生理、心理基础："凡生乎天地之间者，有血气之属必有知，有知之属莫不爱其类"(《荀子·礼论》)，"材性知能，君子小人一也"(《荀子·荣辱》)。对于这部分天性，荀子认为它们是人得以在后天得到发展的重要条件，无所谓善恶。另一方面，荀子认为人的情感和欲求都是人性的基本内容，是人性的现实表现，所谓"性者，天之就也；情者，性之质也；欲者，情之应也"(《荀子·正名》)。而情感和欲求会受到环境的熏陶和影响，具有或向善或趋恶的可能。而就荀子所处时代的具体情况来看，恶的趋向是更需要警惕的。

第二，荀子具体地提出，人的生理、心理素质是人性形成发展的必要条件。人性在现实中又是如何作用的呢？荀子通过对人的生理、心理官能的具体分析，疏通了性情的动态过程，"天职既立，天功既成，形具而神生，好恶、喜怒、哀乐臧焉，夫是之谓天情。耳、目、鼻、口、形，能各有接而不相能也，夫是之谓天官。心居中虚，以治五官，夫是之谓天君"(《荀子·天论》)。也就是说，一方面，人性是先天即有的，一旦人生于世上，就自然具备喜、怒、哀、乐等一系列性情，这便是"天情"；而另一方面，人之"天官"是"天情"运作的物质基础，所谓："目辨白黑美恶，耳辨音声清浊，口辨酸咸甘苦，鼻辨芬芳腥臊，骨体肤理辨寒暑疾养，是又人之所常生而有也，是无待而然者也，是禹、桀之所同也。"(《荀子·荣辱》)特别是人心作为"天君"发挥着统率作用，各种知觉、情感最后要靠心的体验才能够得以实现："心有征知。征知，则缘耳而知声可也，缘目而知形可也，然而征知必将待天官之簿其类然后可也。"(《荀子·正名》)所以荀子说："心者，形之君也而神明之主也，出令而无所受令。"(《荀子·解蔽》)

第三，荀子认为人性的养成，关键在后天的社会化。荀子反复提出"人之性恶，其善者伪也"的命题，所以过去人们简单地认为，荀子是性恶论的代表。但今天来看，问题没有这么简单。应该说，荀子在持自然人性论的基础上，有鉴于现实的种种经验教训，认为人性有各种现实的发展趋势和可能，其中最应该预防、规避的是堕于恶的深渊。所以说，荀子所谓的"性恶"，谈的不是性本身，而是告诫其发展的一种可能性。如王阳明所理解的，乃是"就流弊上说性"。关于这一点，他有过很明确的论述，例如："今人之性，生而有好利焉。顺是，故争夺生而辞让亡焉。生而有疾恶焉。顺是，故残贼生而忠信亡焉。生而有耳目之欲，有好声色焉。顺是，故淫乱生而礼义文理亡焉。"(《荀子·性恶》)又如："人不能不乐，乐则不能无形，形而不为道，则不能无乱，先王恶其乱也，故制《雅》、《颂》之声以道之，使其声足以乐而不流，使其文足以辨而不諰，使其曲直、繁省、廉肉、节奏，足以感动人之善心，使夫邪污之气无由得接焉"，"乐者，乐也。君子乐得其道，小人乐得其欲。以道制欲，则乐而不乱；以欲忘道，则惑而不乐。"(《荀子·乐论》)

基于这样的分析，荀子认为人既可为尧、舜、颜渊，也有可能变成桀、纣、盗跖。这样，教育就具有重大的意义——教育教化要发挥导人向善的作用。这个教化过程包括两个方面的内容，一方面，是通过制定礼法规范，节制人的言行；另一方面，是将"化性起伪"落实到对人情进行熏陶、感化，使人能够不断追求"君子不全不粹不足以为美"，"情文俱尽"的审美境界。

（一）美善相乐

第一，"情"为"性"的现实性。传统观点认为，荀子的教育思想倾向于依靠外在制度仪节的规范、约束来使人就范，所以给人以刚性的印象。实际上，荀子对情感之重视，在先秦教育家中也是不多见的。

"情"在《荀子》之前的先秦传世文献中很少出现，现有出土文献中，《性自命出》出现了20次，已是最多。在《荀子》中，"情"字共出现117次，甚至多过了"性"。在内涵上，在《荀子》之前，"情"一般当作"情实"和"诚"讲，前者指的是事物之实，后者指的是内心之实。到《荀子》中，"情"的用法明显增多，除了原有的"情实"和"诚"之外，还出现了"情感""情欲"和"性情"等义项。例如，作为"情感"讲的有：

> 祭者志意思慕之情也。（《荀子·礼论》）
> 非孝子之情也。（《荀子·礼论》）
> 三年之丧，称情而立文。（《荀子·礼论》）
> 其情之至也不贰。（《荀子·解蔽》）
> 凡同类同情者，其天官之意物也同。（《荀子·正名》）
> 君，曲备之者也，三年毕乎哉！得之则治，失之则乱，文之至也。得之则安，失之则危，情之至也。（《荀子·礼论》）

还有当作"情欲"讲的例子，主要是用来证明人性中有恶的倾向和成分。

> 夫人之情，目欲綦色，耳欲綦声，口欲綦味，鼻欲綦臭，心欲綦佚。此五綦者，人情之所必不免也。（《荀子·王霸》）

夫人之情，食欲有刍豢，衣欲有文绣，行欲有舆马，又欲夫余财蓄积之富也；然而穷年累世不知不足，是人之情也。(《荀子·荣辱》)

夫贵为天子，富有天下，是人情之所同欲也。(《荀子·荣辱》)

人之情，欲而已。(《荀子·正名》)

欲养其欲而纵其情，欲养其性而危其形，欲养其乐而攻其心，欲养其名而乱其行。如此者，虽封侯称君，其与夫盗无以异。(《荀子·正名》)

荀子还把"情"和"性"连用，一词在意思上也是相通的。

彼人之情性也虽桀跖，岂有肯为其所恶，贼其所好者哉！(《荀子·王制》)

今人之性恶，必将待师法然后正，得礼义然后治。今人无师法则偏险而不正，无礼义则悖乱而不治。古者圣王以人性恶，以为偏险而不正，悖乱而不治，是以为之起礼义，制法度，以矫饰人之情性而正之，以扰化人之情性而导之也。始皆出于治，合于道者也。今之人，化师法，积文学，道礼义者为君子；纵性情，安恣睢，而违礼义者为小人。(《荀子·性恶》)

苟情说之为乐，若者必灭。故人一之于礼义，则两得之矣，一之于情性，则两丧之矣。(《荀子·礼论》)

从这些用法来看，荀子是将人情作为人性的现实性来对待的，也就是说，"性"是天赋于人的内在本质，但主体具备了"天官""天君""天情"还不够，还要在现实生活中进行实践、加以体验。人禀其性以接触外物，就会产生各种情绪反应，这便是"情"。所以"情"是"性"的现实内容和表现，而人性在现实中的显现和发展，则指的是"情"和"欲"。

性者，天之就也；情者，性之质也；欲者，情之应也。(《荀子·正名》)

人之情，食欲有刍豢，衣欲有文绣，行欲有舆马，又欲夫余财蓄

积之富也；然而穷年累世不知不足，是人之情也。(《荀子·荣辱》)

性之好、恶、喜、怒、哀、乐谓之情。(《荀子·正名》)

杨倞对"性之好、恶、喜、怒、哀、乐谓之情"的注释云："人性感物之后，分为此六者，谓之情。"①这就进一步明确了情为人性的现实表征的思想。

第二，以礼养情是化性起伪的落实。有鉴于现实生活中争于气力、尔虞我诈的教训，荀子发现，人在追求情欲满足的过程中往往不能加以节制："人生而有欲。欲而不得，则不能无求。求而无度量分界，则不能不争。争则乱，乱则穷。"(《荀子·礼论》)为了建构礼法社会，荀子主张要通过教化对人性加以引导、纠正，这就是他的"化性起伪"的主张。

"伪"是荀子教育思想中一个很重要的概念，按照王先谦的训释："伪，为也，矫也，矫其本性也。凡非天性而人作为之者，皆谓之伪。"②其指的是用以疏导、节制、改变人性之恶的一切手段和内容。荀子明确区分了"性"与"伪"的不同："不可学，不可事，而在人者，谓之性；可学而能，可事而成之在人者，谓之伪。是性伪之分也。"(《荀子·性恶》)教育的价值就在于化性起伪，使受教育者达到性、伪相合的境界。

荀子用以化性起伪的手段是礼。我们知道，儒家礼学主要是继承自西周初期逐步形成的"周礼"，如果说以周公为代表的西周政治家在建立周礼的过程中将殷商以礼事天的逻辑转变为人类社会的意识形态和文化规范系统，孔子则是进一步为周礼的外在行为规范和礼俗仪式提供了以"仁"为核心思想的理论基石，从内在的精神层面阐释了礼的合理性和超越性，使礼具有了价值标准的地位。荀子的礼学继承了前代儒家思想家的这一重要成果，在理论上讲求礼的道德基础，在实践上注重发展受教育者的人格修养。

具体来说，自孔子以来，礼之为礼的内在支撑，也即礼的灵魂所在，是以"仁"为核心的儒家伦常道德，假如礼的仪式规范不具有精神内涵，不能反映、体现伦理的意义，那么礼的存在价值也就会大打折扣。荀子

---

① (清)王先谦：《荀子集解》，412页，北京，中华书局，1988。
② (清)王先谦：《荀子集解》，434页，北京，中华书局，1988。

继承了这一思想,他认为:"礼也者,贵者敬焉,老者孝焉,长者弟焉,幼者慈焉,贱者惠焉。"(《荀子·大略》)所以,荀子对于理想人格的设计和描述,都必定包含道德情操的培养:

> 有通士者,有公士者,有直士者,有悫士者,有小人者。上则能尊君,下则能爱民,物至而应,事起而辨,若是则可谓通士矣。(《荀子·不苟》)
> 志安公,行安修,知通统类;如是则可谓大儒矣。(《儒效》)
> 修百王之法,若辨白黑;应当时之变,若数一二;行礼要节而安之,若生四枝;要时立功之巧,若诏四时;平正和民之善,亿万之众而搏若一人。如是,则可谓圣人矣。(《儒效》)

基于此,荀子对受教育者的理想人格,提出了更为全面、纯粹的要求:

> 君子知乎不全不粹之不足以为美也,故诵数以贯之,思索以通之,为其人以处之,除其害者以持养之。使目非是无欲见也,使耳非是无欲闻也,使口非是无欲言也,使心非是无欲虑也。及至其致好之也,目好之五色,耳好之五声,口好之五味,心利之有天下。是故权利不能倾也,群众不能移也,天下不能荡也。生乎由是,死乎由是,夫是之谓德操。德操然后能定,能定然后能应,能定能应,夫是之谓成人。天见其明,地见其光,君子贵其全也。(《荀子·劝学》)

关于"德操"的具体内容,荀子在孔孟所规定的智、仁、勇三达德的基础上,更有所增益,将君子人格概括为德、义、道、勇、法、正、察、志、善化九个方面。(《荀子·宥坐》)

荀子对于理想人格的要求,是对孔子以来儒家"内圣外王"思想的推进——以孔子为代表的先贤所推崇的社会政治模式,是上古三代式的圣君贤王修己以安天下;荀子所所面临的统一的趋势,也是要建立中央集权的统治秩序。无论古今，在这种一元化的社会结构体系中，由于缺乏外部力量的制约，人们只能期望作为权力象征和社会共同体代表的统治者具有较高的道德水平，换言之，统治者的人格品质对于社会的安定和良性发展具有重要意义。孔孟正是认识到这一点，所以极力倡导修己治人、行仁政以安天下的思想。荀子的推进在于，他更加清晰而理性化地将理想人格的价值具体地与礼法实践联系起来。

> 法者，治之端也；君子者，法之原也。故有君子则法虽省，足以遍矣；无君子则法虽具，失先后之施，不能应事之变，足以乱矣。不知法之义而正法之数者，虽博，临事必乱。故暗主急得其人，而暗主急得其势。急得其人，则身佚而国治，功大而名美，上可以王，下可以霸；不急得其人，而急得其势，则身劳而国乱，功废而名辱，社稷必危。（《荀子·君道》）

无论礼法规范多么的周详严密，都要依赖行政主体加以实施。这个实践过程中，会出现很多难以借助制订礼仪规范或法律条文予以处理的情况，需要主体灵活而有原则地处理。所以荀子说："君子之所谓贤者，非能遍能人之所能之谓也；君子之所谓知者，非能遍知人之所知之谓也；君子之所谓辨者，非能遍辨人之所辨之谓也；君子之所谓察者，非能遍察人之所察之谓也：有所正矣。"文章中对"有所正"的具体所指，就更清晰地表明荀子对道德人格的强调旨在保证成功地实践礼法制度："凡事行，有益于理者，立之；无益于理者，废之：夫是之谓中事。凡知说，有益于理者，为之；无益于理者，舍之：夫是之谓中说。"而"使贤不肖皆得其位，能不能皆得其官，万物得其宜，事变得其应"，这便是君子之所长。（《荀子·儒效》）

正是在这个意义上，荀子吸收了法家的某些思想内容，将法的思想和规则渗透到礼之中，使礼更具有政治性国家的制度规范的意义。

> 君臣上下，贵贱长幼，至于庶人，莫不以是为隆正，然后皆内自省以谨于分，是百王之所同也，而礼法之枢要也。然后农分

田而耕，贾分货而贩，百工分事而劝，士大夫分职而听，建国诸侯之君分土而守，三公总方而议，则天子共己而止矣。出若入若，天下莫不平均，莫不治辨，是百王之所同，而礼法之大分也。(《荀子·王霸》)

孔子讲到"克己复礼"，孟子进一步从仁学角度进行开拓，他注重的是主体内在的心性修养，这些对于现实中礼仪规范的落实，以及以礼来合理安排社会关系、物质利益，都显得迂远而不切实用。解决这一问题，正是荀子所要担负的历史使命，即其需要进一步探索礼的现实性，使之发挥更大的实践价值。从这个意义上说，相对于孟子更多地继承并发展了孔子的仁学思想，荀子则主要继承、发展了孔子的礼学。

那么，在教育教化的实践层面，内外兼修的礼怎样引导受教育者主体的人格发展呢？荀子认为，为了不让情欲泛滥到不可收拾的地步，因礼义制度规范进行节制是必不可少的，但是理想的情况还是尽量以礼乐感召人情，使之积极向上，不断得到升华，所以他提出了"礼义文理之所以养情"的观点：

故礼者，养也。刍豢稻粱，五味调香，所以养口也；椒兰芬苾，所以养鼻也；雕琢、刻镂、黼黻、文章，所以养目也；钟鼓、管磬、琴瑟、竽笙，所以养耳也；疏房、檖䫉、越席、床笫、几筵，所以养体也。故礼者，养也。(《荀子·礼论》)

具体来说，礼义养情的机制主要有两个要点，一是学习者要做到"明分使群"，二是礼的审美化。所谓"明分使群"，是主体能够自觉恪守社会的等级规范，维护伦理秩序，但荀子并不是简单地用一系列刚性的制度规范使教育对象就范，而是同时强调礼本身也应该是人文化的，从而在审美的高度使个体与群体性原则相交融，这也就是他提出的文理情用相为表里的原则："文理繁，情用省，是礼之隆也。文理省，情用繁，是礼之杀也。文理情用相为内外表里，并行而杂，是礼之中流也。"(《荀子·礼论》)这是一种中庸化的审美标准，首先，情与理是中国传统美学中一对重要的概念，儒家的哲学家和教育家主张以理节情，情理和谐，相互交融，使得伦理走向审美，审美也走向伦理。荀子继承了这一思想，并以礼乐实践原则的方式使之明确化。这对于此后中国传统美学思想的发展产生了重要的影响，成为后人处理情与文、意与象等一系列美学课题的基本原则。而比较典型地反映了这一思想的是其对祭礼的态度：

> 雩而雨，何也？曰：无何也，犹不雩而雨也。日月食而救之，天旱而雩，卜筮然后决大事，非以为得求也，以文之也。故君子以为文，而百姓以为神。以为文则吉，以为神则凶也。（《荀子·天论》）

在荀子看来，"雩而雨"和"不雩而雨"的实际效果是一样的，那么卜筮、祭祀的意义又是什么呢？荀子一针见血地提出：是用以文人之情。换言之，制定各种祭祀礼仪，进行各种卜筮活动，人们主观上想以此谋求上天的保佑，解决现实问题，实际上是表达感情的方式，是人文活动的丰富。进一步来说，自古以来形成的带有宗教色彩的各种卜筮祭祀活动及其仪节，完全是从主体的主观愿望出发形成的，若专从理智上看，这些活动和仪节都是无谓的。而荀子折中于二者之间，兼顾理智和情感，是将礼诗化、艺术化了。也就是说，礼到了这个境界，既不是为了约束主体言行，也不是为了达成在现实实践中无法实现的愿望，而是为了用更加合理、更加审美化的方式表达、疏导人情。

对此冯友兰先生做了深入的研究和精辟的分析："礼之用除定分以节人之欲外，又为文以饰人之情；此方面荀子言之甚精。荀子亦重功利，与墨子有相同处。但荀子对于情感之态度，与墨子大不相同。墨子以其极端的功利主义之观点，以人之许多情感为无用无意义而压抑之，其结果为荀子所谓'蔽于用而不知文。'荀子虽亦主功利，然不如墨之极端，故亦重视情感，重用亦重文；此可于荀子论丧祭礼中见之。丧祭礼之原始，皆起于人之迷信。荀子以其自然主义的哲学，与丧祭礼以新意义，此荀子之一大贡献也。"[①]

---

① 冯友兰：《中国哲学史》，368~369 页，北京，中华书局，1961。

(二)情文俱尽

孔子就内在与外在的关系提出过"文质彬彬"的原则:"质胜文则野,文胜质则史。文质彬彬,然后君子。"(《论语·雍也》)按照朱熹的解读,这是说"学者当损有余,补不足,至于成德,则不期然而然矣"。① 清代的刘宝楠在《论语正义》中将其解释为:"礼无本不立,无文不行,能立能行,斯谓之中。"② 荀子在继承这一思想的基础上,进一步深化了二者融合、相互为用的逻辑,极富辩证性地提出:"贵本之谓文,亲用之谓理。"③ "文"是外在的文饰,而"文"贵在务本,意思是说文饰既要有来历,也要有内在的基础作为支持。"理"是形上逻辑,荀子认为其价值则在于曲尽人情的实践应用。以此为准则,他将情与文的关系分为三个等级,最基本的是"复情以归大一",指的是"虽无文饰,但复情以归质素,是亦礼也"。④ 表面上看,这个层次指的是"不文",但是只要有朴实的情感充实于内,也是符合先哲制礼作乐的本意的。高一个层次的是"情文代胜",即"不能至备,或文胜于情,情胜于文"。这是说情的交流与用以交流的外部形式在实践中不可能都配合得十分融洽。最理想的状态是"情文俱尽",一个"尽"字,表明了既提倡主体尽情,又要求外在文饰能够充分地发挥作用。从这三个层次的划分来看,荀子是围绕着"称情立文"的原则来处理情、文关系的。

"文"的本义是文身,引申为文饰,《易·系辞下》载:"物相杂,故曰文。"《说文解字》称:"文,错画也,象交文。"相对于"质""实"等概念,包括语言文字在内的各种象征符号,以及文物典籍、礼乐制度都可称之为"文"。"礼"相对于仁义而言是一种"文",而礼的具体措施、规范,则是礼之"文"。按照郑玄的解读,"称情以立文"即"称人之情轻重而制其礼也"⑤。礼作为外部规范,是对主体内在德操的文饰,因此,规范的强弱、文饰的繁简都应该取决于主体的思想水平和情感所能达到的审美境界,所以荀子说:"相形不如论心,论心不如择术。形不胜心,心不胜术。术

---

① (宋)朱熹:《四书章句集注》,89页,北京,中华书局,1983。
② (清)刘宝楠:《论语正义》,233页,北京,中华书局,1990。
③ (清)王先谦:《荀子集解》,352页,北京,中华书局,1988。
④ (清)王先谦:《荀子集解》,355页,北京,中华书局,1988。
⑤ (清)王先谦:《荀子集解》,372页,北京,中华书局,1988。

正而心顺之,则形相虽恶而心术善,无害为君子也;形相虽善而心术恶,无害为小人也。"(《荀子·非相》)

从实践来看,"称情立文"就会出现"情文代胜"的情况,或者情胜于文,或者文胜于情。荀子承认会出现这两种问题,即使如此,他认为也要比有情无文高一个档次。在荀子的这种"贵文"的思想倾向中,"文"之贵不是绝对的,而是以"情文俱尽"为标准,也就是他所列的最高层次——首先是尽情,与此相应,"文"应该充分适应尽情的需要。从礼乐与主体情感的关系来说,即礼乐制度的确立是为了使得真挚的情感得到适当的抒发,因此礼乐得宜,就应该使情感的交流获得审美的愉悦。正是在这个意义上,荀子认为"凡礼,始乎梲,成乎文,终乎悦校",按王先谦的注解:"此言礼始乎收敛,成乎文饰,终乎悦快。"[①]一方面,礼乐要为主体的情感得以充分、自由地交流创造条件;另一方面,有礼乐的平台,才使得情感的抒发与交流获得审美的愉悦。

荀子在理论上对"情"所做的深入探讨,以及根据实践经验提出的情感陶冶策略,对于我们深入认识古代语文教育思想,至少有两方面的重大意义。另一方面,这改变了古代语文教育的终极价值是修养道德的习惯认识。很长时间以来我们一直认为,古代语文教育,特别是儒家的教育思想,其主线就是通过读经培养受教育者的道德,包括内在的伦常观念和外在的礼仪行为。现在看来,这种认识是不够深入的。事实上,荀子将人性的现实性落实在情感上,着力于性情的陶冶,并且提出"无伪则性不能自美","君子知夫不全不粹之不足以为美"等一系列美育课题,表明对情感进行审美熏陶是他教育思想的一条基本线索。另一方面,这使得我们重新审视古今语文素养培育的理路。一般认为,古代语文教育既不是为生活的教育,也缺乏科学具体的实践策略,而现代语文教育是为了达到我手写我口、我口表我心的目标,所以重在听、说、读、写的能力训练。由荀子的思想来看,先秦的儒家教育家十分重视体用的统一,强调文有所本,理能适用;而言辞这种"工具"须臾不离主体而存在,所以"情文俱尽"为我们打开了一个颇具启发性的语文美育境界。

---

① (清)王先谦:《荀子集解》,355页,北京,中华书局,1988。

（三）虚壹而静

荀子对进一步实现"情文俱尽"这一理想境界的具体途径进行研究，提出了以"虚壹而静"为核心的一系列专注、忘我的修养原则。

> 君子知夫不全不粹之不足以为美也，故诵数以贯之，思索以通之，为其人以处之，除其害者以持养之，使目非是无欲见也，使耳非是无欲闻也，使口非是无欲言也，使心非是无欲虑也。（《荀子·劝学》）

> 是故权利不能倾也，群众不能移也，天下不能荡也。生乎由是，死乎由是，夫是之谓德操。德操然后能定，能定然后能应，能定能应，夫是之谓成人。（《荀子·劝学》）

> 君子养心莫善于诚，致诚则无它事矣，唯仁之为守，唯义之为行。（《荀子·不苟》）

> 人之于文学也，犹玉之于琢磨也。《诗》曰："如切如磋，如琢如磨。"谓学问也。（《荀子·大略》）

> 人心譬如槃水，正错而勿动，则湛浊在下而清明在上，则足以见须眉而察理矣。微风过之，湛浊动乎下，清明乱于上，则不可以得大形之正也。心亦如是矣。（《荀子·解蔽》）

在这些观点中，最有代表性的就是"虚壹而静"。

> 故治之要在于知道。人何以知道？曰：心。心何以知？曰：虚壹而静：心未尝不臧也，然而有所谓虚；心未尝不满也，然而有所谓一；心未尝不动也，然而有所谓静。人生而有知，知而有志。志也者，臧也，然而有所谓虚，不以所已臧害所将受谓之虚。心生而有知，知而有异，异也者，同时兼知之。同时兼知之，两也；然而有所谓一；不以夫一害此一谓之壹。心，卧则梦，偷则自行，使之则谋。故心未尝不动也，然而有所谓静，不以梦剧乱知谓之静。未得道而求道者，谓之虚壹而静。（《荀子·解蔽》）

从历代的注解来看，廖明春的阐释是比较深入的。所谓"虚"表面的意思是不以已藏害所受，深层的内涵是"不满足已有的知识，就是要敞开大门学习，敞开大门接受真理，以保证不会与真理失之交臂，以确保不会有遗珠之憾"。"壹"按照荀子自己的解释，是"不以夫一害此一谓之壹"，字面的意思是不因为某一种认识而妨碍另一认识，而本质上这讲的是选择问题，即在兼陈中衡的选择、鉴别之后，能够选择正确的认识，能够"壹于道"。最后的"静"字面意思是安静，即不躁动，深层的含义是"要坚持'择一而壹'的成果，保持'择一而壹'的成果到底。"[1]即不但能够做出正确的选择，而且还能够在实践中贯彻这种选择，无论遇到什么样的阻力、困难，都能够做到长时间的坚持而不改变。

荀子强调主体在修养过程中的专一、投入，主张应该达到忘我的境界，是有他的道理的。一方面，荀子认为美育要对受教育者主体的情感发挥作用才能够成功，而情感的影响必须是长期的、深层的、习染式的；另一方面，荀子主张以审美化的伦理规范影响受教育者的情感，使之产生心向往之之情，进而形成坚定的信念，这需要通过外物与内心无数次的相互作用，使一定的外在观念通过感知觉与特定的人类情感相联系，从而影响主体的思维定式和价值观。因此，对所习能够专一地、投入地加以涵泳，甚至达到忘我的程度，主体才能够更加纯粹地超越现实的纷扰，进入审美的层次，提高美化情感的效能。

三、圣化性情的《诗》教

荀子是先秦最重要的传经大师，就目前的考证来看，秦汉以下的儒家经典基本是靠荀子的教授方得以传习。而在所传经典中，《诗》是最基本的，也最为荀子所重。虽然荀子生活的时代诗、乐已经分途，但从荀子对"乐"的阐释来看，他基本承袭了诗、乐一体的认识，在这个前提下，他把"《诗》教"作为实施以礼养情、实现情文俱尽最重要的途径。

(一)道圣人之志

荀子在《乐论》中深入浅出地阐述了诗乐陶冶性情的道理。

---

[1] 廖名春：《荀子"虚壹而静"说新释》，见《儒林》（第四辑），288页，济南，山东大学出版社，2008。

> 夫乐者，乐也，人情之所必不免也，故人不能无乐。乐则必发于声音，形于动静，而人之道，声音、动静、性术之变尽是矣。故人不能不乐，乐则不能无形，形而不为道，则不能无乱。先王恶其乱也，故制《雅》《颂》之声以道之，使其声足以乐而不流，使其文足以辨而不諰，使其曲直、繁省、廉肉、节奏足以感动人之善心，使夫邪污之气无由得接焉。（《荀子·乐论》）

按照荀子的性情观，情感是人性的现实表现，它接物而生，就一定要有所抒发，无论是个体抒发的程度和方式，还是群体间的情感交流，如果不加疏导，都会造成混乱，所以情感欲求的引导对于个体的人格发展和社会的和谐都是很重要的。

在如何疏导的策略问题上，荀子主张诵习诗乐。荀子深入地把握了诗乐发乎性情、感动人心的特质，指出："夫声乐之入人也深，其化人也速，故先王谨为之文。乐中平则民和而不流，乐肃庄则民齐而不乱。"通过诗乐教化，个人可以提升修养，社群可以移风易俗。但是这就带来一个深层次的问题：何以《诗》能够担此重任呢？从荀子的相关阐述看来，他认为《诗》《书》等经典文献既为儒家圣贤所制，就是圣人思想感情的表达，代表着圣人的意旨，所以"诗三百"既为抒发性灵的产物，也是合乎圣道的经典。而事实上，为了使《诗》更符合这一标准，从而满足现实的需要，他也对《诗》做了新的阐释。

首先是将《诗》经典化。如果说孔子在整理"诗三百"基本篇目的基础上初步地从其本质特征出发发掘了它的教化价值，孟子在此基础上致力于探索"《诗》教"的方法论，那么，荀子是先秦儒家第一位将"诗三百"经典化的教育家。

> 圣人也者，道之管也。天下之道管是矣，百王之道一是矣，故《诗》《书》《礼》《乐》之归是矣。《诗》言是，其志也；《书》言是，其事也；《礼》言是，其行也；《乐》言是，其和也；《春秋》言是，其微也。故《风》之所以为不逐者，取是以节之也；《小雅》之所以为《小雅》者，

取是而文之也;《大雅》之所以为《大雅》者,取是而光之也;《颂》之所以为至者,取是而通之也:天下之道毕是矣。(《荀子·儒效》)

《劝学》中"始乎诵经"的说法是包括《诗》在内的,这是儒家教育家第一次明确地把《诗》定位为"经"。荀子在此基础上提出了"《诗》言是,其志也",使得他对于《诗》的认识区别于时代的共识。

"《诗》言志"的说法,在先秦是比较普遍的,《左传》"襄公二十七年"就有"诗以言志"的提法;《国语·楚语上》有"教之诗……以耀明其志";《庄子·天下》称"诗以道志"。这说明,这一观念已经成为那个时代的共识。但是对于"志"的理解,则需要具体分析。在荀子之前,"志"一般泛指主体的志意、思想,到荀子这里,则明显是专指圣人志意了,属于圣贤之道的表征。例如,《荀子》中有一段话,是将五种经典合称的。

故《书》者,政事之纪也;《诗》者,中声之所止也;《礼》者,法之大分,类之纲纪也,故学至乎《礼》而止矣。夫是之谓道德之极。《礼》之敬文也,《乐》之中和也,《诗》《书》之博也,《春秋》之微也,在天地之间者毕矣。(《荀子·劝学》)

从这里可以看出,荀子将《诗》《书》《礼》《乐》《春秋》组合在一起,使得以儒家经典为核心的知识体系和价值系统得以确立。《诗》在其中反映圣贤的志意,因此,无论是教师阐释《诗》,还是学生理解、体会《诗》,都应该向着认识圣人之道的方向努力,将诗篇的意义归到圣贤意旨上。

其次是将经典化的具体内涵由宗教性转向政教性。荀子试图通过对《诗》的阐释,让儒家经典在推进儒学理论建设方面发挥更大的作用,而这就必须解决两个问题。一是"诗三百"作为上古以来的诗歌总集的特征,与荀子的现实追求是有差距的;二是"诗三百"的经典化与它自身的文学性也有矛盾。我们说,"诗三百"中的诗篇多是用于各种宗教祭祀活动,像"大雅""颂"的绝大部分都是如此。到战国后期,宗法制度逐渐为君主集权所取代,"诗三百"要想继续在现实的社会政治生活中发挥作用,而不仅仅是作为历史文献以备用,就必须有所改易。荀子正是深刻地认识到这一点，遂通过对《诗》进行礼教、礼法化的解读、阐释，使之能够在新的社会政治形态中，依然作为意识形态的重要资源而存在。这样，实际上是空前地强化了《诗》的政教功能，从而也就对于儒家政教化、功利化的文学传统的形成和发展发挥了重要的作用。

(二)至中声而止

荀子既将《诗》列为反映圣人之道的主要内容，也明确指出了它的不足之处，认为它"故而不切"，读书人如果只知道读《诗》《书》的文字，"则末世穷年，不免为陋儒而已"(《荀子·劝学》)。由此可见，荀子认为学《诗》是必要的，但是诗、书等元典各有特色，必须发掘、利用它们某些方面的价值，才能达到明道、征圣的目的，所以关键是怎么学的方法要讲究。正是在这个意义上，荀子提出"《诗》《书》之博也"，"善为《诗》者不说"的观点，告诉人们，就《诗》本身来看，它包含的内容是很广博的，如果目的是通过读《诗》体会圣贤人格，把握圣人之道，则必须通过阐释、解读，对《诗》的深层意义进行发掘。而荀子具体的"《诗》教"方法和艺术，就是由此展开的。

荀子要推进《诗》的经典化水平，使之发挥更大的效能，为此，他提出了"《诗》者，中声之所止"的观点。按照王先谦的阐释："《诗》，谓乐章，所以节声音，至乎中而止，不使流淫也。"荀子的核心意思是：诗歌是发自于创作主体内心的咏唱，"诗三百"也不例外；而"诗三百"的特殊性在于它是圣贤的咏唱，因此既发乎情，也止乎礼义。所以，后来人学《诗》，关键是要感受、体验它所抒发的中和典雅的情致和淡定高尚的情怀。与此相匹配，荀子提出了"善为《诗》者不说"的观点，认为不必言说，只"与理冥会"，即多意会、多体验而不必言传。

(三)传《诗》之功

荀子作为"儒家学术的传播者"(杜维明语)的功绩，主要表现为他的传经之功。儒家经典经秦火而不绝如带，至汉初又能迅速重生，荀子功不可没，所以徐复观说："西汉在武帝以前，荀子的影响甚大，则确系事实。"[1]具体到传《诗》，我们知道，西汉初年，政府曾大规模征集散佚的六

---

[1] 徐复观：《中国经学史的基础》，见《徐复观论经学史二种》，36页，上海，上海书店，2002。

经文本,并组织力量重加训释。对《诗经》训释,出现了鲁、齐、韩三个学派;加上后起的毛诗,形成了汉代四家诗。经历代考证,这四家对《诗经》的传习均受到过荀子的影响。

影响最大的是鲁诗。就已有的相关研究来看,鲁诗基本传自荀子是可信的。鲁诗最早的研究者是浮丘伯,按照《汉书·楚元王传》的记载,楚元王"少时尝与鲁穆生、白生、申公同受诗于浮丘伯",而"伯者,孙卿门人也,及秦焚书,各别去"。① 浮丘伯又传《诗》于申公,按《汉书·儒林传》的记载:"申公,鲁人也,少与楚元王交俱事齐人浮丘伯受《诗》","申公卒以《诗》《春秋》授,而瑕丘江公尽能传之,徒众最盛。"② 由此可见鲁诗的传授谱系。

其次是韩诗。汪中《荀卿子通论》和皮锡瑞《经学历史》都提到《韩诗外传》引用了《荀子》说《诗》的语录四十四条,汪中因此而称《韩诗》为"荀卿子之别子"。对于《韩诗外传》征引《荀子》的条目,徐复观统计的是五十四条:"《外传》中共引用《荀子》凡五十四次,其深受荀子影响,可无疑问。即《外传》表达的形式,除继承《春秋》以事明义的传统外,更将所述之事与《诗》结合起来,而成为事与诗的结合,实即史与诗互相证成的特殊形式,亦由《荀子》发展而来。"③ 今人金德建的统计为五十八条④。但是杨树达《古书疑义举例续补》举出《韩诗外传》抄录《荀子》的四处错误,而且《韩诗》反映的思想是比较驳杂的,所以当前学者们认为,《韩诗》吸收了荀子的思想,但是不单是传自荀子⑤。

齐诗亡佚最早,可参考的文献资料不足。毛诗是最为大家所争议的。毛诗承袭《荀子》之处不少,但是究竟能否称得上传自荀子,自古至今,聚讼纷纭。就目前的研究来看,持毛诗传自荀子观点的,主要有陆玑、汪中等学者。

---

① (汉)班固:《汉书》,1921页,北京,中华书局,1962。
② (汉)班固:《汉书》,3608页,北京,中华书局,1962。
③ 徐复观:《两汉思想史》第三卷,5页,上海,华东师范大学出版社,2001。
④ 金德建:《韩诗外传的流传及其渊源》,见林庆彰:《诗经研究论集》(二),475~482页,台北,台湾学生书局,1988。
⑤ 赵茂林:《两汉三家〈诗〉研究》,201~202页,成都,巴蜀书社,2006;马银琴:《荀子与〈诗〉》,载《清华大学学报》,2008(3)。

《经典叙录·毛诗》："徐整云：子夏授高行子，高行子授薛仓子，薛仓子授帛妙子，帛妙子授河间人大毛公，毛公为《诗故训传》于家，以授赵人小毛公。一云：子夏传曾申，申传魏人李克，克传鲁人孟仲子，孟仲子传根牟子，根牟子传赵人孙卿子，孙卿子传鲁人大毛公。"由是言之，《毛诗》，荀卿子之传也。

陆玑《毛诗草木鸟兽虫鱼疏》也持此说：

　　孔子删《诗》，授卜商。商为之序，以授鲁人曾申，申授魏人李克，克授鲁人孟仲子，孟仲子授根牟子，根牟子授赵人荀卿。荀卿授鲁国毛亨，毛亨作《诂训传》以授赵国毛苌。时人谓亨为大毛公，苌为小毛公。

　　认为二者没有传承关系的学者提出，毛诗传自荀子的说法是三国时期才出现的，汉代的记载中，毛诗与荀子是没有关系的。而荀子引《诗》的情况，与毛诗在文本上既有相同之处，但是也有明显的差异。[①] 但是，其认为荀子对两汉《诗》学有普遍的影响，还是比较公允的。

　　通过以上的梳理我们可以看到，孟、荀在语文教育的虚与实两个层面上，均有所建树。就实然的意义上来看，孟子言语实践的表率作用，对所处时代"《诗》教"的建设，具有重要贡献；荀子对于言语素养的意义体认，以及对儒家经典传习发挥的重要作用，如果到秦汉来看，价值将更加凸显。

　　在此基础上，孟子从文与气的内在联系、言与意的统一性出发，提出"浩然之气"的概念，实际上是确立了汉语文教育基本的精神支柱。荀子"情文俱尽"的主张，超越性地探索到言语素养审美化的理想境界。它们逐渐融入后人的言语教化和习得的实践中，不断被反思、建构，日益成为我们对语文教育共同的理想化诉求和印象。

[①] 马银琴：《荀子与〈诗〉》，载《清华大学学报》，2008(3)。

第五章 《礼记·学记》
——春秋战国时期语文教育经验的总结

按照美国科学哲学家托马斯·库恩在《科学革命的结构》中提出的"范式"理论[1]，科学的发展是一个范式不断转换的过程，转换前后的两种范式具有不可通约性。以此来观照教学论的发展，我们正处在教学论范式转换的过程中。传统的理论型范式把教学活动看成在既定教学目标指导下的、追求教学质量的、价值中立的技术操作程序，从而把复杂的教学活动简化成孤立的变量关系，把教学理论与实践的关系看成是理论研究与应用的关系，忽视了教学活动的复杂性和多层次性，忽视了教学研究本身的实践性特征，忽视了价值意义追求和文化政治因素对教学活动的影响。[2] 由此产生的一个后果，就是这样形成的教学理论难以对教学产生积极影响，而教学论研究者照此逻辑也很难对教学实践的艺术性进行阐释。对它进行批判性反思的结果，是实践取向的范式成为新的发展方向。《礼记·学记》是春秋战国时期语文教育经验的总结，也是我国最早的教学论专著，与之进行对话，对于我们今天的语文教育有积极意义。

一、对话的意义

每当人类的实践活动出现根本性转折，总要到历史当中去汲取经验，因为"过去的成就和伟人仍清晰地留在人们的记忆中，并提供了学习和教育的内容。"雅斯贝尔斯在此所说的"过去"，具体指的是公元前800—前

---

[1] [美]托马斯·库恩：《科学革命的结构》，40~47页，北京，北京大学出版社，2003。
[2] 胡定荣：《论教学论发展的危机与范式转型》，载《教育研究》，2005(7)。

200年的"轴心时代"。在这个时期,人类开始探询根本性问题,力求解放和拯救;通过在意识上认识自己的限度,为自己树立了最高目标。因此,雅斯贝斯说道:"人类一直靠轴心期所产生、思考和创造的一切而生存。每一次新的飞跃都回顾这一时期,并被它重燃火焰"。具体到中国,他所概括的"轴心期"指的是春秋战国。按照李泽厚的观点,中国人是在春秋战国时期形成了"实用理性",从而"执着人间世道的使用探求"。① 正因为此,当它着重指示伦理实践特别是有自觉意识的道德行为时,可以与"实践理性"相替代。

这样,我们需要考察这种理性精神在教育教学活动中的体现。这可以追溯到《礼记·学记》,因为这部产生于战国早期、由儒家"七十子后学"所著的作品②,是中国、同时也是世界上最早的教学论专著,它对先秦以儒家为代表的教学思想进行了提炼、总结。

与历史资源的对话可以有三种情况。第一种是它的思想贯彻至今,我们要做的是明确自身的位置,接棒继续前行。第二种是它的思想在历史的长河中载沉载浮,我们先要对它进行重新发掘、解读,从而获得思想资源。第三种情况是它已完成了自己的使命。

《礼记·学记》应该属于第二种。因秦火之故,先秦典籍严重损毁。到刘邦建汉,从文献的发掘、整理,到校勘、传播,一切从头开始。所以对文献进行训诂、阐发,以及为了成果的保真而恪守"师法""家法",就成为汉代学术和教育的主流。这样,一方面,皓首穷经地记诵文献成为这个时代文教的需要;另一方面,实用理性的内涵变为"通经致用",实际是以儒经为教条,为政治策略的颁行做注解。自唐代的"古文运动"到宋代的义理之学的过程,是试图重新回到经典本身的过程。这一时期实践理性的内核上升到"知行合一"的高度,即将后来被割裂的知与行,重新回归先秦时期的一体。到清代,为了应对亘古未有之变局,知识分子重新整合了汉学、宋学的思想,实践理性的意义变成了通变于中西。

---

① 李泽厚:《实用理性与乐感文化》,325~332页,北京,生活·读书·新知三联书店,2005。
② 关于《礼记·学记》的写作年代和作者问题,可参考彭林:《郭店简与〈礼记〉的年代》,见《郭店简与儒学研究》,沈阳,辽宁教育出版社,2000;高时良:《〈学记〉研究》,北京,人民教育出版社,2006。

由此可见,《礼记·学记》这样一部承载"轴心期"教学思想的代表作,值得我们重加解读。

二、对话的立足点

事实上,对《礼记·学记》的研究从未中断。从已有成果来看,主要有三个方面的成就。第一个是从语言文字上给予了校勘、训释。这方面的代表性成果,包括汉代郑玄做注、唐代孔颖达做疏的《礼记正义》,和清代孙希旦的《礼记集解》。第二个是对这部文献背景的考证。这方面的研究始于《汉书》。《汉书·艺文志》判断《礼记·学记》为"七十子后学"的作品,但是这个说法较为模糊,因为它既包括"七十子"本身,也可以指其后学。此后,代有研究,到20世纪,沈从文通过对周秦两汉墓葬的研究,判断《礼记》"必成于战国,不当属之汉人"。此后文史学家通过对诸如郭店楚简等出土简帛进行研究,进一步确证了这个论断,老一辈教育史家如高时良等则依靠精深的文献分析,佐证了这个判断。第三个是对它的思想内容进行阐释分析。《朱子语类》中记录了朱熹与学生围绕《礼记·学记》的辨析,当代教育史专业对其也有相关研究。

但是,碍于古今教育教学的范式差异,对《礼记·学记》的教学研究多为局部摘取式的,即针对其中某一条或某几条关于教学的语录进行分析。之所以出现这种情况,主要是研究者是立足于当代教学论的专业框架中来看待这部文献的。例如,它既有学校课程的影子,又有个别化教学的内容,既有属于教育管理范畴的描述,又有教学论的原则,很多内容难以纳入现有的概念体系,所以研究者只能是摘取和自身专业对口的相关内容加以研究。

由此来看,若想与《礼记·学记》进一步对话,就需要重新考虑自身的立足点问题——如果我们能够把注意力集中到教学是师生围绕一定的学习内容展开交互的实践活动,就等于是找到了一个"切入口"。

三、《礼记·学记》对教学的阐释

在如上述视角的观照下,《礼记·学记》所反映的教学实践主要有三个特点,即积极践履是学习应有的状态,以喻为教是理想的教学境界,教学相长是教学可持续发展的生命线。

（一）兴艺才能乐学

从学的一方来看，《学记》要求学生积极参与实践，因为"不兴其艺，不能乐学"。郑玄对这句话的注释为："兴之言喜也，歆也。艺，谓礼、乐、射、御、书、数。"意思是说，只有多接触、多实践才能乐学。"兴其艺"应有的样子，是"君子之于学也，藏焉，修焉，息焉，游焉"。清代的孙希旦对这个状态的阐述最得其神："藏，谓入学受业也。修，修正业也。息，退而私居也。游，谓游心于居学也。藏焉必有所修，息焉必有所游，无在而非义理之养。其求之也博，其入之也深；理浃于心，而有左右逢原之乐；身习于事，而无艰难烦苦之迹。"意思是说，课内坚持学习，课外也心系学业，使得身由学养，学问入心，无践履学问之烦，有义理浃洽之乐。

《学记》在此强调，学习是一种实践活动，学习者要积极、切实地践履甚至操练，才能在情感、意识上形成积极向学之心。这个思想分别体现在课内的"正业"和课外的"居学"之中。作为"正业"的课程是这样安排的：

> 一年视离经辨志，三年视敬业乐群，五年视博习亲师，七年视论学取友，谓之小成。九年知类通达，强立而不反，谓之大成。

第一年学习的主要要求，是读懂经典文献，体会圣人之"志"。到第三年，学习合格的标准就提升为认同所学，乐在同业。在不断内化经典的过程中，学生逐渐深入地理解了所学领域、学派的思想及其意义，从而形成认同感、自尊感；在此基础上，就会自然而然地将有着相同价值观的人视为同道，乐与为群。到第五年，课程要求是广泛学习，密切师生关系。当学生将读书的范围扩大后，必然会有这样那样的问题产生，而首先想到的便是向老师请教。当老师能够巨细靡遗、不厌其烦地回答问题、给予启迪的时候，学生的崇敬之心油然而生。同时，随着师生频繁地切磋学问，彼此的默契也逐渐形成。到第七年的时候，考察学业的标准就变成了论学取友。意思是说，无论是课内的学习还是拓展阅读都融会贯通之后，学生就有能力主动地讨论学问，并在论学过程中辨别、选择同道。到这个水平，就可以称得上学有所成了。而到第九年的时候，能够做到既融会贯通又意志坚定，就可以说是学有大成了。

"居学"的内容简单说是"不学操缦，不能安弦；不学博依，不能安诗；不学杂服，不能安礼"。也就是课外要在不断练习鼓琴、博喻、服饰的过程中强化乐、诗、礼的水平。

而学有所成意味着什么呢？从《学记》的学习系统来看，它的价值取向不是要求学生牢固地记诵书本知识、深入地掌握经典的学问，而是要求学生以经典指导生活，以人生体现经典；通过内化经典所载的经验，来创造体现着某种价值原则的人生境界。从亲师乐群，到论学取友，最后到智类通达、强立而不返，是一整套不断展开的、持续更新的各种关系，"就这些关系体系所允许的可能性而言，学习意味着成为另一个人"。[1] 因此，以经典之"志"为指导的实践、体现经典之"志"的实践，占了"正业"和"居学"的大部分；而这个"成为另一个人"的实践过程，推动学生逐渐走向充实、自信、坚定而和乐的人生。

(二) 君子善以喻教

与所倡之学相匹配，《学记》认为"君子之教，喻也"。《荀子·正名》有"单足以喻则单"，其中"喻"注为"晓"；《荀子·臣道》有"晓然以至道"的话，注为"明喻之貌"。[2]《广雅》训"喻"为"告也"，孔颖达训"喻"为"晓"，《礼记集解》从其说。所以，"喻"在此是开导、使知晓的意思。综合《学记》所概括的"学"的特点，可以说，学习是处理人伦关系的实践水平不断提高的过程，这个过程是与学习者提高认识和修养相表里的，即宋儒后来所概括的知行相须、体用一源、显微无间，而促进这种学习活动的教，是开导、晓喻的过程。

按照《学记》的展示，实施"喻教"包括导学和造境两个方面。所谓导学，即教师要以启发的态度，引导学生展开向学的实践。这有三个基本原则，即"道而弗牵，强而弗抑，开而弗达"；因为"道而弗牵则和，强而

---

[1] [美] J. 莱夫、E. 温格：《情境学习：合法的边缘性参与》，17 页，上海，华东师范大学出版社，2004。

[2] (清) 王先谦：《荀子集解》，418、252 页，北京，中华书局，1988。

弗抑则易，开而弗达则思。和、易以思，可谓善喻矣"。孙希旦引宋代礼学大家方悫的解释，将这段话理解为：如果老师给学生示之以道途，使之行有所向，而不是牵之使从，则人有乐学之心。如果老师对学生多加勉励，而不是揠苗助长或是抑之使退，则人无难能之病。如果老师只为学生开发大义，使有所入但不是事事通达，则人有自得之益。

进一步来说，教师要想恰当地引导、激励、点拨学生，就要懂得"教之所由兴"和"教之所由废"。

> 大学之法：禁于未发之谓豫，当其可之谓时，不陵节而施之谓孙，相观而善之谓摩。此四者，教之所由兴也。
>
> 发然后禁，则扞格而不胜；时过然后学，则勤苦而难成；杂施而不孙，则坏乱而不修；独学而无友，则孤陋而寡闻。燕朋逆其师，燕辟废其学。此六者，教之所由废也。

也就是说，教师应该做到预知学生动向，找好教授时机，教学循序渐进，引导相互切磋。不知学生动向，则学生做了不该做的事再弥补就会晚了。但是，它不同于法家"道之以政，齐之以刑"的强制化教育，因为那样做的结果是"民勉而无耻"；它追求的是"有耻且格"的效果，即学生能够将对错标准内化，自主调控言行，做到"从心所欲而不逾矩"（《论语·为政》）。不按学生的心理水平教学，学生要么难以理解，要么感到无趣，无论哪种情况下，都难以产生学习的积极性，以及理想的行为效果。"陵节而施"指的是教长者易事或是教幼者难事，这都是事倍功半的。而学生在学习中若不相互切磋，就会导致"独学而无友，则孤陋而寡闻"。由此来看，《学记》所推崇的君子之教，其核心是引导学生躬身践履，从而获得体验，达到通晓。

《学记》的导学之法有一个中介性环节，即造境。一方面，教师主动建构教学情境；另一方面，师生的互动本身也形成了特定的学习情境。

教师主动造境，《学记》主要提供了学生从事"正业"的活动环境。

> 大学始教：皮弁祭菜，示敬道也。《宵雅》肆三，官其始也。入

学鼓箧，孙其业也。夏、楚二物，收其威也。未卜禘不视学，游其志也。

这里体现的是正课学习时要有恭谨严肃的氛围。学校开学要进行庄严的典礼仪式，包括政府官员前往行礼，全体吟唱《诗·小雅》的前三篇《鹿鸣》《四牡》《皇皇者华》。上课要击鼓提示，并且摆出教鞭、荆条以示训诫。

通过师生互动营造的学习情境，在"正业"和"居学"中均有体现。正课要求学生"时观而弗语，存其心也。幼者听而弗问，学不躐等也"。即学生不能随便讲话，要把注意力集中在多听多看多思考。初学者要多听少问，因为此时虽有各种困惑，但是很多会随着学习的深入就不成问题了；相反，如果此时处处发问，往往会打乱学习的次第。另一种是包括了"居学"的"叩问"之学。

善问者如攻坚木，先其易者，后其节目，及其久也，相说以解；不善问者反此。善待问者如撞钟，叩之以小者则小鸣，叩之以大者则大鸣，待其从容，然后尽其声；不善答问者反此。此皆进学之道也。

上文中不提倡初学者在"正业"的学习中随便提问，但这并不意味着完全不允许学生提问。相反，"叩问"在《学记》中是一门学问、一种艺术。善于提问的学生，应该像敲击树木那样，先打击松软的地方，也就是从小问题入手，然后进入关键问题，这样，师生互动得久了，彼此就建立了默契。到了这个程度，往往是彼此不用多说已经相互理解。善于应对提问的老师，应该像撞击铜钟那样，学生如果问的是小问题，就从简单处回答，学生问了大问题，再深入地回答。这要求教师既有应对大问题的专业水平，也要有辨别学生认知水平和心理状态的教学经验。

总的来看，恭谨庄严的氛围也好，心意相通的叩问也好，都是一种超越于世俗之上的情境，都以熏陶的方式对学生的学习起着导向、阐释等多方面的作用。它之所以成为君子之教不可或缺的环节，是因为它的超越性主要体现为思辨性、专注力和审美化，这对于学生知行统一、涵养性情具有巨大的感染力。

(三) 坚持教学相长

"教学相长"这个原则最早是由《学记》提出的："学然后知不足，教然后知困。知不足，然后能自反也。知困，然后能自强也。故曰：教学相长也。"对它的本义目前主要有两种解读。一种认为它反映了师生之间教与学的良性互动："教师的教学积极性，构成教的内因；在教学过程中，学生学习的自觉性，促使教师去不断改进教学方法，提高教学质量，则构成教的外因。二者的统一构成了教师'知困'的动力。学生的学习自觉性，构成学的内因；在教学过程中，教师教学的积极性和严格要求，促使学生感到欲罢不能，则构成学的外因。二者的统一构成了学生'知不足'的动力。外因通过内因起作用，不如此就达不到任何一方'自反'与'自强'。"①另一种认为，践履这个原则的主体是教师，它指的是为师者应该坚持教与学的相互促进、良性循环。② 事实上这两种阐释并不矛盾。促使学生知不足的是教师的教，促使教师知困的是学生的学；只有学生的学使得教师能够知困而再学，才能进一步促进其教学。

需要进一步搞清楚的一个问题是，教师的"学"是什么情形呢？从《学记》对此采取缺省的态度分析，其应该与学生的学没有本质的差别。这样，师与生在教学达到一定层次后，就具有了相观而善、相辅相成的学友关系。由此我们可以说，提出"教学相长"原则的本质意义在于，教、学双方共同构建了一个"去中心化"的学习情境："控制权并不掌握在师傅手上，而是掌握在实践共同体中，师傅只是其中的一部分而已。"③

四、对话的收获

由以上的分析可以看出，《学记》所描述的教学和我们今天的理解有很多不同之处，这正是其具有启发性的地方。

---

① 高时良：《〈学记〉研究》，66页，北京，人民教育出版社，2006。
② 陈桂生：《"教育学视界"辨析》，235页，上海，华东师范大学出版社，1997。
③ [美] J. 莱夫、E. 温格：《情境学习：合法的边缘性参与》，42页，上海，华东师范大学出版社，2004。

首先是"不兴其艺，不能乐学"，这与我们今天提倡减负以便还孩子们一个快乐的童年是大异其趣的。然而，根据"情境学习"的观点："一种学习型课程在投入实践的机会中展开，它并不是为特定的实践所特设的一套指令。"①那么，"正业"和"居学"都是提供给学生的实践机会，学生能否充分地把握机会，即对这些实践的参与度，决定了他们最终是否学有所成。实践得愈久愈深，对所学之道就愈加认同；对所学之道体会得越深越透，就越能够在践履中显明意志、注入情感，使得学习、操练都泛出超然的意蕴和形而上的光辉。从这个意义上说，我们可以通过借鉴历史经验，调整多学与乐学的关系，使之由相互矛盾转为相互促进。

其次是建构教学氛围和情境。《学记》明显地体现出，一定的教学氛围和适当的学习情境，是由教学主体的互动实践建构的，而不是靠外在的物化条件营造的。换言之，教与学的互动，与理想学习氛围的形成是相辅相成的关系——理想的教学实践，首先在师生们之间连起了一个思维的网络，思想的乐趣促使身处这个共同体的人日益专注地投入这个网络中。随着思考的逐渐深入、交流的日益充分，这个动态的网络裹挟起越来越多的相关资源，进而形成一个超功利的"场"，最终获得审美的效果。其中的人们在审美的体验和享受中得到人格的完善，这种精神力量与主体的日用践履相互映照，便成为北宋著名理学家张载所描述的"为天地立心，为生民立命，为往圣继绝学"的境界。

最后是"善教者使人继其志"。第一，它要求为师者自有其志。克罗齐的一段辩证的话语，对于我们理解为师者之志是有帮助的。一方面，"超验哲学深陷其中的错误源于奢望精神价值脱离变动的实在，并通过超越实在，在一个高级区域保存它们：这等于用幻想解决逻辑问题。"但另一方面，"尽管超验哲学犯有自己的错误，但它在思想史的各个时期一直有益地工作，从苏格拉底反对诡辩论者而确立的定义，柏拉图导入理念世界的'理念'开始。"②我们不能以超验的教条束缚变动不居的实践，但实践者心目中却应该有自己的终极寄托和理想追求。第二，如何理解"志"

---

① [美] J. 莱夫、E. 温格：《情境学习：合法的边缘性参与》，41页，上海，华东师范大学出版社，2004。
② [意] 贝内德托·克罗齐：《作为思想和行动的历史》，17页，北京，商务印书馆，2012。

的内涵？有专家认为，这个"在古代或可，在现代恐未必"①。但这恐怕是把"志"理解为教师所追求及其追求路径，在这个意义上，今天的学生未必能承其志，而且如此承师尊之志也没有必要。但是，从文本的前一句话，也即"善歌者使人继其声"来看，显然这是为"善教者使人继其志"起兴，它的意思不是继承老师唱的什么，也不是继承老师为什么唱，而是继承"唱"这个实践本身。以此与继志之论相对照，我们说这个"志"并非指教师走了什么路、追求的是什么，学生就一定要照此办理；而是指教师通过言传身教、激励、引导学生也能够在终身学习的过程中实现自我超越。对此，在今天的教育中是否能够实现，则是可以研究的。

---

① 陈桂生：《略论师生关系问题》，载《教育科学》，1993，9(3)。

第六章　秦代的语文教育状况

秦代的语文教育，在中国古代教育史上具有十分特殊的地位。一方面，这是古代蒙学教材编撰的第一个高潮期，出现了《仓颉》《爰历》《博学》三部对后世深远影响的蒙学教材；而且，读写的训练也形成了一定的规范。另一方面，秦王朝统治者对教育实行实用主义政策，即以法为教、以吏为师；同时，对于一直是文化教育的领军者的儒家学派，进行了残酷的清剿，这使得文化教育领域自先秦以来形成的人文精神遭到重创，刚刚萌芽的文学教育思想也没有得到应有的灌溉。但是，儒家学者面对严酷的现实，顽强地接续传统的精神，使得《诗》《书》教化得以流传。

一、以法为教

(一)缘起

战国时期，中原地区最早强盛起来的是国史久远而有着深厚文化积累的齐、鲁两个诸侯国。秦国是因为协助平王东迁洛邑，才得以立国，其历史很短，加上地处西陲，相对落后，直至秦孝公任用商鞅实行变法，才逐渐强盛。相应地，变法图强的过程，也使得秦国形成了以法治国的传统。

秦孝公当政时，誓要恢复穆公、献公时代的广袤疆土，于是向天下征召能人贤士，以图强国。是时商鞅应征，建议变法，君臣一拍即合。到秦国后，商鞅内修法令，劝掖农垦，外务兵战，奖励勇士。据《晋书·刑法志》记载，魏相李悝曾参考各诸侯国法典，编著《法经》六篇，并以此为魏国施政的准则。商鞅不但少时好刑名之学，而且是学习过李悝的《法经》的，所以以法治国成为他的基本理念。按照钱穆的统计，商鞅变法的主要内容有十项,即废除贵族世袭制;推行郡县制;禁止大家族聚居;废除井田制,推行新田制;推行地方自治;按照军功建立军爵制;奖励农织;定咸阳为新都加以建设;统一度量衡;推行法律平等。①

经年之后,秦国社会秩序井然。荀子曾谈到游历秦国的感受:"入境观其风俗,其百姓朴,其声乐不流污,其服不挑。甚畏有司而顺,古之民也。及都邑官府,其百吏肃然,莫不恭俭、敦敬、忠信而不楛,古之吏也。入其国,观其士大夫,出于其门,入于公门;出于公门,归于其家,无有私事也。不比周,不朋党,倜然莫不明通而公也,古之士大夫也。观其朝廷,其间听决百事不留,恬然如无治者,古之朝也。"(《荀子·强国》)荀子虽为大儒,但他的思想中也具有法家的倾向,故而他的两个学生韩非、李斯,都逐渐走向了法家。而这两位人物都曾为秦国出谋献策,李斯更是长期担任秦朝的宰相,所以法治传统在秦根深蒂固。

秦始皇借武力手段统一六国,建立了大一统的中央集权国家。这样一个前所未有的格局,需要更大规模的、更强有力的统治。秦国一直是以法家思想作为其指导思想,所以秦始皇以及像李斯这样的重臣,采取的统治方略是以法治国,用法制的约束来使臣民百姓就范。更重要的是,武力虽然可以建国,但治国的关键却是人心。所以,为了国家的长治久安,还要将统治的指导思想渗透到文化教育领域中去,从思想上控制百姓。

(二)表现

第一,官方开展的是法令教育。统一六国之初,秦统治者主要在行政上推行一系列巩固统一的政令,例如,推行郡县制、统一度量衡、统一文字,等等,教育还未及整肃。所以,秦王朝前期,战国流传的私学仍然是存在的。例如,《汉书·楚元王传》记载:汉高祖少弟刘交曾与鲁穆生、白生、申公"俱受《诗》"于浮丘伯,及秦焚书,乃各别去。这说明焚书前儒家私学是存在的。不仅如此,自秦穆公以来,就广纳贤才,像商鞅、张仪、范雎、甘茂、蔡泽、尉缭、韩非等人都曾先后入秦,贡献才智。秦始皇也注意征辟贤才,并且不排斥法家以外的学派,像叔孙通

---

① 钱穆:《秦汉史》,7页,北京,生活·读书·新知三联书店,2005。

以文学被征；萧何做过泗水郡卒史，政绩突出。①

秦始皇执政之初，并未因为秦有法治传统，就排斥春秋战国以来形成的其他学派，例如，陆贾曾为秦之巨儒，郦食其为秦之儒生，叔孙通秦时以文学待诏博士。后来陈胜崛起山东，二世召博士三十余人问故，皆用《春秋》之义以对。这些情况说明，秦始皇并非要杜绝儒生与经学。他所关注的，是政治的统一和国家的安定，所以在他眼中，各学派均要为其所用。

到始皇三十四年（前213），出现了转折。在这一年为始皇帝祝寿的宴会上，仆射周青臣献赞美之辞，博士淳于越立即反驳，以"事不师古而能长久者，非所闻"的标准，指责郡县制不合古制。丞相李斯对这一现象十分重视，不但上书力陈时势代变、法不师古的道理，而且提出了一个系统的以法为教的方案，得到了秦始皇的认可。②

> 臣请史官非秦纪皆烧之。非博士官所职，天下敢有藏《诗》《书》百家语者，悉诣守尉杂烧之。有敢偶语《诗》《书》者弃市，以古非今者族，吏见知不举者与同罪。令下三十日不烧，黥为城旦。所不去者，医药卜筮种树之书。若欲有学法令，以吏为师。

这一法案主要有三项内容。第一，政府应该进行大规模焚书，以史书（除秦纪外）和诸子百家之书为重点，医药卜筮种树等类可以保留；第二，博士官是有资格存、读诸子百家典籍和史书的；第三，明确提出以法为教、以吏为师的文教原则。

自此之后，秦王朝官方，主要实施法令教育，即由"史官"在政府附设的"学室"中向挑选好的青年子弟教授法令文书。受学的年轻人被称为"史子"，一般是政府官员的子弟，他们被要求接受法令文书的读写训练。所谓"被要求"，是说这是他们需要履行的法律义务。例如，《睡虎地秦墓竹简》中有这样两条史料：

---

① （汉）司马迁：《史记》，2014页，北京，中华书局，1959。
② （汉）司马迁：《史记》，254～255页，北京，中华书局，1959。

>令赦史毋从事官府。非史子殴(也)，毋敢学学室，犯令者有罪。(《睡虎地秦墓竹简·秦律十八种·内史杂》)

>当除弟子籍不得，置任不审，皆耐为侯(候)。使其弟子赢律，及治(笞)之，赀一甲；决革，二甲。(《睡虎地秦墓竹简·秦律杂钞·除弟子律》)

第一条规定，身份上不合乎要求的年轻人不能在学室中学习，否则视为犯罪；第二条规定，凡合乎身份的年轻人，如果不接受这种教育，也是有罪的。

"史子"学成后，就在政府担任刀笔小吏。"吏"与"官"相对，专指官府衙门中的低级公务人员或从事具体操作性工作的办事人员，即"官"的属吏。[①] 按《论衡·量知》的说法："文吏笔札之能，而治定簿书，考理烦事。"[②]就是说，阅读往来公函，草拟文书，是这些小吏的主要工作内容，因此，"学室"的教育也以法令的阅读和书写为主要内容。

第二，由博士收藏百家典籍。秦朝的"博士"官对于先秦至汉代文化教育的接续具有重要意义。

"博士"的称谓战国时已经出现，《战国策·赵策》记载："郑同北见赵王，赵王曰：子，南方之博士也。"但这时的博士之称还不是官名，《说文》云："博，大通也"，"通，达也"，"博士"指的是博学之士。按照钱穆的考证，齐国稷下学宫中的稷下先生是博士由来的源头："博士官名已起于战国。大抵齐之稷下先生，乃秦代博士制度之所本，故淳于髡以稷下先生亦称博士也。博士掌通古今，即齐制稷下先生所谓不治而议论者是已。《续志》：'博士掌教弟子，国有疑事，掌承问对。'教弟子者，亦稷下先生先有之。"博士早期的演变线索，钱穆勾勒为："齐之稷下，则承鲁缪公魏文侯养贤礼士而来。其演变所趋，则为四公子之门宾食客。惟自稷下以来，不闻专掌六艺，则秦博士亦必不专掌六艺，审也。"[③]到战国末

[①] 俞启定、施克灿：《中国教育制度通史》第一卷，199页，济南，山东教育出版社，2000。
[②] 黄晖：《论衡校释》，548页，北京，中华书局，1990。
[③] 钱穆：《秦汉史》，27~28页，北京，生活·读书·新知三联书店，2005。

期，齐、魏、秦三国正式设置博士官，秦朝延续了这一传统。

秦博士官的职掌，按照《汉书》记载为："博士，秦官，掌通古今，秩比六百石，员多至数十人。"①但实际上，博士官的职责不仅仅是掌通古今这一项，据《史记·封禅书》载，秦王政二十八年，"东巡郡县，祠邹峄山，颂秦功业。于是徵从齐鲁之儒生博士七十人，至乎泰山下。"②结合始皇三十四年仆射周青臣与博士淳于越的争论来看，博士还有以备谘问和谏议国是的职责。此外，据王国维考证："《始皇本纪》有诸生，《叔孙通传》则连言博士诸生，是秦博士亦置弟子。"③也就是说，博士还有典教之责。

正是由于具有这些职能，尽管有焚书的法令，博士却能拥有保留诸子百家典籍的特权，这对于文化的接续发挥了重要作用——正是因为有这样的特权，身为博士者能够研究、传播典籍，所以即使典策缺乏，文化也不会断绝。如伏生是秦国的博士，始皇焚书后，他壁藏其书，只身逃亡避祸。西汉建立之初，受征召传经授徒，成为汉代《尚书》学的创始人。

第三，加强对民间文化教育的管制。秦始皇的高压统治主要是针对民间的文化教育活动，除了焚书这样的极端措施外，其还通过常规的教育教化使百姓就范，这主要表现在几次琅琊石刻和设三老当中。

秦始皇统一后曾先后五次出巡，除第一次外，其他四次均撰文刻石，以"匡饬异俗"。刻石文字包括颂扬始皇功绩、申述法令、倡导教化、严肃伦理等几个方面。例如，泰山石刻的刻文中提出："皇帝躬圣，既平天下。不懈于治，夙兴夜寐。建设长利，专隆教诲。训经宣达，远近毕理。咸承圣志，贵贱分明。男女礼顺，慎尊职事。昭隔内外，靡不清静。施于后嗣，化及无穷。"之罘石刻中也提道："原念休烈，追诵本始。大圣作治，建定法度。显著纲纪，外教诸侯。光施文惠，明以义理。"这都表明了对教化的重视。而会稽石刻则对婚姻法做出了更为具体的规定："有子而嫁，倍死不贞。防隔内外，禁止淫佚。男女絜诚，夫为寄豭，杀之无

---

① （汉）班固：《汉书》，726页，北京，中华书局，1962。
② （汉）司马迁：《史记》，1366页，北京，中华书局，1959。
③ 王国维：《观堂集林·汉魏博士考》，84～85页，石家庄，河北教育出版社，2003。

罪。男秉义程，妻为逃嫁，子不得母。成化廉清，大治濯俗。"

秦在乡里还设有掌管地方教化的三老。始皇二十六年，分天下为三十六郡，郡下有县，县下有里、亭、乡。大率十里一亭，亭有亭长；十亭一乡，乡设三老、啬夫、游徼，三老掌教化；啬夫听讼，收赋税；游徼循禁盗贼，三老由政府发给一定的薪俸，视同地方官吏。担任三老之职的多为乡民中年长而有文化知识的人，他们负责本乡的教化事宜，宣传法令，移风易俗，开展蒙学。通过三老对地方教化的推行和管理，政府各项法令规范得以落实。

二、语文的工具训练得到强化

(一) 识字教材——书同文字

秦代是古代蒙学发展的第一个高潮期，其标志就是《仓颉》《爰历》《博学》三部识字教材的编撰。首先，这是为了适应统一文字的政治需要。战国时期，各诸侯国的文字并不一致，字体繁多，这既不利于书面交流，更不利于政治的统一，所以秦始皇二十六年，政府出台法令，规定"一法度衡石丈尺，车同轨，书同文字"(《史记·秦始皇本纪》)。秦在本国文字的基础上，结合六国文字加以改进，基本规范就是尽量简省。后来，由于政府文书撰写工作繁重，吏员又逐渐创造了一种书写更为快捷的字体，即隶书。最后，秦代形成了以小篆为主的八种字体。李斯等编撰的识字教材，则是以小篆书写的，以为童蒙学书之示范。许慎在《说文解字叙》中简明地勾勒了这个过程。

> 及宣王太史籀，著大篆十五篇，与古文或异。至孔子书《六经》，左丘明述《春秋传》，皆以古文，厥意可得而说，其后诸侯力政，不统于王。恶礼乐之害己，而皆去其典籍。分为七国，田畴异亩，车涂异轨，律令异法，衣冠异制，言语异声，文字异形。秦始皇帝初兼天下，丞相李斯乃奏同之。罢其不与秦文合者。斯作《仓颉篇》。中车府令赵高作《爰历篇》，太史令胡毋敬作《博学篇》，皆取史籀大篆，或颇省改，所谓小篆者也。是时，秦烧灭经书，涤除旧典。大发隶卒，兴戍役。官狱职务繁，初有隶书，以趋约易。而古文由此

绝矣。自尔，秦书有八体：一曰大篆，二曰小篆，三曰刻符，四曰虫书，五曰摹印，六曰署书，七曰殳书，八曰隶书。

《汉书·艺文志》记载："《仓颉》七章者，秦丞相李斯所作也；《爰历》六章者，车府令赵高所作也；《博学》七章者，太史令胡毋敬所作也；文字多取《史籀篇》，而篆体复颇异，所谓秦篆者也。"①这三部教材的出现，无疑有力地巩固了统一文字的成果。"秦篆"即小篆，和大篆相比，小篆便于学习、运用，有助于提高童蒙教育的效率。到汉初，萧何综合了三部教材的优点，对它们进行合并，编辑成60字为一章，凡55章的一部新的识字教材，仍以《仓颉》为名。

虽然秦代的三部教材和汉代的《仓颉》均已亡佚，但是，借助20世纪以来陆续出土的资料，以及史学家们的研究，我们已略可窥其特色。总的来说，秦代识字教材有两个基本特点，一是四言一句，两句一韵；二是所录文字是经过分类的，而不是随意排列。

首先，秦代的识字教材全部是要求儿童认读的字，四言一句，两句押韵。例如：

仓颉作书，以教后嗣。
幼子承昭，谨慎敬戒。
勉力风诵，昼夜勿置。
苟辑成史，计会辨治。
超等轶群，出元别异。②

再如，根据阜阳汉简和居延残简两种出土资料，前辈教育史家勾勒出合并后《仓颉篇》的第五章：

己起臣仆
发传约载

---

① （汉）班固：《汉书》，1721页，北京，中华书局，1962。
② 《中国大百科全书·语言文字》，31页，北京，中国大百科全书出版社，1988。

趣遽观望

行步驾服

逋逃隐匿

……

四言一句，两句押韵，是自西周以来形成的重要的韵文形式。押韵、对仗，既便于儿童记诵，从而积累语料，也有利于模仿。从汉代以来的蒙书来看，这成为编辑教材的常规体例。

具体来说，最早的有文字记录的诗歌雏形是二言的。例如，载于《吴越春秋》中的《弹歌》即使如此："断竹，续竹。飞土，逐宍（肉）。"由于二言句式节奏明快，所以两字一顿的节奏形式一直延续下来，成为诗歌、韵文、骈文诵读的基本节奏。随着社会生活的发展，二言句式渐渐地难以适应日益丰富的言语活动的需要，故出现了加字的尝试。这样，就由二言发展为四言，如《周易》中的古代歌谣，显示了这一变化的轨迹，而且保留了不少初成的四言句式。通过对《尚书》与《诗经》的比较研究，研究者认为："在《尚书》和《周颂》的早期篇章里，四言是上古书面语共用的一种句式，在诗与文之间尚无明确的分界。"①

关于押韵，按照顾炎武的归纳，《诗经》基本上有三种押韵方式，即句句用韵，隔句用韵，和一、二、四句用韵，而隔句押韵相对最为常用。② 从表达内容上来看，《尚书》中的四言句中，凡用于记言的基本都押韵，用来记事的则一般不求押韵，大概是记言类或为警诫，或为赞颂，都希望读者能够记诵。

其次，秦代识字教材中，字的排列不是随意的，而是先进行分类，将同类的字排列在一起。从现有材料来看，归类的方法基本上有两种。第一种用得比较多，是按照字意归类，像"勉力讽诵""超等轶群"等，往往一句之内，是一组或两组同义、近义、反义的词，或为表示同类事物、行为、性质的词语，少数也有表达完整语义的句子。第二种是以字形归类，像"悫愿忠信"，但是相对来说，这一类只是刚刚开始具有这种类属

---

① 葛晓音：《四言体的形成及其与辞赋的关系》，载《中国社会科学》，2002(6)。
② (清)顾炎武：《日知录集释》，1176页，上海，上海古籍出版社，2006。

的意向，所以刻意按照这种类别排字的例子很少。

秦代识字教材的这些特征，对于中国古代蒙学教材的编撰具有奠基之功，此后的蒙学教材，基本都是沿着这个思路继续发展的。

（二）读写教育——讽籀之学

在先秦官学中，读写教学活动已经比较普遍，但尚未加以规范化。到秦代，由于培养文书小吏是官方教育的主要任务，所以训练读写就成为主要的教学活动。《汉书·艺文志》记载："汉兴，萧何草律，亦著其法，曰'太史试学童，能讽书九千字以上，乃得为史'。"①许慎《说文解字叙》引汉《尉律》云："学童十七已上始试。讽籀书九千字，乃得为吏。"我们说，汉初法律草创，而秦律又是十分的完备、发达，所以汉律对秦律多有继承和借鉴。按照段玉裁的注释："讽，谓能背诵尉律之文；籀书，谓能取尉律之义，推演发挥，即缮写至九千字之多。"②由此可见，要求学生背诵法令条文，并且根据对法令的理解，并结合具体案例加以发挥，陈说论述，是秦代官方教育的主要要求；而九千字的数量规定已经相当多，这说明秦代读写教学已经有了一定的规范。

三、《吕氏春秋》的教育思想

从文化学术发展来看，秦代最可称道的，是由吕不韦组织各学派学者编撰的《吕氏春秋》。《吕氏春秋》是战国末年（公元前239年前后）秦国丞相吕不韦组织属下门客们集体编撰的杂家著作，又名《吕览》。此书共分为十二纪、八览、六论，共二十六卷，一百六十篇，二十余万字。《吕氏春秋》包含的思想内容广泛、丰富，其中，阴阳家思想为全书之首，涉及天人感应、阴阳兴衰等；其次是儒、道思想；此外，还包括兵家、名家、墨家等思想。《吕氏春秋》中关于为师、为学之道的论说，基本上延续的是儒家的思想。

从这部著作中渗透的儒家学说，可以看到，经受了"焚书""坑儒"等一系列高压统治，《诗》《书》教化受到沉重的打击。然而，即便是面临这样的境遇，儒家学者仍然凭着对"道"的信念和坚韧的品格，借助在民间

---

① （汉）班固：《汉书》，1720～1721页，北京，中华书局，1962。
② （汉）许慎：《说文解字》（现代版），842页，北京，社会科学文献出版社，2005。

进行教育活动，使得儒学得以流传。

作者明确提出，教育的核心价值在于培养受教育者的忠孝德行，例如，《劝学》有："先王之教，莫荣于孝，莫显于忠。忠孝，人君人亲之所甚欲也。显荣，人子人臣之所甚愿也。然而人君人亲不得其所欲，人子人臣不得其所愿，此生于不知理义。不知理义，生于不学。"作者提出，若欲养成忠孝的品性，就要懂得理义，而理义不是天生即知的，必须通过学习才能获得。通过后天的学习进行伦理道德的熏陶，这基本上是承袭儒家的教育思路。

《吕氏春秋》对为师之道做了两个方面的诠释。一方面，作者提出，为师者要在理义的认识和实践上具有优于他人的素养："为师之务，在于胜理，在于行义。理胜义立则位尊矣，王公大人弗敢骄也，上至于天子，朝之而不惭。凡遇合也，合不可必。遗理释义，以要不可必，而欲人之尊之也，不亦难乎？故师必胜理行义然后尊。"(《劝学》)另一方面，在教学的原则和方法上，提出了使学生乐学的观点："达师之教也，使弟子安焉、乐焉、休焉、游焉、肃焉、严焉。……人之情，不能乐其所不安，不能得于所不乐，为之而乐矣，奚待贤者？虽不肖者犹若劝之。为之而苦矣，奚待不肖者？虽贤者犹不能久。反诸人情，则得所以劝学矣。"《诬徒》按照本文作者的观点，为人师者先要令弟子心安，因为内心安定了，才能不浮躁、不紧张，把精力集中到学习上。然后，要让学生在学习活动中体验到乐趣。在此基础上，学生才能按照各项要求展开学习，包括培养良好的习惯，从而不断取得进步。作者认为，对学习有乐趣是教学的核心，因为从人之常情来看，学生不可能在内心不安定的情境下还感到快乐；如果学习的内容是自己不喜欢的，也很难有所收获。反之，只有乐在其中，才能够做到不畏辛苦，勇往直前。那么，如何才能使学生乐学呢？作者提出"视徒如己，反己以教"的观点，即将心比心，"所加于人，必可行于己"。要做到这一点，意味着师徒能够相互理解，形成默契，而"学业之章明也，道术之大行也，从此生矣。"(《诬徒》)

作者还指出了什么样的人不能做教师，首先是缺乏信仰和人生观，做事情没有恒心，散漫恣意者："不能教者，志气不和，取舍数变，固无恒心，若晏阴喜怒无处。言谈日易，以恣自行。失之在己，不肯自非，愎过自用，不可证移。"其次是趋炎附势之徒："见权亲势及有富厚者，不论其材，不察其行，欧而教之，阿而谄之，若恐弗及。"最后是非但不引导学生修业进学，而且对学生的进步反而抱着嫉恨的态度的人："弟子居处修洁，身状出伦，闻识疏达，就学敏疾，本业岁终者，则从而抑之，难而悬之，妒而恶之。弟子去则冀终，居则不安，归则愧于父母兄弟，出则惭于知友邑里。"(《诬徒》)

该文章对于为学之道，也做了系统地阐述。作者认为，理想的学习状态是做到"能全天之所生而勿败之"(《尊师》)，能够"假人之长以补其短"(《用众》)，即保持纯洁的本性，不受环境玷污、损害，同时还能取长补短，这才算是"善学"者。那么，怎样才能达到善学的水平呢？作者指出："凡学，必务进业，心则无营，疾讽诵，谨司闻，观欢愉，问书意，顺耳目，不逆志，退思虑，求所谓，时辨说，以论道，不苟辨，必中法。得之无矜，失之无惭。"(《尊师》)做学生应该虚心向老师求学问，并且力求学思结合，知其所以然，从而不断追求学业的精进。学成之后，行为处事也要恪守为人弟子的道德规范，即"君子之学也，说义必称师以论道，听从必尽力以光明。听从不尽力，命之曰背；说义不称师，命之曰叛；背叛之人，贤主弗内之于朝，君子不与交友。"(《尊师》)

从《吕氏春秋》中有关教育教学的内容来看，它主要继承了儒家的教育理念，同时又对自古以来的教育教学经验进行了总结，所提出的一系列原则、规范，至今值得学习。

第七章　汉代经学中的语文教育

汉代的语文教育，在先秦以儒家教育为主的经典传习和教化的基础上，进一步发展，它既是汉代经学教育的载体，也在经学教育中日臻成熟。汉代的语文教育主要包括两个方面，一是儒家经典的解读，二是写作教育。就写作教育来看，无论是在写作规律上，还是表达样式上，较之前代都有了充分的发展。

第一节　经学教育的衍进

儒家经学的教育是汉代教育的主体，其决定着汉代语文教育的基本格局和特色。正是由于经学教育兴盛，使得阅读教学以读经为主，并形成了以训诂为主线的阅读模式；也正是由于经学教育的兴盛，才使得无论是文章写作还是文学创作，都要讲求微言大义。所以，探究汉代语文教育的特点，首先需要对汉代的经学教育有所了解。

一、独尊儒术

汉武帝发布诏令，以"独尊儒术"作为汉王朝的文教政策，自此，儒学便超越了其他学派，取得了大一统专制政权的统治思想的地位。这是中国历史上一个众所周知的大事件。那么，独尊儒术的文教政策是怎样形成的，其具体过程又是怎样的呢？这是我们在教育史的学习中需要进一步了解的。

汉代独尊儒术政策的确立是经历了一个过程的，社会状况的发展变化、帝王的政治追求，以及儒学自身发展的规律，是促成独尊儒术的几个主要因素。

汉王朝建立之初，由于刚刚经历了暴秦的统治和秦末战争，社会经济凋敝，据《汉书·食货志》描述："汉兴，接秦之敝，诸侯并起，民失作业，而大饥馑。凡米石五千，人相食，死者过半。高祖令民得卖子，就食蜀汉。天下既定，民亡盖藏，自天子不能具醇驷，而将相或乘牛车。"① 这里形象地描述了汉初经济的凋敝。刘邦集团在打天下的过程中都立下过汗马功劳，帝王将相以军功获得了政治地位。汉初分封诸侯后，各诸侯逐渐形成了自己的势力范围，并逐渐产生出觊觎王权的野心。为了解决现实社会中存在的问题，汉初统治者确立了以黄老之学作为政治的指导思想。黄老思想讲究清静无为，为政简易。在这样的思想原则的指导下，汉初统治者在经济建设方面少出政令，与民休息，让老百姓可以少受干扰，专心发展生产，安定地生活，从而适应了恢复社会经济、发展国力的需要。所以，这一指导思想起到了积极的作用，一段时间之后，百姓生产生活得以恢复。如司马迁所述："政不出房户，天下晏然。刑罚罕用，罪人是希。民务稼穑，衣食滋殖。"② 到文、景两朝，形成了中国历史上著名的"文景之治"："及孝文即位，躬修玄默，劝趣农桑，减省租赋。而将相皆旧功臣，少文多质，惩恶亡秦之政，论议务在宽厚，耻言人之过失。化行天下，告讦之俗易。吏安其官，民乐其业，畜积岁增，户口寖息。风流笃厚，禁罔疏阔。"③

黄老思想的特点，一方面，是在政治上保持政府、宫廷、诸侯三权彼此制衡，从而使得各种政治矛盾不至于走向激化；但另一方面，它也不能突破矛盾，推进发展。所以，这种无为而治的策略并非长久之计。在汉王朝内部，高祖以来分封的诸侯不断觊觎中央政府的权力，威胁大一统的集权统治；在汉王朝周边，少数民族的侵扰，尤其是匈奴的威胁日益严重，而这些问题都不是少欲无为的政治策略所能够解决的。到汉景帝时期，虽然对朝政具有重大影响力的窦太后笃信黄老，但是景帝仍然为皇子刘彻（即后来的武帝）延请了儒家学者作老师，这样，汉武帝自

---

① （汉）班固：《汉书》，1127 页，北京，中华书局，1962。
② （汉）司马迁：《史记》，412 页，北京，中华书局，1959。
③ （汉）班固：《汉书》，1097 页，北京，中华书局，1962。

少年时期接受的便是儒家思想的熏陶，这使得他形成了积极进取、建功立业的人生观。所以，武帝登基后，一改前代质朴少文、清静无为的行政状态，以其雄才大略，充分地推行有为政治，使汉王朝在文治武功各方面进入极盛期。桓谭对其评价极高："汉武帝材质高妙，有崇先广统之规，故即位而开发大志，考合古今，模获前圣故事，建正朔，定制度，招选俊杰，奋扬威怒，武义四加，所征者服，兴起六艺，广进儒术，自开辟以来，惟汉家最为盛焉。故显为世宗，可谓卓尔绝世之主矣。"①

从黄老政治到独尊儒术的变化，除了有社会政治因素的主导外，儒学自身的发展也是一个重要条件。汉初，统治者曾就为治之道广泛地征求了当时各派人士的意见，例如，丞相曹参即就治术向饱学之士请教，然而给予他明确建议的不是儒士，而是黄老学者。②

> 天下初定，悼惠王富于春秋，（曹）参尽召长老诸生，问所以安集百姓，如齐故诸儒以百数，言人人殊，参未知所定。闻胶西有盖公，善治黄老言，使人厚币请之。既见盖公，盖公为言治道贵清静而民自定，推此类具言之。

首先，儒学的传习，主要是通过学习六经，继承上古三代以来的历史经验，但是，经过秦始皇的焚书坑儒之后，不但书籍几乎断绝，而且儒士的精神和思想也受到严重的打击，所以需要一个恢复、发展的过程；而汉初的社会情况是前所未见的，使得其难以直接从前代历史中借鉴经验，加之高祖刘邦等早期统治者大都是行伍出身，更令儒家学者难以提供辅助，唯以观望。其次，儒家主要是通过长期的典籍传授，使受教育者在耳濡目染之中逐渐修养道德，从而能够在实践中做到己立立人、己达达人。这不是立等可就的事情，所以发挥短期效应恰恰是儒学的短处。但是，儒家的进取精神和教育传统是其他学派难以企及的，即使身处困厄，儒士仍能够使学统得以保持以待来者。例如，当陈胜起义之际，处于儒学发源地的鲁地儒士即群起追随："及至秦之季世，焚《诗》《书》，坑

---

① （汉）桓谭：《新辑本桓谭新论》，43 页，北京，中华书局，2009。
② （汉）司马迁：《史记》，2028～2029 页，北京，中华书局，1959。

术士,'六艺'从此缺焉。陈涉之王也,而鲁诸儒持孔氏之礼器往归陈王。"楚汉战争时期,刘邦追击楚军至鲁地,沿途发现"鲁中诸儒尚讲诵习礼乐,弦歌之音不绝"①。儒士不仅在民间传授儒学,而且借此寻求影响统治者的机会来推广儒学。刘邦建汉之初看不起儒生,大臣陆贾即劝谏道:"(天下)居马上得之,宁可以马上治之乎?"②叔孙通不仅带领弟子为刘邦定朝仪,而且游说刘邦云:"夫儒者难与进取,可与守成。"③刘邦的弟弟楚元王刘交曾与申公等人一起向荀子的传人学《诗》,后又延聘申公作楚王太子戊的老师。另外,像河间献王刘德、淮南王刘安等,不仅修学好古,而且利用自身的优势广泛搜集儒家经籍。正因如此,儒学发展到武帝时期,不仅除"乐"之外的五经得到汇集,而且出现了像董仲舒、公孙弘这样在学术和政治上都具有重大影响力的大儒。如此,儒学便登上了汉王朝的政治舞台。

就独尊儒术的过程来看,其基本线索中有这样几个事件是值得关注的。高祖刘邦年轻时轻视儒学,但随着统治经验的不断丰富,加上受到周围具有儒家学者身份的大臣的影响,到晚年,他终于认识到儒学的意义,于是到太牢祭奠孔子,以示提倡儒学之意。汉惠帝四年(前191年)废除了挟书律,从而促进了儒学传播的恢复和发展。汉文帝二年(前178年),将惠帝时作为荐举标准的"孝悌力田"原则改为"贤良方正能直言极谏",从而为广开言路及儒士的晋升提供了机会。到汉武帝即位,不仅要求地方荐举贤良,而且亲自策问所举人才,使得像董仲舒这样的学者脱颖而出。董仲舒的三次贤良对策,提出了以独尊儒术、设太学养士、加强人才选拔为基本原则的系统构想,这不仅为汉武帝的政教方针提供了指导,而且对整个封建时代产生了深远的影响。到建元元年(前140年)武帝下诏荐举贤良的时候,丞相卫绾奏请云:"所举贤良,或治申、商、韩非、苏秦、张仪之言,乱国政,请皆罢。"即要求对荐举的人才做进一步的规定,限制刑名法学各派。这一提议得到了武帝的认可。统治者在人才选拔过程中开始限制学派,意味着开启了独尊儒术的帷幕。建元五

---

① (汉)司马迁:《史记》,3116~3117页,北京,中华书局,1959。
② (汉)司马迁:《史记》,2699页,北京,中华书局,1959。
③ (汉)司马迁:《史记》,2722页,北京,中华书局,1959。

年(前136年），汉武帝在太学"置五经博士"(《汉书·武帝纪》)。"博士"本是指博学之士，战国时期已经作为咨询、议政之官存在于齐、鲁、魏等诸侯国中。秦代专设博士官制，要求其"掌通古今"(《汉书·百官公卿表》)。汉初承袭秦制，在官方设博士，但是没有学派的限制。到武帝为儒家五经各设博士，就使得儒学成为官方具有主导性的学术体系。但武帝时并未罢黜其他学派，只是要求"勿使并进"。然而，政府发展儒学的导向，使得全社会影从响应，到东汉，一方面"博士之官，儒生所由兴"(《论衡·别通》)；另一方面，官方也"惟有五经博士"(孙奭疏语)。

二、经学教育兴盛

"独尊儒术"成为汉王朝的文教政策后，儒家经学兴盛起来，经学教育迅速成为汉代教育的主体内容。

经学研究的起点在"经"的形成上，从"经"的训诂，便可对此略窥一二。经，最初写作"巠"，首见于周代青铜器铭文。郭沫若说："余意巠盖经之初字也。"① 后来发展为"经"，许慎《说文解字》云："经，织从丝也。"段玉裁注曰："织之从丝谓之经。必先有经，而后有纬。"(从丝，原本无，段玉裁依《太平御览》卷八二六补)所以说，"经"的本义是指编织物的纵线，章太炎曾对此进行阐释："今人书册用纸，贯之以线。古代无纸，以青丝绳贯竹简为之。用绳贯穿，故谓之经。经者，今所谓线装书矣。"②

作为典籍文献之称的"经"，其内涵经历了一个由泛指典籍著述到专指儒家经籍的过程。《国语·吴语》曾有"挟经秉枹"之语，可见最早兵书是可以称为"经"的；《管子》有《经言》篇，则教令亦可称为"经"；历史上的《内经》《外经》为医书；《汉书·律历志》所引之《世经》为史书；《隋书·经籍志》录《畿服经》为地志；《墨经》则为诸子著述，等等。而"经"成为儒家经典的专名，是经历了一番变迁过程的。先是《诗》《书》《礼》《乐》被合称，例如：

(晋)作三军，谋元帅。赵衰曰："郤縠可。臣亟闻其言矣，说

---

① 郭沫若：《郭沫若全集》第5卷，182页，北京，人民出版社，1954。
② 章炳麟：《国学讲演录》，44页，上海，华东师范大学出版社，1995。

礼、乐而敦《诗》《书》。《诗》《书》,义之府也。礼、乐,德之则也。德、义,利之本也。"(《左传》"僖公二十七年")

乐正崇四术,立四教,顺先王《诗》《书》《礼》《乐》以造士:春秋教以《礼》《乐》,冬夏教以《诗》《书》。(《礼记·王制》)

进而并称为"经":

孔子谓老聃曰:"丘治《诗》《书》《礼》《乐》《易》《春秋》六经"。(《庄子·天运》)

其在于《诗》《书》《礼》《乐》者,邹鲁之士、搢绅先生多能明之。《诗》以道志,《书》以道事,《礼》以道行,《乐》以道和,《易》以道阴阳,《春秋》以道名分。(《庄子·天下》)

入其国,其教可知也:其为人也,温柔、敦厚,《诗》教也。疏通、知远,《书》教也。广博、易良,《乐》教也。絜静、精微,《易》教也。恭俭、庄敬,《礼》教也。属辞、比事,《春秋》教也。故《诗》之失愚,《书》之失诬,《乐》之失奢,《易》之失贼,《礼》之失烦,《春秋》之失乱。其为人也,温柔、敦厚而不愚,则深于《诗》者也。疏通、知远而不诬,则深于《书》者也。广博、易良而不奢,则深于《乐》者也。絜静、精微而不贼,则深于《易》者也。恭俭、庄敬而不烦,则深于《礼》者也。属辞、比事而不乱,则深于《春秋》者也。(《礼记·经解》)

清末民初著名的古文经学家刘师培对"经"的阐释历史有过这样的总结。

"经"字之义,解释家各自不同。班固《白虎通》训经为常,以"五常"配五经。刘熙《释名》训经为"径",以经为常典,犹径路无所不通。案:《白虎通》《释名》之说,皆经字引伸之义。惟许氏《说文》经字下云:"织也。从糸,巠声"。盖经字之义,取象治丝,从丝为经,衡丝为纬,引申之,则为组织之义。上古之时,字训为饰,又学术授受多凭口耳之流传，《六经》为上古之书，故经书之文奇偶相生，声韵相协，以便记诵。而藻绘成章，有参伍错综之观。古人见经文之多文言也，于是假治丝之义而锡以《六经》之名。即群书之用文言者，亦称之为经，以与鄙词示异。后世以降，以《六经》为先王之旧典也，乃训经为"法"，又以《六经》为尽人所共习也，乃训经为常，此皆经字后起之义也。①

按照《史记·儒林列传》的记载，汉武帝立五经博士，儒家学术开始受到官方的支持，很快成为显学："自是之后，言《诗》于鲁则申培公，于齐则辕固生，于燕则韩太傅。言《尚书》自济南伏生。言《礼》自鲁高堂生。言《易》自淄川田生。言《春秋》于齐鲁自胡毋生，于赵自董仲舒。"②到元朔五年(前124年)，政府又为博士置弟子，建太学以养之："其令礼官劝学，讲议洽闻，举遗兴礼，以为天下先。太常其议予博士弟子，崇乡党之化，以厉贤才焉。"③此后，进一步在民间兴学："闻三代之道，乡里有教；夏曰校，殷曰庠，周曰序。其劝善也，显之朝廷；其惩恶也，加之刑罚。故教化之行也，建首善自京师始，由内及外。今陛下昭至德，开大明，配天地，本人伦，劝学兴礼，崇化厉贤，以风四方，太平之原也。古者政教未洽，不备其礼，请因旧官而兴焉。为博士官置弟子五十人。"④

从此，经学成为对儒家典籍进行研究的名称，同时也逐渐形成了传授的谱系。五经博士之中，《诗》学有鲁、齐、韩三家。《书》学最早出自济南伏生，伏生的两个弟子欧阳生和张生，分别教授《书》学，逐渐形成了欧阳学和以张生弟子夏侯始昌和夏侯胜为代表的夏侯学。《礼》学始自鲁高堂生，后陆续传至戴德、戴胜，形成大戴礼和小戴礼，我们今天看到的《礼记》即为小戴礼。《易》学在汉代起源于齐人田何，田何传授于王同、丁宽、服生等人，丁宽授《易》于田王孙，田王孙又授于施雠、孟喜、梁丘贺，形成了《易》的施、孟、梁丘学。《春秋》最早为官方立于学官的

---

① 刘师培：《经学教科书》，8页，上海，上海古籍出版社，2006。
② (汉)司马迁：《史记》，3118页，北京，中华书局，1959。
③ (汉)班固：《汉书》，172页，北京，中华书局，1962。
④ (汉)班固：《汉书》，3593~3594页，北京，中华书局，1962。

有公羊和谷梁两家，各自有传，《公羊传》是汉景帝时公羊寿和胡毋生所著，《谷梁传》为由瑕邱江公开始传授。公羊春秋有严、颜之学，谷梁春秋最著名的传人即董仲舒。此外又有《左氏传》，本在民间传授，到西汉末年，由刘歆加以发扬。到东汉末，服虔《春秋左氏解谊》，是比较权威的著述。

在这些学派之上还有一个更大的学派之分，即古文经学与今文经学。由于秦始皇焚书，儒家典籍遭到灭顶之灾。汉王朝建立后，中央政府为了恢复文化，先是废除了挟书律，并号召百姓献书，征召能默写典籍的学者，这样，除《乐》之外的《诗》《书》《礼》《易》《春秋》陆续被汇集起来。但是，或者由于年代久远，书册磨损残缺，或是复述之人不同，造成话语上的出入，所汇集的书籍内容差异很大。于是，在汇集书册基础上，又展开了对典籍文字和内容的研究。汉武帝立五经博士时，实际上设了十四家博士，就是每一经都选择了几家当时学术影响力最大的学派，如《诗》学就立了鲁、齐、韩三家。这些流派所用的经书，都是以汉代通行的文字记录的版本，所以被称为今文经学派，所用的经书为今文经。今文经学由于经本文字易识，而且处于官学的地位，所以，他们的学术研究，重在对经文的阐释，而且，在阐释经文的过程中，有意识地为朝廷的政策服务，逐渐形成了微言大义的学风。

此外，尚有民间发掘的版本，像鲁恭王从孔子故宅的墙壁中发现了一批儒家经籍，均是用六国古文字写成。后由诸侯王组织人员在民间展开研究，形成了古文经学派。古文经学首先面临的是要辨识经文，进而才谈得上解释经文，所以，他们的学术研究，重视文字的音读、训诂；加上长期在民间流传，相对来说，学风比较朴实。

与此同时，受到通经致用观念的影响，古文经学派力求能立为官学博士，而今文经学则极力地要保住自身的官学地位，所以双方都努力地发展自身的学术。

就是在经学的研究、传授的过程中，汉代语文教育的基本模式逐渐形成，并对语文教育传统的形成和发展产生了深远的影响。

第二节　识字教材的发展

一、汉代蒙学概况

蒙学专指古代儿童教育。《易》中有蒙卦，象征着儿童的蒙昧无知，其卦辞云："匪我求童蒙，童蒙求我。"郑玄注云："蒙，幼小之貌，齐人谓萌为蒙也。"又《蒙·彖传》云："蒙以养正，圣功也。"所以自古将对儿童进行的教育称为"启蒙"，将儿童教育称为蒙养之学。

汉代蒙学在继承西周以来儿童教育传统的基础上，又进一步系统化，在机构设置、课程安排等方面都趋于规范。

西汉建立之初，虽然政府尚未顾及设学施教，但是民间私学已承担起教育教化的责任。据《汉书·艺文志》记载，汉初闾里塾师即整合了秦代的《仓颉》《爰历》《博学》三种蒙学教材，合编为《仓颉篇》，作为识字教材。另外，《汉书·艺文志》还记载了萧何草创汉律时曾规定："太史试学童，能讽书九千字以上，乃得为史。又以六体试之，课最者以为尚书御史史书令史。"[1]这说明，汉初，蒙学教育已经作为政府选拔人才的有力支撑而存在了。就现有的资料来看，至迟到西汉末，已经有小学教育机构存在。例如，《东观汉记》卷一《帝记》载："光武年九岁而南顿君卒，随其叔父在萧，入小学。"[2]汉光武帝九岁时，为西汉平帝元始三年（公元前3年）。又如《汉书·平帝纪》记载："（元始三年）夏，安汉公……立官稷及学官。郡国曰学，县、道、邑、侯国曰校，校、学置经师一人。乡曰庠，聚曰序，序、庠置《孝经》师一人。"[3]我们说，《孝经》历来是作为儿童教育的基本读本，所以《汉书》的这一条史料虽不能直接、明确地说明西汉小学设置的情况，但是我们可以据此推测，庠、序很有可能为面向儿童的教育机构。

到东汉，儿童教育机构有了很大的发展，逐渐走向规范化。东汉的

---

[1]　（汉）班固：《汉书》，1721页，北京，中华书局，1962。
[2]　吴树平：《东观汉记校注》，2页，郑州，中州古籍出版社，1987。
[3]　（汉）班固：《汉书》，355页，北京，中华书局，1962。

小学教育机构主要有小学、书馆等形式。关于小学的记载，除了上文所引刘秀入小学外，崔寔的《四民月令》也有相关的记载，正月农事未起，命幼童入小学，学篇章。八月暑退，命幼童入小学，如正月焉。冬十一月，砚冰冻，命幼童入学，读《孝经》《论语》、篇章。① 崔寔为东汉桓帝时人，卒于汉灵帝建宁年中。按《后汉书·崔骃传》附崔寔传，他曾做过五原太守，教民织，其母常训以临民之政。按照王国维的考证，书馆是"汉时教初学之所，名曰书馆，其师名曰书师，其书用《仓颉》《凡将》《急就》《元尚》诸篇，其旨使学童识字习字"。②

在皇室面向宫廷贵戚的教育中也有童蒙教育，一个是东汉明帝时面向外戚开办的"四姓小侯学"，即为帝王的四个外戚家族专门开设学校，时在永平九年（公元66年）。另一个是安帝元初六年（119年）在邓太后主持下开设的官邸学，其中"尚幼者……朝夕入宫，抚循诏导，恩爱甚渥。"③

蒙学开设的课程首先是识字、写字，然后指导学生诵读一些基本的典籍，比如《孝经》和《论语》，在此基础上，逐渐进入五经学习阶段。上文所引《四民月令》中记载的幼童读"篇章"，其注释云："篇章，谓六甲、九九、《急就》、《三苍》之属"，可见进行的是识字和算术等方面的学习。而王充在《论衡·自纪篇》中的记载，则生动地反映了蒙学写字教学的情形。

> （充）八岁出于书馆。书馆小僮百人以上，皆以过失袒谪，或以书丑得鞭。充书日进，又无过失。手书既成，辞师受《论语》《尚书》，日讽千字。④

二、汉代的识字教材

以秦代的识字教材为基础，汉代学者和教育家进一步加以研发，使

---

① （后魏）贾思勰：《齐民要术》，45～46页，北京，中华书局，1956。
② 王国维：《观堂集林》，86页，石家庄，河北教育出版社，2003。
③ （南朝宋）范晔：《后汉书》，428页，北京，中华书局，1965。
④ 黄晖：《论衡校释》，1188页，北京，中华书局，1990。

得识字教材的编撰在汉代呈现出繁荣景象,据《汉书》描述:"汉兴,闾里书师合《仓颉》《爰历》《博学》三篇,断六十字以为一章,凡五十五章,并为《仓颉篇》。武帝时司马相如作《凡将篇》,无复字。元帝时黄门令史游作《急就篇》,成帝时将作大匠李长作《元间篇》,皆《仓颉》中正字也。《凡将》则颇有出矣。"①又据《说文》记载:当平帝元始五年(公元5年),征天下通小学者爰礼等百余人,"令说文字未央廷中,以礼为小学元士。黄门侍郎扬雄,采以作《训纂篇》。凡《仓颉》已下十四篇,凡五千三百四十字,群书所载,略存之矣"。②

汉初,教授蒙学的教师在教学实践中逐渐将秦代的《仓颉篇》《爰历篇》《博学篇》三部蒙学教材合并,以60字为一章,共编辑了55章,统称为《仓颉篇》。20世纪后,在考古发掘中发现了有《仓颉篇》的相关材料,其中最早的离秦代不过50年,但已是汉代合并的本子,字体是隶书而不是篆书。例如,有一支简上有这样40个字:"仓颉作书,以教后嗣。幼子承昭,谨慎敬戒。勉力风诵,昼夜勿置。苟辑成史,计会辨治。超等轶群,出元别异。"这是《仓颉》首章的前一部分。又有"爰历次虒,继续前图",这是《爰历》开头的几句。从这些资料看,《仓颉》是四言为一句,两句为一韵,内容夹叙夹议。字的安排上或将文义相近的字放在一起,如"傲悍骄裾""诛罚貲耐""丰盈爨炽""而乃之於""□□邑里,县鄙封疆。径路衝□,街巷垣墙。开闭门闾,阙□□□。□□室内,窗牖户房""□□廥瘐,困窌廪仓"。或者将偏旁相同的字放在一起,如"黗黶黯黱,甄黝黔黟。黪黢赫赧,儋赤白黄",等等。

汉武帝时,司马相如还曾编纂过一部名为《凡将篇》的识字教材。按照《汉书》的记载来看,其中所辑录的字是没有重复的。据后世研究,其中有不少是与茶道、医药相关的词,例如:"乌啄桔梗芫华,款冬贝母木蘖蒌,芩草芍药桂漏芦,蜚廉雚菌荈诧,白敛白芷菖蒲,芒消莞椒茱萸。"

以上几种教材均已亡佚(《仓颉》在《流沙残简》中还能窥得一些端倪),而流传至今的最早的蒙学教材,是汉元帝时黄门令史游编纂的《急就篇》。

---

① (汉)班固:《汉书》,1721页,北京,中华书局,1962。
② (汉)许慎:《说文解字》(现代版),842页,北京,社会科学文献出版社,2005。

史游为汉元帝时的宦官，任黄门令，官秩六百石。他精于字学，擅长书法。"急就"是很快可以学成的意思，所以开头说："急就奇觚与众异，罗列诸物名姓字，分别部居不杂厕，用日约少诚快意，勉力务之必有喜。"《急就篇》流传广泛，颇受民间蒙学教育的欢迎。例如，曾任国子博士的北齐著名经学家李铉，幼年时因家贫，九岁才入蒙学，学的就是《急就篇》，据说"月余即通"。所以唐代的颜师古在为它作的序中说："蓬门野贱，穷乡幼学，递相承禀，犹竞习之。"虽然《急就篇》之后又有《千字文》《发蒙记》等教材陆续产生，但均与《急就篇》并行不悖。唐代大儒颜师古，与南宋著名学者王应麟均为其作过注。

《急就篇》之所以能够应用广泛，流传久远，主要是由于作为童蒙识字教材，它适应了汉字文化的特点，以及儿童的学习心理。首先是字数比较科学。《急就篇》共2144字，其中最后的128字为东汉人补充的。这些字大致已将当时社会生活所需的常用字包含在内了。儿童读完这本书即能够识得近两千字，这为启蒙教育阶段的集中识字提供了很大的方便。其次是分类编辑，使得儿童在识字的同时能够学到一定的文化知识。全书将两千多字分为三个类别，第一类是姓名。全书收录了一百多个姓，如"宋延年，郑子方，卫益寿，史步昌……"共有四百多字。第二类是儿童生活中所能遇到的各种事物的名称，有一千一百多字，包括了四百多种器物，一百多种动植物，六十多种人体器官，七十多种疾病和药物名称。如"豹首落莫兔双鹤，春草鸡翘凫翁濯"。第三类是基本人生道理，共四百四十字，如"治礼掌故砥砺身，智能通达多见闻"。这样，就使得儿童在识字的同时学习了日常所需的各种知识，一举两得。最后是编辑形式适应了儿童的汉字学习规律。全书把两千多单字按照三言、四言、七言编为韵语，三言、四言隔句押韵，七言则每句押韵，儿童朗读起来朗朗上口，也容易记忆。

第三节　训诂特色的"《诗》教"

由于经典书籍在秦代遭到"焚书"的厄运，所以到汉初，几乎难以见到经典书册。因此，统治者在文化教育建设方面首先采取的措施，就是向民间征集书册，征集能默写经典的人员。这样，陆续征集到了儒家《诗》《书》《礼》《易》《春秋》五经。但是，所得的五经版本并不一致，于是又开始了第二项工作，就是集合当时的大儒名宿予以校勘研究，并逐渐形成了文字、训诂等一系列的学问。这些官方的专家同时也在太学担任博士官，招收弟子从事教学，所教的即为本身研究的儒家经典。于是，儒经的教授形成了以训诂为特色的模式。在这当中，《诗经》的教授尤为典型。总的来看，这种训诂特色的教学模式，可以从章句与义理、经学与文学、师法与家法这样三个维度加以描述。

一、章句与义理

汉代经学教育的基本宗旨是为了进行伦理政治的教化。由于五经先要由经师加以校勘、训释，之后才能阅读，而经师又身兼教育者的角色，所传授的主要是自己的研究成果，所以，就形成了具有训诂特色的儒经教学程式。

唐代孔颖达对"训诂"的定义，至今被视为是对这一概念的权威性阐释，他认为："诂者，古也。古今异言，通之使人知也。训者，道也。道物之形貌以告人也。"又进一步概括："诂训者，通古今之异辞，辨物之形貌，则解释之义尽归于此。"[①]语言学家陆宗达对此做了如下解释。

> 对因时而异的古语，用当时的今语去解释，对因地而异的方言，用当时的标准语（雅言）去解释，这就是"诂"。"训"是"道形貌"的。所谓"道形貌"，就是对文献语言的具体含义，进行形象的描绘、说明。这就不只是以词来解释词，而且要用较多的文字来达到疏通文意的目的。它包括对词的具体含义和色彩的说明、对句子结构的分析、对修辞手法的阐述以及对古人思想观点和情感心理的发掘，内容十分丰富。它所解释的语言单位也不只是词，还包括句、段、篇。[②]

---

① （汉）毛亨传，（汉）郑玄笺，（唐）孔颖达疏：《毛诗正义》，见李学勤主编：《十三经注疏》（标点本），2页，北京，北京大学出版社，1999。
② 陆宗达：《训诂简论》，3页，北京，北京出版社，2002。

具体来说,"训诂"的内容从解释字词,到分析句读,再到串讲大意,构成了一个相对完整、严密的经典阐释体系:"首先,训诂是以解释词义为基础工作的。除此之外,它还从分析句读、阐述语法这两个方面,对虚词和句子结构进行分析,实际上为后来的语法学提供了素材。在释词、释句的过程中,它承担着说明修辞手法和研究特殊的表达方式的任务,以后的修辞学即从中取材。同时,它还串讲大意分析篇章结构,就整段或全篇文章进行分析解释,这即是所谓'章句'之学。"①从这个意义上说,汉代鲁、齐、韩三家对《诗经》的解读,已经是在训诂意义上进行阐释了,而最为典型、堪为范本的则是"毛诗"。

汉代这种从释词到串讲篇章大意的思路被称为"章句"。"章句"的本义是章节与句读。古籍既不分章节,也未断句,故而读经之初,先须做一番分章析句的功夫,如《后汉书·桓谭传》李贤注云:"章句谓离章辨句,委曲枝派也。"简单地说,"汉朝人的章句之学,就是研究在什么地方分章,什么地方断句的。这里所讲的'章',实际上相当于后代文章中的段。《章句》的'句',也不是现代语法中所说的句,而是说话时一个停顿的单位。"②

实际上,在汉代经学研究和教学中,"章句"不仅仅是将古代典籍文献划分章节、标出句读而已,它还包括对经传进行逐句逐段地解释:"章句被公认为两汉以来的一种独立注疏形式。"③经师对经传进行分章离句后,进一步对经传加以解读,这样形成的著作都可称为"章句";用之于教授,就成了经学教育的讲义,即朱熹所谓"汉儒说经,依经演绎"。如汉代徐防曾言:"《诗》《书》《礼》《乐》,定自孔子;发明章句,始于子夏。其后诸家分析,各有异说。汉承乱秦,经典废绝,本文略存,或无章句。"④这里的"章句"指的就是对儒经进行解读和阐释。

不同的经师对经传所做的章句训诂不同,他们以此传授弟子,故而形成了不同的流派;不同的流派日益发展繁荣,"章句之学"兴起。相对

---

① 陆宗达:《训诂简论》,17页,北京,北京出版社,2002。
② 詹锳:《文心雕龙义证》,1247页,上海,上海古籍出版社,1999。
③ 杨权:《论章句与章句之学》,载《中山大学学报》,2002(4)。
④ (南朝宋)范晔:《后汉书》,1500页,北京,中华书局,1965。

于"章句"这种注疏形式来说,"章句之学"则是一门学术。它兴起于汉宣帝时期,直到东汉中期,日益兴盛。

> 自安帝览政,薄于艺文,博士倚席不讲,朋徒相视怠散,学舍颓敝,鞠为园蔬,牧儿荛竖,至于薪刈其下。顺帝感翟酺之言,乃更修黉宇,凡所造构二百四十房,千八百五十室。试明经下第补弟子,增甲乙之科员各十人,除郡国耆儒皆补郎、舍人。本初元年,梁太后诏曰:"大将军下至六百石,悉遣子就学,每岁辄于乡射月一飨会之,以此为常。"自是游学增盛,至三万余生。然章句渐疏,而多以浮华相尚,儒者之风盖衰矣。党人既诛,其高名善士多坐流废,后遂至忿争,更相言告,亦有私行金货,定兰台漆书经字,以合其私文。熹平四年,灵帝乃诏诸儒正定《五经》,刊于石碑,为古文、篆、隶三体书法以相参检,树之学门,使天下咸取则焉。①

所以说,从汉质帝本初元年到灵帝熹平四年,"章句之学"开始走向没落。这其中的道理就在于,从纯粹的学术发展来说,不同学派之间应该相互交流,共同发展,但是由于汉代经学受政治的影响以及利禄的吸引颇深,故而流派之间非但不能交流,而且互相排斥抵触。学术的生命日益枯萎,而学术的价值,无论是社会价值抑或功利价值,也便谈不到了。

在这个训诂为特色的阐释系统中,章句与义理关系的处理,构成了经学教材和教学的第一个维度。"义理"是儒经中所蕴含的伦理道德、政治教化方面的经义和名理。通过阐释儒经,发掘其中的微言大义以教化百姓,从而利于统治,是汉代经学研究和教学的根本目的。这就要求在经学研究和教学的具体活动中,从对儒经的章句训诂引导出经义,并对经义做政教的阐释。从汉代比较有代表性的鲁、齐、韩、毛四家《诗》学来看,这是"《诗》教"的基本模式,然而四家实现这一目标的途径则各有不同。

---

① (南朝宋)范晔:《后汉书》,2547页,北京,中华书局,1965。

（一）鲁《诗》

三家《诗》中，鲁《诗》最早立于学官，创始人为申公。申公晚年执教于家中，"弟子自远方至受业者百余人"。据相关史料来看，申公教《诗》最主要的特点，是严谨、笃实，很少阐释兴发。例如："申公独以《诗》经学训以教，无传，疑者则阙不传。"①正因如此，所以三家诗中"鲁诗"与《诗》本义最接近："汉兴，鲁申公为《诗》训故，而齐辕固、燕韩生皆为之传。或取《春秋》，采杂说，咸非其本义。与不得已，鲁最为近之。"②因为申公只就词句做解说，并未做意义阐发性的"传"；遇到有疑问之处，不是勉强阐释，而是存疑不传，所以，鲁诗被认为在三家《诗》中最接近《诗》之本义。

在这里特别应该注意的是，班固认为，三家《诗》"取《春秋》，采杂说，咸非其本义"。他之所以持这样的观点，是因为虽然班固父子世习齐《诗》，但是《汉书·艺文志》所本的是刘歆的《七略》。刘歆乃宗古文经者，且为今、古文经学之争的始作俑者，所以认为三家《诗》均未得《诗》之本义。

今文经学解《诗》，政治教化的倾向是表现得比较明显的。即便是鲁《诗》也具有"以三百篇为谏书"的特点。例如，昌邑王师王式为鲁学传人，据《汉书·儒林传》记载："式为昌邑王师……昌邑王嗣立，以行淫乱废……式系狱当死，治事使者责问曰：'师何以亡谏书？'式对曰：'臣以诗三百五篇朝夕授王，至于忠臣孝子之篇，未尝不为王反复诵之也；至于危亡失道之君，未尝不流涕为王深陈之也。臣以三百五篇谏，是以亡谏书。'使者以闻，亦得减死论，归家不教授。"③从他的事迹可以看出，鲁《诗》对《诗经》的阐释一直保持了简洁朴实的风格，"至于忠臣孝子之篇"，也只是"反复诵之"而已。但是，即便如此，也是要"以三百五篇当'谏书'"，并且认为，这是"治一经得一经之益"。

将《诗经》的传授与政治教化联系在一起，在鲁《诗》的传授中屡有所见。例如，学鲁《诗》的司马迁，在《史记》中也是将诗义与政治的兴衰、

---

① （汉）司马迁：《史记》，3121页，北京，中华书局，1959。
② （汉）班固：《汉书》，1708页，北京，中华书局，1962。
③ （汉）班固：《汉书》，3610页，北京，中华书局，1962。

伦常的教化紧密地联系在一起的，例如，他讲到《关雎》时说："周道缺，诗人本之衽席，《关雎》作。"《鹿鸣》在他看来则是："仁义陵迟，《鹿鸣》刺焉。"① 又如，《汉书·杜钦传》记载："后妃之制，夭寿治乱存亡之端也……是以佩玉晏鸣，《关雎》叹之，知好色之伐性短年，离制度之生无厌，天下将蒙化，陵夷成俗也。"据《汉书》注引臣瓒说，此为鲁《诗》的解释。②

（二）齐《诗》

齐《诗》的创始人为辕固。据《史记·儒林列传》记载，辕固是齐人，曾做过清河王太傅，是孝景时的博士。他所撰写的《齐诗》教材，有《齐诗辕氏内传》和《齐诗辕氏外传》。《汉书·艺文志》对该书的评价是"或取《春秋》，采杂说，咸非其本义"。③ 所谓"采杂说"，指的是用阴阳五行之术解《诗》；而这种阐释风格，要追溯到董仲舒："汉兴，承秦灭学之后，景、武之世，董仲舒治《公羊春秋》，始推阴阳，为儒者宗。"④

董仲舒（前179—前104）是西汉著名的思想家、政治家和教育家。他是汉广川（治今河北省景县西南）人，很年轻时就才学过人，据记载，他"进退容止，非礼不行，学士皆师尊之"（《汉书·董仲舒传》）。即便如此，他仍然勤奋治学，曾流传他有整整三年没有游览过自家花园，一心读书，留下"三年不窥园"的美名。他在汉景帝时期被推为博士，传授《春秋》学："下帷讲诵，弟子传以久次相授业，或莫见其面"。⑤ 建元六年（公元前13年）窦太后驾崩，汉武帝正式着手遏止黄老之学，推行儒术。次年即元光元年，董仲舒应天子策问，著《贤良对策》（又名《天人三策》）。在这篇政论名作中，董仲舒提出以儒术治国的三大政策。就基本的哲学问题，董仲舒在对策中提出"天人感应"的观点，一方面，无可辩驳地证明了皇帝乃代天治民，具有至高无上的地位和权力；另一方面，他通过研究《春秋》，提出天与人之间是有感应的，因此天子必须勤政爱民，社会才能长治久安，从而对皇权进行了约束。就教育问题，董仲舒在对策中

---

① （汉）司马迁：《史记》，509页，北京，中华书局，1959。
② （汉）班固：《汉书》，2669页，北京，中华书局，1962。
③ （汉）司马迁：《史记》，3122页，北京，中华书局，1959。
④ （汉）班固：《汉书》，1317页，北京，中华书局，1962。
⑤ （汉）班固：《汉书》，2495页，北京，中华书局，1962。

提出抑黜百家，推明孔氏的观点，并建议置明师、兴太学，通过选举广取人才。这些策略全部为汉武帝所采纳，对汉代政治、教育的发展具有重要的指导意义，因此，董仲舒历来被视为推动儒家思想成为古代意识形态指导思想的关键性人物，如《汉书·董仲舒传》"赞语"引刘歆的评价云："仲舒遭汉承秦灭学之后，六经离析，下帷发愤，潜心大业，令后学者有所统一，为群儒首。"董仲舒晚年归隐家乡著书教授，但仍受到武帝的尊重，朝廷每有大议，都要令人前往咨询意见。

在儒家的六部主要经典当中，只有《春秋》是孔子亲撰，而且其内容是通过记载春秋时期各诸侯国的政治活动，来反映以"王道"为核心的政治思想，可作为安邦治世之垂范，因而在六经当中具有重要地位。西汉初期，统治者为救秦焚书灭学之祸，广召天下，收集文献，儒家六经中，除"乐"之外均得到恢复。而在这当中，由于来源不同，造成即使是同一种经书，在文字和训释上也有出入，从而形成不同的学派。于是，汉初的几代统治者将这些学派的代表人物均列为博士。到汉武帝建元五年（前136）专立儒家的五经博士时，也保留了各主要流派。像《诗经》就有鲁、齐、韩三个派别，《春秋》也分为左氏派、公羊派、谷梁派等。据史书记载，其时还有另外一些流派，但不见著录，渐渐亡佚。

董仲舒在博览古今的基础上，重点对《春秋》进行了深入的研究，从而成为汉代的"《春秋》学"大师。按照《史记》的记载，董仲舒是治"《春秋》公羊学"的，他与另一位公羊学传人胡毋生是同期中最重要的两位公羊学大师，据《汉书·儒林传》载："胡毋生字子都，齐人也。治《公羊春秋》，为景帝博士。与董仲舒同业，仲舒著书称其德。"《史记·儒林列传》关于儒家五经研习情况记载有："言《春秋》于齐鲁自胡毋生，于赵自董仲舒。"

据唐徐彦《春秋公羊传疏》引戴宏序云："子夏传与公羊高，高传其子平，平传其子地，地传其子敢，敢传其子寿，至汉景帝时，寿乃共弟子齐人胡毋子都，著于竹帛。"由此可见他们的师承。董仲舒弟子当中，又有以严彭祖和颜安乐为代表的"严颜之学"。

董仲舒对《春秋》的研究著述，主要收录于《春秋繁露》之中。从《春秋繁露》来看，董仲舒既着重发掘《春秋》的微言大义，又吸收了阴阳学、刑名法术等思想内容，从而建立了一套相对于先秦儒家而言更为系统化的、具有新精神的儒学体系。这种新精神，就是以探讨天人关系为核心的神学精神。首先，他将天道人格化，赋予"天"以最神圣的创世权和主宰权；在此基础上，他提出"天人感应"的理论，即天意乃最根本的规范，人世间的现实如果合乎天意，天就会给予奖励，反之，人就会遭到惩罚。在他的体系中，君主是在人世间代天行使治理权力的人，也是负责沟通天人关系的中介。这样，他便将人与天结合，建立了一个统一的体系。通过阐释经书来推断阴阳，预言灾异，就成为这个逻辑体系中重要的环节。

《诗经》当中，涉及自然现象和人情世故的诗句很多，这些都成为推阴阳、说谶纬的有利依据。例如，从《汉书·翼奉传》中我们可以看出，以阴阳灾异、五行谶纬之术说《诗》的特点，在这一学派中是十分突出的。翼奉是"齐《诗》"传人，也是这一学派著名的学者，他曾说："臣奉窃学《齐诗》，闻五际之要《十月之交》篇，知日食地震之效昭然可明，犹巢居知风，穴处知雨，亦不足多，适所习耳。臣闻人气内逆，则感动天地；天变见于星气日蚀，地变见于奇物震动。所以然者，阳用其精，阴用其形，犹人之有五藏六体，五藏象天，六体象地。故藏病则气色发于面，体病则欠申动于貌。"①在此，他以阴阳谶纬之学解《诗》的情形可见一斑。

齐《诗》因推说阴阳、附会谶纬，逐渐走向神秘化，而且，解经动辄千万言，故于四家《诗》中最早湮没。但是，它的"假经设谊，依托象类"②的方法论，在其他各家中得到充分的继承和发展，成为汉代"《诗经》学"的一个重要特征。

"假经设谊，依托象类"是班固对这一派经学家治学特点的概括，意思是利用《诗经》的内容以及象征的、类比的方法来为现实政治教化的需要服务。例如，《汉书·五行志》中所记载的谷永引《诗经》的诗句来解释成帝永始二年二月流星雨的现象，便是运用这种方法的典型："王者失道，纲纪废顿，下将叛去，故星叛天而陨，以见其象……臣闻三代所以丧亡者，皆繇妇人群小，湛湎于酒。《书》云：'乃用其妇人之言，四方之逋逃多罪，是信是使。'《诗》曰：'赫赫宗周，褒姒灭之。'(《小雅·正月》)

---

① (汉)班固：《汉书》，3173页，北京，中华书局，1962。
② (汉)班固：《汉书》，3195页，北京，中华书局，1962。

'颠覆厥德，荒沉于酒。'"①后来，在诠释诗篇时，通过运用象征、类比的手法将诗意引申到政教的寓意上去，成为汉代各家《诗》说普遍运用的一种方法。

(三) 韩《诗》

韩《诗》的代表人物是韩婴，流传至今的诗学著作为《韩诗外传》。韩《诗》对于汉代《诗经》阐释发展的推动作用，以及其作为《诗经》教本的典型意义在于：它以政教解《诗》为主线，进一步拓展了类比象征的方法。《史记》记载："其语颇与齐鲁间殊，然其归一也。"清代学者就围绕着《韩诗外传》到底是以史（事）解诗还是以诗证史（事）展开过较大规模的争论，《四库全书总目》还曾对此做过评说。

《韩诗外传》和其他学派的一个突出的差别，是它形成了整齐而又独特的说《诗》体例，即讲一段故事、史事、道理，便引一句《诗》作为总结。从所讲的故事、史事或道理来看，都是有关政治教化或立身处世的规范，这样，就对学习者形成了教化的作用；联系所引的诗句，既使《诗经》具有了政教内涵，也使教化不至于枯燥。在这当中，诗句与史事的联结方式是值得推究的，诚如徐复观所总结的："将所述之事与《诗》结合起来，而成为事与诗的结合，实即史与诗互相证成的特殊形式"，"由春秋贤士大夫的赋诗言志，以及由《论语》所见之诗教，可以了解所谓'兴于诗'的兴，乃由《诗》所蕴蓄之感情的感发，而将《诗》由原有的意味，引申成为象征性的意味。象征的意味，是由原有的意味，扩散浮升而成为另一精神境界。此时《诗》的意味，便较原有的意味为广为高为灵活，可自由进入到领受者的精神领域，而与其当下的情景相应。尽管当下的情景与《诗》中的情景，有很大的距离。此时《诗》已突破了字句训诂的拘束，反射出领受者的心情，以代替了由训诂而来的意味。试就《论语》孔子许子贡、子夏可与言诗的地方加以体悟，应即可以了然于人受到《诗》的感发的同时，《诗》即成为象征意味之诗的所谓'诗教'。此时的象征意味与原有的意味的关连，成为若有若无的状态，甚至与之不甚相干。"所以说，"《韩诗外传》，乃韩婴以前言往行的故事，发明《诗》的微言大义之书。此

---

① （汉）班固：《汉书》，1510～1511页，北京，中华书局，1962。

时《诗》与故事的结合,皆是象征层次上的结合。"①

(四)《毛诗》

今本"十三经"所收的《诗经》版本,是由《毛诗故训传》以及郑玄所做的笺注、孔颖达所做的"疏"三部分构成的。其中,《毛诗故训传》处于核心地位,简称《毛诗》,而"训诂"两字连用也出自《毛诗故训传》。

《毛诗故训传》的作者毛亨,是秦汉间(一说西汉初年)的学者。《史记》未曾提及,综合《汉书》的记载,他是子夏《诗》学的传人,在河间献王时,是治"《诗经》学"的学者。西汉今文经学兴盛,而且是官学,《毛诗》属于古文经学,仅在民间传授。王莽时期,《毛诗》曾一度立于官学,到东汉又废止了。东汉郑玄为《诗经》作笺,用的是《毛诗》的本子,《毛诗》才得以大行于世。后来,《齐诗》亡于魏,《鲁诗》亡于西晋,北宋时《韩诗》亦亡佚了,只有《毛诗》流传至今。

《毛诗故训传》的内容大致分为两个方面,即《诗序》和《诗传》。《毛诗》的各篇诗之首,均有一段简短的序文,多是说明本诗的主题、时代抑或作者;其中,第一篇《关雎》的序文篇幅明显大于其他各篇,所述内容也更为丰富。因此,后人将《关雎》之"序"与其他各"序"区别开,前者一般称为"大序",后者称"小序"。据考证,四家《诗》本均有"序",唯独《毛诗》的"序"流传下来,所以"毛序"为今日所仅见。

对于《诗传》,马瑞辰在《毛诗传笺通释》卷一"毛诗诂训传名义考"中,通过区别"章句"与"训诂",阐释了"故训"的内涵,即"章句者,离章辨句,委曲支派,而语多傅会","诂训则博习古文,通其转注、假借,不烦章解句释,而奥义自辟。"所以"故训即古训,《烝民》诗'古训是式',《毛传》:'古,故也。'《郑笺》:'古训,先王之遗典也'。又作诂训"。在此基础上,他分别解释了"传"与"诂训":"盖诂训第就经文所言者而诠释之,传则并经文所未言者而引伸之,此诂训与传之别也。""训故不可以该传,而传可以统训故,故标其总目为《诂训传》,而分篇则但言《传》而已。"②

《毛诗》对《诗经》的阐释,无论是从思路上看,还是体例上看,都形

---

① 徐复观:《两汉思想史》第3卷,5~6页,上海,华东师范大学出版社,2001。
② (清)马瑞辰:《毛诗传笺通释》,4~5页,北京,中华书局,1989。

成了一个相对完善的体系，从而比较好地处理了字句训诂与义理阐发的关系。按照冯浩菲的整理和研究，《毛诗》的主要内容包括，介绍每篇诗的意义、写作背景及作者；解释词义；译释诗句；阐发蕴意奥义，补释往事旧闻；揭示语法；揭明写法；阐述诗理这样七大类。① 各篇诗序，包括阐明全篇的意义以及诗中各章节的大意，介绍作者和背景，解题，特别是对于以讽刺手法达到规谏或批判效果的诗，要列举相关故事进行衬托以突出其意涵。在诗传中，则依次要解释词语、串讲大意、揭示语法、揭明写法。在这个过程中，运用比兴美刺的手法，将政教意义渗透到以上各环节当中。

《毛诗》的美、刺说《诗》，是结合历史、故事，将三百零五首诗与君主的政绩、伦常道德规范相联系、比附。在这里，"美"是赞美之意，是将诗篇，以及诗中的意象，用来象征对政通人和、落实纲常的赞美。例如，《关雎》是正夫妇之道，《甘棠》是歌颂召公，等等。还有一些篇章以及一些特定的意象，是用以讥讽昏庸的君主以及乱世之政，如《小宛》刺幽王，《抑》刺厉王，等等。

美、刺说《诗》最主要的方法论基础，刘勰称之为"独标兴体"。也就是，在四家诗传中，唯独《毛传》在阐释诗歌的过程中，标明了哪里是用了"兴"的手法，经统计，这样标注的共有116处，每首诗仅标一次。刘勰在《文心雕龙·比兴》中说："毛公述传，独标兴体，岂不以风通而赋同，比显而兴隐哉？故比者，附也。兴者，起也。附理者切类以指事，起情者依微以拟议。起情故兴体以立，附理故比例以生。比则畜愤以斥言，兴则环譬以记讽。"按照刘勰的观点，《毛诗》标"兴"是为了"起情"，即引发情感的抒写。需要特别说明的是，"兴"所起之情非同一般，是要对社会政治和伦理教化发表隐喻性的议论，即"依微以拟议"；达到隐喻化的手段，是"环譬以记讽"。所以说，《毛传》标"兴"是实现美刺政教目的的关键："《毛传》重视的是内容上的'起情'，重视借助'兴'发挥儒家的伦理道德。"②

---

① 冯浩菲：《毛诗训诂研究》，57页，上海，华中师范大学出版社，1988。
② 鲁洪生：《〈毛传〉标兴本义考》，见《诗经研究丛刊》第三辑，166页，北京，学苑出版社，2002。

《毛诗故训传》对于《诗经》教本的发展，以及建立在这个基础上的"《诗》教"思想体系的发展，都是一个重要的里程碑，因为《毛诗》讲究字、词、句、段、篇各层级训诂的准确性和系统性，当它用为教材的时候，读者可以按照由字、词到句、段、篇的层次，从字、词的本义、引申义，到段落大意、篇章思路，再到写作背景和修辞手法的步骤，逐一地学习领会，既使得各种人文知识的学习得到落实，也从这种系统化的训练中得到综合性的涵养。可以说，它奠定了中国传统的诗文解读和"《诗》教"的基本模式。尽管到宋代后，《诗经》的解读理路有了比较大的变化，但是，对于《诗经》"宋学"而言，以《毛诗》为代表的汉学模式仍然是他们学习、研究不可跨越的基础。

二、经学与文学

汉代经师在阐释和教授《诗经》的过程中，要面对的另一个矛盾，就是《诗》本质上是属于文学范畴，但要将它作为经学教材来解读。所以，处理经学的《诗》与文学的《诗》的关系，就成为汉代"《诗》教"特色的第二个维度。经师对这一矛盾的处理，总的来说是以体悟式解读的方式，从情发为诗、以礼制情、兴发美刺这样三个方面展开的。

《诗·大序》第一次明确提出了诗歌的抒情性及其内在机制；《毛传》及《郑笺》对这一规律做了具体的分析。《诗·大序》提出："诗者，志之所之也。在心为志，发言为诗。情动于中而形于言，言之不足，故嗟叹之，嗟叹之不足，故永歌之，永歌之不足，不知手之舞之，足之蹈之。"[①]这里，作者在很相近的语境下提出了"志"和"情"两个概念。春秋以前，"情"的意思比较单一，使用频率也比较低，以情况、情实为主；"志"的使用频率高，内涵也比较丰富，包括人的全部心理活动，特别是志向和抱负，也指情感和情怀。《诗·大序》第一次将"情"和"志"并列，是为了突出诗歌的抒情性。这句话既表明了"志"和"情"的相似性，也反映了二者的差别。"志"主要是经过一定伦理道德规范过滤后表现出来的志向和思想，属于理性范畴，在价值取向上是社会性优先于个性的；"情"是喜、

---

① （汉）毛亨传，（汉）郑玄笺，（唐）孔颖达疏：《毛诗正义》，见李学勤主编：《十三经注疏》（标点本），6页，北京，北京大学出版社，1999。

怒、哀、乐等情感、情绪，未经太多伦理道德规范和文化理性沉淀，属于感性范畴。所以，在作者看来，情是诗歌形成的原动力，诗歌是创作主体的情感喷薄或抒发的产物，而诗的最终成型是要经过志意思虑的。进一步，《诗·大序》还对诗歌抒情的机制做了总结：当主体情感积郁到需要发泄的时候，先是要以言语表达出来；如果简单地表达不足以抒情，就要"嗟叹"，即使用富于抒情性的字句，或缠绵往复，或强烈惊叹；如果这样还是无法抒尽，就要借助歌唱和舞蹈的方式。这几句话，简明地描述了诗缘情而生的特点。在《毛传》和《郑笺》中，作者通过对不同诗篇的阐释，具体地展示了这一规律。例如，阐释《邶风·绿衣》中"心之忧矣，曷维其已"一句，《毛传》云："忧虽欲自止，何时能止也。"这是阐释者揣度了诗句所包含的情感，而以更加强烈的抒情语句来加以复现，使得其中的情意更加鲜明。《邶风·匏有苦叶》的"人涉卬否，卬须我友"一句，《毛传》的阐释为："卬，我也。人皆涉。我友未至，我独待之。以言室家之道，非得所适，贞女不行；非得礼义，昏姻不成。"在这里，"以言……不成"一段是对诗意的阐发，将原诗所包含的言外之意点明了。而这句话所具有的铿锵色彩，表明所表达的显然是"志"而不仅仅是"情"。再如《小雅·采绿》中的"终朝采绿，不盈一匊"，《郑笺》解释说："绿，王刍也，易得之菜也。终朝采之而不满手，怨旷之深，忧思不专于事。"这一解读是将诗句所隐含的意思明确化，从而让人能够更深入地体会其中的情思。

然而，《诗·大序》作为儒家"《诗经》学"的纲领性文献和反映正统文艺观的理论著作，并未将诗歌的抒情性作为阐释的终点，而是在承认诗歌的抒情特征的基础上，进一步强调要以礼节情的观念："故正得失，动天地，感鬼神，莫近于诗。先王以是经夫妇，成孝敬，厚人伦，美教化，移风俗。"也就是说，诗歌的抒情性，要为伦理政治教化所用，读诗、解诗的最终目的，是使得个体能够发乎情而止乎礼，社会能够礼义明而人伦顺。正是由于以这一逻辑作为主线，所以《毛诗》对"诗三百"中的很多作品都做了政治教化的解读，特别是"国风"，很多原本没有政教内容的朴素的情诗都被赋予了政教的意义。例如，《关雎》本是一首优美的情诗，但是《毛诗》却将其中思念意中人的浓郁情怀解读为"乐得淑女以配君子，忧在进贤，不淫其色。哀窈窕，思贤才，而无伤善之心"。

那么，将诗篇的抒情性与政治教化的思想内容联系起来的内在逻辑线索又是什么呢？这就是《毛诗》的比兴美刺。按照郑玄的解释："赋之言铺，直铺陈今之政教善恶；比，见今之失，不敢斥言，取比类以言之；兴，见今之美，嫌于媚谀，取善事以喻劝之。"①而"美"就是颂美，指的是赞颂美政；"刺"是讽刺，即以委婉、含蓄的方式对君王的过失和世道之乱予以劝谏。也就是说，《诗经》中的诗篇是运用赋、比、兴的艺术手法，来达到美或刺的政教目的的。

汉代"诗经学"专家拈出赋、比、兴是有重要意义的，虽然郑玄对它们做了政教的阐释，但是也引用了早于他的郑众的解释："比者，比方于物也；兴者，托物于事也。"这就比较朴素地点明了比兴作为艺术表现手法的基本特征，初步地对诗歌艺术手法和表现规律进行了总结——正是赋、比、兴手法的运用，使得诗人心中的情志得以外化为客观、具体的对应物，从而使心中情志转化为诗。

以《毛诗》为代表的诗教教本，对《诗经》作品从以上三个方面展开阐释，其目的是让弟子进行研读。那么，经师们又是用了什么样的方式，来达到既阐述了这些意思，又让学习者能得到多种收获的目的呢？总的来看，主要是体悟式的解读，即阐释者根据自己对诗篇的感悟，或者介绍背景，或者概括大意，或者更鲜明地表达情志，从而使读者在阐释话语的引导下，做进一步的联想和感发，从而也能够体悟其中的情思，特别是对其所倡导的礼义思想形成认同感和共鸣。例如，《小雅·小明》中有"心之忧矣，自诒伊戚"的诗句，《郑笺》解为"我冒乱世而仕，自遗此忧。悔仕之辞。"虽然是以第三者的冷静态度来做解释，但由于介绍了心忧的背景（乱世出仕）和本质（后悔出仕），使人联想到孔子"危邦不入，乱邦不居"的观点，而对其中所包含的情绪的体会，则强化了对这一观念的接受。

由此可见，这样一种顺承性的，甚至是迎合式的体悟性解读方式，是将对诗歌的审美感受和审美理解应用于政治伦理教化，从而极大地强化了刚性教条的接受性。

---

① （汉）郑玄注，（唐）贾公彦疏：《周礼注疏》，见李学勤主编：《十三经注疏》（标点本），610页，北京，北京大学出版社，1999。

三、师法与家法

我们说，太学教授弟子的教材，就是担任太学博士官的经师所著的阐释儒经的"经说"。这样代代相传，不同学派就形成了自己的一套阐释体系。这就是汉代经学教育中的"师法"。与此相联系，如果后代的弟子当中，对本派经说有所发展，并且得到了认可，也能够自成"经说"，就形成了"家法"。大致上，西汉时期各学派的"经说"多为"师法"，东汉时期出现了"家法"。

"师法"和"家法"的出现，有其历史必然性，因为秦朝的"焚书"，以及秦末的农民战争，使得经学典籍严重缺失，西汉政府虽然将儒家五经征集齐全了，但是得来不易，且都需要校勘、训诂；再加上还没有纸张，书写不易，所以，为了典籍文化的保存和传播，严守师法是学术流传的基本保证。从《诗》教"的情况来看，师法传统确实对经学教育起到了保障作用。鲁《诗》的代表人物申培公，学《诗》于荀子之徒浮丘伯。他晚年退居教授，弟子自远方来者百余人，其中，王臧后来做了郎中令，赵绾做了御史大夫，孔安国等亦为博士。鲁《诗》后传至瑕邱江公、许生、王式等，再传之张长安、唐长宾、褚少孙、韦贤等，形成了张、唐、褚、韦氏学，另外，刘向也是鲁《诗》的传人。齐《诗》创始人为辕固，景帝时被立为博士，有代表性的传人包括夏侯始昌、后仓、翼奉、萧望之、匡衡等。韩《诗》由韩婴始创，后传于赵子、蔡谊，蔡谊传授于食子公、王吉，食子公以及王吉弟子长孙顺均为博士，于是韩诗有王、食、长孙之学。除以上三家外，汉代诗学还有毛诗一家，创始人为毛亨，史称大毛公，撰《毛诗故训传》，传于毛苌（称小毛公），毛苌又授学于贯长卿，贯长卿授解延年，解延年授徐敖。两汉之际，谢曼卿善毛诗，授于卫宏，后传至马融，郑玄即从马融学毛诗。毛诗虽然当时未列入学官，但是流传至今。

另一方面，师法和家法发展到后来，逐渐产生了负面的影响，那就是由于各学派严守师法，造成彼此的隔膜，甚至相互排斥，于是思想和学术的源头活水逐渐枯竭，经学研究和教育走上了门派之争和烦琐哲学的歧路。到东汉后期，以郑玄为代表的专家开始致力于对各学派的学术观点和成果进行综合性研究，使经学研究和教育走向统一的新局面。

第四节　微言大义的写作教育

传统写作教育到汉代逐渐形成了基本的范式，即在儒家经学思想的笼罩下，以致君行道为写作教育的基本线索；在继承前代经验的基础上，发展了像汉赋、五言诗、散文等文体；在诗教思想的指导下，以比兴美刺为特征的艺术手段成为基本的写作手法；写作训练方法方面，则是在蒙学时期即广泛积累语料、锻炼语感的基础上，着重于模仿性实践。

一、主题：对济世行道的认识和体验

汉代的写作教育活动，无论是专门的写作教学，还是整个社会的写作文化氛围，都有一个基本的价值取向，那就是立言是为了兼济天下、致君行道，通过言说对社会行政体制施加影响，使现实政治能够按照写作主体心目中合理的规范和秩序展开。即使到东汉末由于大一统政治难以维持，出现了士人疏离儒家经学的趋向，写作也仍然是出于对王纲解纽、儒道不振的批判。具体来说，这一写作主题表现为以下几种具体情况。

(一)总结秦朝灭亡的教训

"过秦"的思潮在汉代是广泛而持久地存在着的。汉初，"过秦"是为了劝谏新朝统治者吸取教训，改进政治。秦王朝虽然只到秦二世即灭亡，但是给百姓尤其是知识分子带来的灾难是巨大的。秦始皇从禁止读书人读书，到焚书坑儒，不但剥夺了支撑知识分子身份的文化基础，而且威胁到他们的生存；而暴秦统治及秦末农民战争带来的社会经济的凋敝，这些都是西汉初统治者面临的首要问题，如《汉书·食货志》载：

> 汉兴，接秦之敝，诸侯并起，民失作业，而大饥馑。凡米石五千，人相食，死者过半。高祖乃令民得卖子，就食蜀汉。天下既定，民亡盖藏，自天子不能具醇驷，而将相或乘牛车。①

---

① （汉）班固：《汉书》，1127页，北京，中华书局，1962。

汉初集结在高祖周围的士人，多是经历了暴秦之政的。在他们看来，总结秦王朝速亡的教训，告诫统治者不要重蹈覆辙，是当务之急。所以陆贾、叔孙通等人很直白地提点当时还看不起读书人的刘邦：夺天下可以通过打仗，但是坐天下就不能总是靠打仗了；像儒家学者这样的读书人，虽然难以用武力去夺取天下，但是可以有效地辅佐君王坐稳天下。其急切之情由此可见一斑。

因此，总结历史教训是当时政论性散文最具代表性的主题，如陆贾的《新语》，"乃祖述存亡之征，凡著十二篇。每奏一篇，高帝未尝不称善"。又如，贾山的《至言》，一方面分析、总结秦王朝的历史教训，另一方面劝谏君王推行儒术，特别是他早于贾谊、董仲舒就提出了"定明堂，造太学，修先王之道"的建议；文章情辞恳切，表现出作者一心推进圣王政治的情怀；同时，由于距战国未远，文章还带有纵横之风，所以姚鼐在《古文辞类纂》中评论这篇文章为"雄肆之气，喷薄横出"。还有晁错的《论贵粟书》《贤良文学对策》，也是分析秦之败政，总结经验教训，给统治者进言献策。在这些以政论为主的论说文中，贾谊的《过秦论》是最为典型的。

贾谊（前200年—前168年），洛阳（今属河南）人，世称贾太傅、贾长沙、贾生，是西汉初期重要的政论家、文学家。他十八岁时就以"能诵诗书属文"而闻名乡里。汉文帝即位后，贾谊因"颇通诸子百家之书"而得到荐举，被征召为博士，他积极劝谏文帝推行礼乐政治，不久即右迁大中大夫。当政的周勃、灌婴等功臣忌其锋芒而诋毁之，于是贾谊遭到降职，作长沙王太傅，后改任梁怀王太傅。梁怀王堕马而死，贾谊深为自责，终至忧郁而亡，年仅三十三岁。《汉书·艺文志》著录其赋作七篇。他被贬长沙途中渡湘水时作《吊屈原赋》以自谕；谪居长沙三年，其间作《鵩鸟赋》。贾谊散文的代表作有《过秦论》上、中、下三篇，以及《陈政事疏》（亦名《治安策》）、《论积贮疏》等。刘向将贾谊的文章编为《新书》十卷，但已散佚不全。明人辑有《贾长沙集》，今人辑有《贾谊集》。

《过秦论》由三个部分组成，分别论说了秦始皇、秦二世，以及秦子婴三代之过，目的是劝谏汉天子以史为鉴来发展和巩固汉政权。以第一部分为例，文章自秦孝公改革谈起，到秦始皇统一六国，充分陈述了秦自战国以来的政绩和成就；之后笔锋转为分析秦走向灭亡的过程，从而富于说服力地阐明了"仁义不施而攻守之势异"的观点。贾谊不仅以此文积极加入了"过秦"的时代大潮之中；而且本文成为这一潮流中的"弄潮儿"，该文章思想内容上认识深刻而感情真率，表现出关心时政、兼济天下的追求；艺术效果上，文思趋于严密，既有娓娓道来的陈述，也有慷慨激昂的论说，使得文章具有雄健的气势，而且言辞有力，骈散兼用，偶对工整，颇具辞采，具有纵横驰骋的辩士之风。而此后之所以"过秦"主题一直在汉代作品中广泛存在的更为深层的原因，是汉代统治者反对法家政治而力求推行儒术。

虽然自贾山即提出推行儒家的礼乐教化，且到汉武帝时实行了"独尊儒术"的文教政策，但是实际上自汉武帝到汉宣帝，儒术并未完全控制整个思想文化界。就统治者本身来看，如宣帝教训太子时所说，实际上还是霸王道相杂，特别是以外儒内法为统治的心术。这样一来，在现实中就出现了很多像司马迁《史记·酷吏列传》中所记载的以严刑酷法控制百姓的官吏，这在儒家知识分子看来是很危险的，所以他们希望借总结秦的统治教训，警示君主改进统治策略。所以，"过秦"不仅表现在政论散文中，而且也是汉大赋中的一大类型。最早以此为题作赋的就是汉赋的代表性作家司马相如，他的《哀秦二世赋》通过感叹秦二世作为君王既不修身也不施仁政，表达了他希望统治者仁义治国的主张。此后，著名赋家王褒作《四子讲德论》，开始从严刑酷法上分析秦灭亡的教训了。扬雄的《长杨赋》点明"凿齿之徒相与摩牙而争之，豪俊糜沸云扰，群黎为之不康"。班固的《两都赋》和张衡的《二京赋》则是通过长安与洛阳的对比，来比譬秦政的得失。

（二）赞颂汉天子的政绩

汉代写作及其教育活动为了达到致君行道的目的，在大一统中央集权统治下，形成了歌颂大汉政权、歌颂主流政治文化、歌颂大汉天子的主题。

这一主题在西汉和东汉的具体表现有所不同。西汉时期，首先是统治者要求通过创作铭记歌颂汉家功业，如《汉书·景帝纪》载，景帝元年即下诏："盖闻古者祖有功而宗有德，制礼乐各有由。歌者，所以发德也；舞者，所以明功也。"①所以出现了一些颂汉的作品，例如，《汉书·礼乐志》记载，汉武帝时期"以李延年为协律都尉，多举司马相如等数十人造为诗赋，略论律吕，以合八音之调，作十九章之歌"，②即《郊祀歌》十九章，歌颂汉德，用于祭祀。与此同时，赋家、文章家也作歌颂文章，但是他们的颂赞往往最终是为了讽劝，即先对帝王政绩歌功颂德一番，目的是为了接着向君王进言，如司马相如代表性的赋作《子虚》《上林》就是典型。到东汉以后，士人则越来越倾向于歌颂大汉基业、帝王功德，劝谏成分就日渐淡化了，典型的如班固的《两都赋》和张衡的《二京赋》，均属此类。

汉代写作中的颂赞主题，按照郭预衡先生的观点，首先是继承了西周以来铜器铭文的传统而来，即铭记功业、祭奠祖上；而风格上则富于战国纵横游说之风，纵横游说到大一统政权建立后已经失去了存在的条件，"于是其中有些人便摇身一变而为宫廷侍从之臣，成为'润色鸿业'的辞赋作家"③。在此基础上，汉代颂赞的写作主题还受到《诗经》传统的直接影响。按照汉儒对《诗经》的典型解读，"雅"和"颂"都具有从正面宣扬王道政教的作用："雅者，正也，言王政之所由废兴也。政有大小，故有《小雅》焉，有《大雅》焉。颂者，美盛德之形容，以其成功告于神明者也。"因此，这就成为汉儒基本的创作理念。

(三)通经致用性的政论

汉代写作主题的另一大类是通经致用，即儒者践行兼济天下的立身处世原则，通过写作表达政见、干预时势。汉代的这类政论文章有自己的特点：首先是引经据典。对于汉代儒者而言，无论是写文章还是治世，都应该是在经学思想的指导下展开，所以写文章以躬行和弘扬儒道是基本的原则，所谓"通经致用"的"用"，一个是直接为政，另一个是通过写作传道，所以文章往往引经据典，即所谓"以《禹贡》治河……以《春秋》决狱，以三百五篇当谏书"④。与此相应地，在鉴赏标准上，只有引经据典

---

① (汉)班固：《汉书》，137页，北京，中华书局，1962。
② (汉)班固：《汉书》，1045页，北京，中华书局，1962。
③ 郭预衡：《中国散文史》(上)，199页，上海，上海古籍出版社，2000。
④ (清)皮锡瑞：《经学历史》，56页，北京，中华书局，2004。

文章才显得更具说服力。从流传下来的作品来看，汉代作家的文章几乎都有这个特点。

其次是以道制势，即用儒家达道牵制王权，使之不至于毫无限制地膨胀开去。这方面的代表人物首推董仲舒。他的《对贤良策》是对汉武帝三条策问的应答。汉武帝的策问，是天道与性情的关系、君权合法性的获得，以及治理之术的问题，董仲舒一一予以应答，从而提出了君权神授的观点，建议树立巩固王道的纲常伦理，并且通过教育予以落实。具体到教育思想，他提出要推明孔氏，抑黜百家；置明师，兴太学；重选举，广取士。[①] 在围绕自己对于为政的建议展开论证的过程中，他往往从《春秋》的基本理念说起，在引经据典的基础上，通过层层推论，最终证明大汉王权乃由天授——一方面，天子是代天牧民；另一方面，天与人之间是有感应的，所以统治必须符合天道，以民为本，否则上天就会降下警告乃至惩罚，所以帝王只有恪守天道才能保障长治久安。这样，他所宣讲的观念既迎合了君王希望在意识形态和文化舆论等方面提供统治合法性的需要，也通过引经据典和逻辑推衍，具有说服力地对统治者进行了劝谏。

最后，这一类文章往往具有雅正从容的风格。一方面，它们往往由五经的道理说起，联系历史经验加以论证，从而推论出现实政治的原则和策略，所以是从容不迫的坐而论道，而不再是纵横捭阖、铿锵有力的论争；另一方面，作者已经完全接受了自己为人臣的社会地位，有了这样的角色意识，在面向君主说理的时候，就不再有睥睨天下、汪洋恣肆的气魄，而是变得谦卑谨慎，体现在文气上，也是步步为营，沉稳而纡徐。

(四)对自身遭际的感怀

汉代儒士的处境，要比春秋战国时代的士人更为复杂。一方面，发挥通经致用、以道制势的作用是他们的基本价值，所以用他们认为合理的统治原则和策略影响统治者，就成为儒士从事符合自己身份的社会实践的基本途径；但另一方面，世易时移，大一统中央集权政治已经完全

[①] （汉）班固：《汉书》，2523页，北京，中华书局，1962。

不同于先秦诸侯争霸、竞于权谋的局面，这是一个"普天之下，莫非王土；率土之滨，莫非王臣"的时代，要求为人臣者必须全身心地折服于王权之下。这就造成了为帝师的价值倾向与为人臣的现实要求之间的矛盾，而且在现实生活中，二者很难保持长久的平衡，从而导致士人的仕途和命运起伏多变，带给儒士的主观感受，往往是怀才不遇、遭际堪忧。于是，这就构成了汉代抒情散文和文赋的一大主题。

汉代形成的这些基本主题，对于中国写作教育的发展具有重要意义，其中最主要的，是提供了中国写作教育的母题。在民族文化发展的早期，独具特色的具体元素逐渐成形的过程，也是为本民族文化的基本样态塑型的过程，写作传统亦是如此，士人兼济天下与独善其身的矛盾，是传统写作的基本内容，此后生发出的诸如济世安民、致君尧舜、感遇身世、抒发怀抱等一系列的话题，都是围绕这一主题展开的。以此为基本的写作取向，形成了写作与人生的良性互动，即对民生的深度关怀为创作提供了用之不竭的源头活水，而创作又促进着这种关怀的延展和深化；同时我们也应当看到，这也带来了写作教育无法脱离政治教化、微言大义的笼罩，造成抒发性情的本义一直很难得的问题。

二、文体对写作的指导作用

打开《史记》《汉书》，其中记载的人物很多都"善属文"，那么，他们是借助了什么样的方法和途径进行写作训练，从而达到"善属文"的水平的呢？通过对先秦以来的文学、文章学、写作学发展情况的综合研究，我们发现，是文体在发挥着主导作用：围绕文体形成的写作知识体系，不仅提供了系统的学习范式，而且培养了与言语实践相统一的文体应用观；更耐人寻味的是，在文体框架中留有的丰富的联想空间，激发了写作主体的审美创造力。

（一）写作与言语实践需要相适应

其一，历史原因——文体的生成。最初，人们是根据不同的场合和语境，出于不同的目的和需要进行书面形式的言说，从西周的文献记载来看，这主要指的是用于各类祭祀仪式的文辞和实施政治所需要的辞令。这种言语实践活动多了，主体再遇着某些特定语境的时候，会自觉地按照既定的话语秩序、结构样式写作，于是，不同文体特点各异的趋势也就逐渐形成了；与此相应，开始出现对文体特点和标准进行归纳的研究活动，例如，《周礼·春官》记载了大祝这种官职所应该具备的职能中有："作六辞，以通上下、亲疏、远近：一曰祠，二曰命，三曰诰，四曰会，五曰祷，六曰诔。"可见，大祝需要担当的职务，就有进行不同文体的书面语创作，按照郑玄的注解，这六种体裁的含义和要求为："祠当为辞，谓辞令也。命，《论语》所谓'为命，裨谌草创之'。诰，谓《康诰》、《盘庚之诰》之属也。……会，谓王官之伯，命事于会，胥命于蒲，主为其命也。祷，谓祷于天地、社稷、宗庙，主为其辞也。……诔，谓积累生时德行，以锡之命，主为其辞也。……此皆有文雅辞令，难为者也，故大祝官主作六辞。"①又如，《礼记正义》卷19的《曾子问》中，郑玄有这样的注解："诔，累也，累列生时行迹，读之以作谥。谥当由尊者成。"②从注疏当中可以看出，当初这些文体是基于不同的言说需要形成的。

《尚书》之中，还有"六体"之说："道其常而作彝宪者谓之《典》；陈其谋而成嘉猷者谓之《谟》；顺其理而迪之者谓之《训》；属其人而告之者谓之《诰》；即师众而誓之者谓之《誓》；因官使而命之者谓之《命》。"③从这段文字我们可以看出，"六体"的名称都是从进行某种写作实践中概括出来的；把常规性的社会活动作为宪章规范固定下来的是"典"；把有助于统治的政治策略记述下来的是"谟"；把道理说清楚以教诲于人的是"训"；统治者要将自己的思想传递、明示于人要用"诰"；集结部众会盟以同进退要用"誓"；下达政令于民要用"命"。这是从行为方式向文本方式的转变："上古史官在命名篇章时，首先区分各种不同的行为方式，据以确定篇名中的动词，再辅之以动作的发出者获接受者、动作产生的地点等相关因素，为记录这些行为方式的文本进行命名。而这种命名方式的反复出现，实际上表现出一种类的归属，从而启发、引导，甚至暗中制约、

---

① （汉）郑玄注，（唐）贾公彦疏：《周礼注疏》，见李学勤主编：《十三经注疏》（标点本），809页，北京，北京大学出版社，1999。
② （汉）郑玄注，（唐）孔颖达疏：《礼记正义》，见李学勤主编：《十三经注疏》（标点本），1398页，北京，北京大学出版社，1999。
③ （明）吴讷：《文章辨体序说》，11~12页，北京，人民文学出版社，1962。

规定着后人以篇名末字来对《尚书》文体进行分类，归纳出所谓'六体'。"①所以，有学者总结认为："中国古代文体的生成大都基于与特定场合相关的'言说'这种行为方式，这一点从早期文体名称的确定多为动词性词语便不难看出。人们在特定的交际场合中，为了达到某种社会功能而采取了特定的言说行为，这种特定的言说行为派生出相应的言辞样式，于是人们就用这种言说行为（动词）指称相应的言辞样式（名词），久而久之，便约定俗成地生成了特定的文体。而中国古代的文体分类正是从对不同文体的行为方式及其社会功能的指认中衍生出来的。"②

在这个问题上，赋这种文体的形成是很有典型性的。按照《说文解字》的定义，"赋"字"从贝，武声"，为会意字，本义是以武力掠夺财物。在先秦典籍中，赋基本的意义是赋敛，如《尚书·禹贡》中"赋"一共出现了12次，均为贡赋之意。有学者指出，《禹贡》中的贡赋，均为贡献于神，当"赋"作名词的时候，指的就是贡献于神的实物，即需要罗列、规定用于祭祀的祭品，并由此最终形成"赋"的铺陈特征。③

此外，"赋"作为动词，有颁布和宣诵之义。例如，对于《诗·大雅·烝民》中"古训是式，威仪是力。天子是若，明命是赋"，毛传的解释为："赋，布也。"郑笺云："显明王之政教，使群臣施布之。"孔颖达《正义》云："赋与人物是布散之义，故以赋为布也。"进一步，郑笺还对赋的宣诵意义做了解读："出王命者，王口所自，言承而施之也；纳王命者，时之所宜，复于王也。其行之也，皆奉顺其意，如王口喉舌所亲言也。以布政于畿外，天下诸侯莫不发应。"孔颖达对此做疏："仲山甫既受命为官，乃施行职事，于是出纳王之教命。王有所言，出而宣之；下有所为，纳而白之。作王之咽喉口舌，布其政教于畿外之国。政教明，美所为合度，四方诸侯被其政令，于是皆发举而应之，美其出言而善，人皆应和也。"因此《说文》段注认为："敛之曰赋，班之亦曰赋。经传中凡言以物班布与人曰赋。"《周礼》所记载的职官，大夫以上均有宣诵的职能，特别是巫史

---

① 于雪棠：《先秦两汉文体研究》，北京，北京师范大学出版社，2012。
② 郭英德：《中国古代文体学论稿》，29页，北京，北京大学出版社，2005。
③ 韩高年：《诗赋文体源流新探》，137~149页，成都，巴蜀书社，2004。

等官职,"兼有巫祝宗卜之事神职能于代王宣读文告册命之行政职能"①。

从这些阐释文字来看,因为宣读、讲诵是颁布王命、占卜祝祷的主要方式,所以要把意思说得准确、清晰,最好还要宣讲得宜,深入人心。所以《国语·周语》有所谓"瞍赋蒙诵",也是从这个意义上说的。

其二,现实发展——从文体选择实践到文体理论。汉代写作教育观中的文体概念不是孤立、静止的,而是与写作主体的言语实践需要相适应的,文体的成熟和发展与写作者对言语对象、语境和言语动机的考虑相适应。这一观念首先体现在各主要文体的写作实践中,之后逐渐形成对规律性的总结,从而对学习者产生引导作用。仍以在汉代取得成就最大的汉赋为例。赋在汉代的发展变化,是与这一文体与其语境的适应相统一的,并由此带来在当时的文化条件下它自身难以调和的矛盾。

赋形成一种文体最早是在周末,代表性的成果是荀子创作的如《赋篇》《成相》等作品。从先秦以来的研究看,赋作为文体的形成具有复合性的特点,首先,如上文所谈到的,西周时期赋这种言语活动的宣诵、铺陈的特点,逐渐成为赋文体的主要特征,刘向对"不歌而诵"的特点做了明确的总结:"传曰:'不歌而诵谓之赋,登高能赋可以为大夫。'言感物造耑,材知深美,可与图事,故可以为列大夫也。古者诸侯卿大夫交接邻国,以微言相感,当揖让之时,必称《诗》以谕其志……春秋之后,周道寖衰,聘问歌咏不行于列国,学《诗》之士逸在布衣,而贤人失志之赋作矣。"②刘勰将赋的铺陈特点与"诗"之"六义"中的"赋"进行了比较:"诗有六义,其二曰赋。赋者,铺也;铺采摛文,体物写志也。"③此外,赋这种文体还吸收了战国时期纵横家们游说诸侯、纵横捭阖的言语风格,以及楚歌、楚辞的讲究辞藻、文采的特点,所以清人章学诚对于赋体文学形成的观点至今仍为人们所认同:"古之赋家者流,原本《诗》《骚》,出入战国诸子。假设问对,《庄》《列》寓言之遗也;恢廓声势,《苏》《张》纵横之体也;排比谐隐,《韩非·储说》之属也;征材聚事,《吕览》类辑之

---

① (汉)毛亨传,(汉)郑玄笺,(唐)孔颖达疏:《毛诗正义》,见李学勤主编:《十三经注疏》(标点本),1219页,北京,北京大学出版社,1999。
② (汉)班固:《汉书》,1755~1756页,北京,中华书局,1962。
③ 周振甫:《文心雕龙注释》,80页,北京,人民文学出版社,1981。

义也。"①

　　赋发展到汉代,从总体上看,形成了这样一些特征,即题材上以写物为主,特别是描写帝王功业或颂赞国家繁盛;手法上骈散结合,多用夸张、比喻等修辞,从而形成铺张扬厉,富于文采的风格;主题上往往以劝谏为旨归,但是情少辞多,劝百讽一。这实际上是各种社会生活实践,包括文人的写作实践的产物,特别是各种矛盾交织的结果。从外部环境来说,汉初赋作在题材、主题和风格上体现了知识分子励精图治的精神风貌,代表性的像贾谊的作品;到武帝时期,不仅大汉王朝的经济发展和社会政治生活达到巅峰状态,而且汉武帝也十分提倡赋作,因此这一时期代表性的赋体文学就是汉大赋;到东汉初期,一方面经学对整个社会思想领域的笼罩更为严密,另一方面艺术上也难以超越像司马相如这样的赋家高峰,所以这一时期的作品显得更端庄雅正;到东汉后期,随着社会政治生活的变动,文人开始借赋作以抒发郁结,于是由抒情赋编织出另一番"风景"。所以,刘大杰将赋在汉代的发展分为形成(高祖至武帝初年)、全盛(武、宣、元、成四朝)、模拟(西汉末至东汉中叶)、转变(东汉中叶以后)四个时期②。从赋体文学自身的发展来看,赋作语境与它自身的创作规律之间出现了两个维度上的矛盾,一个是作品本身情少辞多、劝百讽一的特点,另一个是创作主体空前的艺术成就与类似俳优的卑下身份的矛盾。对于此,今天的专家学者从中国古代文学发展的整体规律上做出了更客观的阐释:汉赋劝百讽一的特点,如果从文学自身发展规律来看,"与其要求挣脱儒家经典的束缚,摆脱儒家经典的附庸地位有关";它"在尚未正式形成的文学艺术领域里率先举起义旗,宣告独立,从而为各种文学体裁的诞生发展扫清了道路,为文学艺术从儒经羁绊下解放出来,在意识形态里建立一门独立的学科奠定了基础"。③ 而汉赋创作名家感叹自身成就与地位的悬殊,说到底也是由于这个原因——作家们既要迎合统治者的意向,又想在赋作中发挥聪明才智以指点江山,所以形成劝百讽一的效果;他们既受到当时价值观的左右而以通经致用

---

① (清)章学诚:《校雠通义通解》,116 页,上海,上海古籍出版社,2009。
② 刘大杰:《中国文学发展史》,89~100 页,上海,复旦大学出版社,2006。
③ 龚克昌:《汉赋研究》,38~39 页,济南,山东文艺出版社,1990。

为尚，实际上自己的擅场又在这种文学体裁的创作上，所以像扬雄那样的赋家都觉得作赋为雕虫小技。

赋的这种特点，在汉代已经被意识到并加以总结，例如，扬雄就曾说过："雄以为赋者，将以风之，必推类而言，极靡丽之辞，闳侈钜衍，竞于使人不能加也，既乃归之于正，然览者已过矣。往时武帝好神仙，相如上《大人赋》，欲以风，帝反缥缥有凌云之志。由是言之，赋劝而不止，明矣！"到刘勰的《文心雕龙》则进行了更进一步的总结："原夫登高之旨，盖睹物兴情。情以物兴，故义必明雅；物以情观，故词必巧丽。丽词雅义，符采相胜，如组织之品朱紫，画绘之著玄黄，文虽新而有质，色虽糅而有本，此立赋之大体也。"① 刘勰在这里既总结了汉赋的基本特点，即内容上体物写志，手法上讲究辞采，同时也对于汉代种种的倾向进行了归拢，提出"丽词雅义，符采相胜"的原则。

从影响来看，无论在题材的拓展、浪漫主义手法的发展上，还是修辞技巧和文学语言的创新上，汉赋都为后世各体文学发展提供了丰富的"养分"，而刘勰所谓"丽词雅义"则成为此后各体文学，尤其是诗歌创作和鉴赏中重要的审美标准。

为写作者建立这样一种文体观的积极意义在于，首先，它让写作主体明了，写作作为一种实践活动，与主体的社会生活实践是统一的、相互为用的；其次，它引导写作主体从社会生活实践需要出发来学习、发展文体，从而使写作主体的思想感情和言语实践能够不断焕发新的生命力。

(二) 章句发挥锻炼思路的功能

汉代的很多优秀作品结构谨严、言辞华瞻、风格各异，可见这些读书人训练有素而又各有擅场。这其中的关键点，就是汉代的章句之学不仅是儒家经学教育的基本方式，也包含着对文章写作的指导和启示。

"章句"的本意是"研究在什么地方分章，什么地方断句的"②，它之所以在汉代盛行，一方面像冯友兰先生说的："先秦的书是一连串写下来的，既不分章，又无断句。分章断句，都须要老师的口授。在分章断句

---

① 周振甫：《文心雕龙注释》，81页，北京，人民文学出版社，1981。
② 詹锳：《文心雕龙义证》，1247页，上海，上海古籍出版社，1999。

之中，也表现了老师对于书的理解，因此，章句也成为一种注解的名称。"①另一方面，儒家经籍遭秦火之后几乎断绝，西汉统治者向天下征集文献，可是所得资料或残缺不全，或文字不一，于是召集专家对典籍文献进行校勘、阐释，由此形成了"章句"。其中包含了对儒家经典文本的结构思路、言辞意蕴的解析，用之于教授，就对写作发挥了指导作用。

第一，引导学习者建立象、意、文之间的联系。《周易》最早提出"立象以尽意"的观点，它的意思是说，言辞、概念虽然可以简洁、明确地表达思想，但往往无法涵盖情意的丰富性，以"象"表意则可以通过引起联想和想象，使表现具有无穷的丰富性和意味，表达很多难以用言辞表述的意思。

汉代的经学章句将这一美学传统落实了下来。例如，《诗经》的很多诗篇是以物象为题，如《鹊巢》《甘棠》《木瓜》之属，汉代最有代表性的《诗经》章句——《毛诗》则本着政教美刺解诗的原则，将这些诗篇的主题归到伦理教化上。各种各样的物象何以能够导入一个统一的意识形态之中呢？毛传的思路是以比兴来连接虚与实。如《鹊巢》的主题，毛传解为"夫人之德也。国君积行累功以致爵位，夫人起家而居有之，德如鸤鸠，乃可以配焉。"因为鹊自冬至开始架巢，至春来完工，毛传以此比喻国君积行累功；而鸤鸠自己不做巢，始终如一地居于鹊巢，所以犹如国君夫人居君子之室而有均一之德。又如《甘棠》，本意是以西周召公手植之树来纪念其人，毛传则进一步解为"召伯之教，明于南国"，因为国民世世代代诵诗纪念他，也便会继承其教诲。

赵岐的《孟子章句》也有类似的特点。他对《梁惠王章句上》的题注云："圣人及大贤有道德者，王公侯伯及卿大夫咸愿以为师，孔子时，诸侯问疑质礼，若弟子之问师也。鲁卫之君，皆尊事焉，故《论语》或以弟子名篇，而有《卫灵公》《季氏》之篇。孟子亦以大儒为诸侯师，是以《梁惠王》《滕文公》题篇，与《公孙丑》等而为一例者也。"②对《公孙丑章句上》的题注云："公孙丑者，公孙，姓。丑，名。孟子弟子也。丑有政事之才，问管

---

① 冯友兰：《中国哲学史史料学》，125页，南京，江苏教育出版社，2006。
② （清）焦循：《孟子正义》，31页，北京，中华书局，1987。

晏之功，犹《论语》子路问政，故以题篇。"①《告子章句上》的题注云："告子者，告，姓也。子，男子之通称也。名不害。兼治儒墨之道者。尝学于孟子，而不能纯彻性命之理。《论语》曰：'子罕言命'，谓性命难言也。以告子能执弟子之问，故以题篇。"②从中我们不难看出，这也是以连类比譬的方式，将读者的理解引导到思古慕道上去。

第二，锻炼结构文章、展开思路的能力。汉代章句十分重视对章、句的划分和解析，《毛诗》的每篇作品后必注明章、句之数，这样，除了可以规范内容和体例，还有利于学习者对诗篇的结构和思路进行深入的分析、涵泳——《诗经》作品具有重章复沓的特点，相似的句式中实词又有变化，使得诗篇既富于韵律，意蕴上又不断伸展。对章句的说明可以使学习者对全诗的层次有清楚的认识，并引导其比较同异，体会意蕴。又如，《离骚》中"余既滋兰之九畹兮"至"愿俟时乎吾将刈"一段，是作者以大量的比喻和象征手法来表明心志，王逸的《楚辞章句》阐发云："言己种植众芳，幸其枝叶茂长，实核成熟，愿待天时，吾将获取收藏，而飨其功也。以言君亦宜蓄养众贤，以时进用，而待仰其治也。"这就使得屈原作品自身的特点得到更为充分的体现和阐发。读者如能两厢对照着反复诵读，则既可明其深意，又能够对原诗的审美效果有更深的体会。

第三，具体词句的训释提供语感上的体悟和积累。例如，《诗经·采薇》全诗为六章，《毛传》对前四章的起兴句是每句分开注释，对后两章的起兴句是四句一起注释，这是为什么呢？我们说，前四章的起兴具有层层递进的特点，从薇菜初生，到柔嫩，到苗壮，到花儿盛放，从而表现出时光的流徙，衬托着战事的惨烈。《毛传》对各个实词如"作""莫""柔""忧""刚""阳"等，一一做了训释，以便读者勾勒时光变迁的画面，体会战争的艰苦卓绝。而最后两章的两组起兴句，各自描绘了一个完整的画面，修辞上以对仗形成富于节奏感的韵律，所以不将它们分开解释。由此来看，章句作者将自己对经籍的体会和涵泳体现在了具体的阐释中，学习者如果能多对这些地方进行比较、分析，对于自身语感的锻炼是非常有帮助的。

---

① （清）焦循：《孟子正义》，173 页，北京，中华书局，1987。
② （清）焦循：《孟子正义》，731 页，北京，中华书局，1987。

(三)启发个性化的审美追求

那么,当时对写作实践的要求和标准又是怎样的呢?先秦以来对写作规律的探索不断展开,其中包含了对不同文体作品应该达到的审美标准的归纳,这为展开个性化想象和创作提供了空间。

如上文所说,商周时期人们就开始根据不同的场合和需要进行写作,汉儒对这种依据言语实践功能确定文体的经验进行了总结,这就逐渐给学习者营造了这样一种意识,即进行写作的首要任务是确定文体,而文体的选择要以言语活动的实际需要为原则。

在此基础上,创作主体自然要对言语活动的类型化特征加以体会,提炼其规律,并予以突出、润饰;这里面也自然会渗透进创作主体的个性,以及他们的不同经验和理解。这就使得文章写作逐渐超越了体裁类型的一般标准,向着个性化、审美化迈进。汉代学者对此也进行了研究,通过对文体风格的概括,指出了各体文章审美追求的方向。《诗大序》对此的归纳是首先点明诗歌情感抒发的基本特质,即"诗者,志之所之也,在心为志,发言为诗。"在此基础上,作者把创作主体的个性、情感和社会政治环境相联系,提出"治世之音安以乐,其政和。乱世之音怨以怒,其政乖。亡国之音哀以思,其民困"的观点。拨开《诗大序》的政教色彩,应该说这初步勾勒了社会政治状况引起创作主体的情感反应,进而在诗歌创作中体现为一定的风格的规律,从而对学诗者具有了更为具体的指导性。

到汉末,文论著作在文章的语体、风格等方面提出了更为成熟的标准,如曹丕《典论·论文》将不同体裁的语体要求概括为:"夫文本同而末异:盖奏议宜雅,书论宜理,铭诔尚实,诗赋欲丽,此四科不同,故能之者偏也,唯通才能备其体。"刘勰对诗歌的语体、风格进一步做了细分:"若夫四言正体,则雅润为本,五言流调,则清丽居宗;华用异同,唯才所安。"(《文心雕龙·明诗》)我们说,无论是雅正、尚实,还是清丽、雅润,每个人对这些概念都可能有不同的理解和体会,也都可以在写作中以不同的方式来探索、体验它们,这就意味着,写作者在体会其审美意境、尝试其审美效果的过程中,有了很大的个性化创作的空间;相应地,这也对创作者提出了不断丰富、超越其内涵的要求。

结　语

先秦两汉时期的汉语文教育，在整个中华民族的母语教育历史上具有重要意义。

首先，孔子所确立的"文质彬彬，然后君子"(《论语·雍也》)的人才标准，成为此后母语教育基本的价值导向。孔子讲"文质彬彬，然后君子"，意思是说，儒家教育要培养的道德君子，应该是精神境界和言行表现相统一，即内外兼修的。他根据自己的教育教学经验指出，如果行为上缺乏礼仪，言辞没有文采，人就会流于粗鄙；反之，如果一味注重外在的修饰，人又会变得虚伪、浮躁。因此，应该内外兼修，保持中庸。应该说，培养君子品格，一直是后世语文教育的理想。具体地说，引导受教育者通过读书，领略、习染古今中外各种博大精深的思想和高尚的人格，同时，又不断培养受教育者审美化的语感，从而形塑其言行，这是语文教学的基本逻辑。

其次，以经典阅读和代圣人立言为读写训练的旨趣，也对后世产生了深远的影响。先秦各个哲学和教育流派中，儒家学派最注重经典文献的传习。这既保证了对早期文明成果的传承，也确立了以学习经典文献为重心的基本模式。它与培养道德君子的教育旨趣相结合，就要求师生在教与学的过程中，深入领会圣贤境界，并以此作为自己人生的追求和准则。加上经历了秦始皇"焚书"，到了汉代，对经典的研习与文献的恢复相结合，在读写教育上，就出现了"代圣人立言"的导向。

最后，形成了师徒授受与教学相长相辅相成的教学传统。春秋时期私学兴起，师徒制的教育教学模式开始确立。一方面，到汉代，严守"师法""家法"的世风使得学派、师徒等范畴进一步巩固；另一方面，因为教学是以解读经典文献为主,因此就与研究相表里,从而使得良性的师徒关系中,既有授受关系,也会相互切磋。所以《礼记·学记》提出"教学相长"的原则,即为师者在教授学生知识的同时,也要通过与学生的交流发现问题,进一步深入研究。发展到后世,"教学相长"的内涵又从单纯指教师的教学与研习相互促进,发展出师生之间相互促进的意思。

图书在版编目(CIP)数据

先秦两汉语文教育史/王倩著. —北京：北京师范大学出版社，2018.6
ISBN 978-7-303-23740-1

Ⅰ.①先… Ⅱ.①王… Ⅲ.①汉语－教育史－中国－先秦时代 ②汉语－教育史－中国－汉代 Ⅳ.①H109.2

中国版本图书馆CIP数据核字(2018)第099002号

营 销 中 心 电 话　010-58805072　58807651
北师大出版社高等教育与学术著作分社　http://xueda.bnup.com

XIANQIN LIANGHAN YUWEN JIAOYUSHI

出版发行：	北京师范大学出版社 www.bnup.com
	北京市海淀区新街口外大街19号
	邮政编码：100875
印　　刷：	大厂回族自治县正兴印务有限公司
经　　销：	全国新华书店
开　　本：	730 mm×980 mm　1/16
印　　张：	13.5
字　　数：	210千字
版　　次：	2018年6月第1版
印　　次：	2018年6月第1次印刷
定　　价：	48.00元

策划编辑：陈红艳	责任编辑：杨磊磊
美术编辑：李向昕	装帧设计：李向昕
责任校对：李云虎	责任印制：马　洁

版权所有　侵权必究
反盗版、侵权举报电话：010-58800697
北京读者服务部电话：010-58808104
外埠邮购电话：010-58808083
本书如有印装质量问题，请与印制管理部联系调换。
印制管理部电话：010-58805079